„Gedenkt der
Heiligsprechung
von Oscar Romero
durch die Armen
dieser Erde"

„Gedenkt der Heiligsprechung von Oscar Romero durch die Armen dieser Erde"

Dokumentation des Ökumenischen Aufrufes zum 1. Mai 2011 – Zuschriften – Lesesaal

Herausgegeben
von Christian Weisner,
Friedhelm Meyer, Peter Bürger

‚Lesesaal' mit Beiträgen von Norbert Arntz,
Andreas Hugentobler, Willi Knecht, Martin Maier,
Paul Gerhard Schoenborn, Stefan Silber u. a.

edition pace

Aus Anlass der ‚Kanonisation' in Rom
am 14.10.2018 wird in dieser Publikation der
Internationale Ökumenische Aufruf ‚San Oscar Romero'
dokumentiert und inhaltlich durch Beiträge eines
umfangreichen ‚Lesesaals' erschlossen.
Die Initiative im Jahr 2011 erfolgte u.a. in Kooperation
mit dem Ökumenischen Netzwerk
INITIATIVE KIRCHE VON UNTEN – IKvu &
der CHRISTLICHEN INITIATIVE ROMERO (CIR)

Fotomotiv auf dem Umschlag: Gedenkweg des
Centro Bartolomé de Las Casas (CBC), El Salvador
(Archiv CIR: Christliche Initiative Romero)

© 2018

„Gedenkt der Heiligsprechung von Oscar Romero
durch die Armen dieser Erde"
Dokumentation des Ökumenischen Aufrufes
zum 1. Mai 2011 – Zuschriften – Lesesaal

Herausgegeben von Christian Weisner (WsK),
Friedhelm Meyer (SoKi), Peter Bürger (pax christi)

edition pace 3

Satz & Gestaltung: www.friedensbilder.de
Herstellung & Verlag: BoD – Books on Demand, Norderstedt
ISBN: 978-3-7460-7979-0

Inhalt

Vorwort:
Erinnerung an das „Lehramt der Armen" 9

I. DOKUMENTATION: ANKÜNDIGUNG DER
ÖKUMENISCHEN ERKLÄRUNG IM APRIL 2011 13

1. San Romero de América und die Heiligsprechung
   der Armen. – Ein Aufruf zum 1. Mai 2011 soll
   die Kirchen der Reichen zur Umkehr hinführen:
   basiskirchlich von unten, ökumenisch und
   international vernetzt 15
2. ESPANIOL: San Romero de América y
   la canonización desde los pobres 24
3. ENGLISH: San Romero de America and the
   canonisation of the poor 33

II. DOKUMENTATION: INTERNATIONALER
ÖKUMENISCHER AUFRUF ZUM 1. MAI 2011
„GEDENKT DER HEILIGSPRECHUNG DES MÄRTYRERS
SAN OSCAR ROMERO DURCH DIE ARMEN DIESER ERDE" 41

1. Die Unterzeichnerinnen & Unterzeichner
   des Internationalen Aufrufes 43
2. DEUTSCHSPRACHIGE FASSUNG:
   Ökumenischer Aufruf zum 1. Mai 2011 65
3. ESPAÑOL – Llamada Ecuménica para
   el primero de mayo del 2011: „Conmemorad
   la canonización del mártir San Oscar Romero
   por parte de los pobres de nuestro mundo" 68
4. ENGLISH – Ecumenical Appeal for 1 May 2011:
   „Commemorate the canonization of the Martyr
   Oscar Romero by the poor people of this earth" 71

5. FRANÇAISE – Appel œcuménique
à l'occasion du 1er mai 2011: „Commémorez
la canonisation du martyr San Oscar Romero
par les pauvres de ce monde"   74
6. ITALIANO – Il primo maggio preghiamo Mons.
Romero dichiarato martire e santo di tutte
le Americhe per volontà del popolo di Dio   77
7. PORTUGESE / PORTUGUES –
Apelo ecuménico para o dia 1º de maio de 2011:
„Celebremos a Canonização do mártir São Oscar
Romero feita pelos pobres deste mundo"   81
8. SVENSKA – Ekumeniskt upprop till 1 maj 2011:
„Tänk på martyren San Oscar Romeros
helgonförklaring som denna jords fattiga
har proklamerat"   84
9. Zuschriften zum Aufruf „San Oscar Romero"   87

III. DOKUMENTATION:
SONDERSEITE DER ZEIT-BEILAGE
„CHRIST & WELT" VOM 28. APRIL 2011
ZUM ÖKUMENISCHEN AUFRUF ‚SAN ÓSCAR ROMERO'   105

1. Santo subito!
ÓSCAR ROMERO. Prominente Politiker und
Theologen fordern die Heiligsprechung
des lateinamerikanischen Erzbischofs
Von Wolfgang Thielmann   107
2. „Johannes Paul II. hat die Armen verraten":
Heiner Geißler unterstützt den Appell.
Rom erkläre die Falschen zum Vorbild, sagt er
Interview: Christiane Florin   111
3. Das ganze Land hörte ihm zu. Biografie.
Wie aus dem konservativen Bischof
ein Verfechter der Befreiungstheologie wurde
Von Astrid Prange   115

IV. ERMUTIGUNGSABEND:
„MIT OSCAR ROMERO DIE WELT NEU SEHEN"   119

1. Aufbuch:
   Unsere Welt mit Oscar Romeros Augen sehen   121
2. „Selig die Armen, Trauernden und Verfolgten"   125
3. Schönheit, Zärtlichkeit und Freude
   im Kampf für das Leben   129
4. Romero – ein Heiliger für die eine Welt
   des dritten Jahrtausends   133
5. Gebet und Abendsegen   137

V. LESESAAL:
BEITRÄGE ÜBER OSCAR A. ROMERO
UND SEINE BEDEUTUNG IN EINER WELT,
DIE DEN ARMEN NICHT LEBEN LÄSST   139

1. Oscar Arnulfo Romero – Verteidiger der Armen
   Paul Gerhard Schoenborn (2006)   141
2. Politischer Protest und christliches Martyrium
   am Beispiel von Oscar Romero
   Paul Gerhard Schoenborn (2011)   169
3. Erzbischof Oscar Romeros Kirchenkonflikte
   Martin Maier SJ (2005)   187
4. Selig sein und seligsprechen
   Martin Maier SJ (2010)   207
5. Oscar Romero – beim Papst 1979
   Willi Knecht (2005)   211
6. Zum 30. Todestag von Oscar Romero
   Willi Knecht (2010)   217
7. Endlich „Santo súbito!" Romero als Kronzeuge
   für die „Kirche der Armen" anerkannt
   Norbert Arntz (2015)   225
8. Papst Franziskus, Erzbischof Romero
   und der Katakombenpakt: Ausgewählte Texte
   Zusammengestellt von *Norbert Arntz*   229

9. Medellin (1968) weist Erzbischof Romero den Weg:
   Texte – Zusammengestellt von *Norbert Arntz*   237
10. Zur Seligsprechung von Oscar A. Romero
    Stefan Silber (2010)   245

VII. IM JAHR 2018:
WELTKIRCHLICHE ANERKENNUNG
DER HEILIGSPRECHUNG DURCH DIE ARMEN   247

1. Romero, die gelebte Nähe zu den Menschen
   Andreas Hugentobler, El Salvador   249
2. CIR-Bulletin ‚presente' (2/2018): Stimmen aus
   der Christlichen Initiative Romero und
   ihren internationalen Partnerorganisationen   255

VII. LITERATURVERZEICHNIS (mit Kurztiteln)   259

Vorwort

Erinnerung an das „Lehramt der Armen"

„Das Volk sprach ihn noch in seiner Todesnacht heilig. Fünf Stunden nach dem Mord ging ich auf die Straße, es war die einsamste Nacht, die ich je erlebt habe. Plötzlich hörte ich einen Ruf. ‚Ist es wahr, dass sie den Heiligen getötet haben?' Es waren Obdachlose. Es war das erste Mal, dass ich von Romero als Heiligem sprechen hörte. Sie baten, den Leichnam berühren zu dürfen. Der Vikar erlaubte es, und ein paar berührten seine Füße und gingen glücklich wieder. Da kamen mir die Tränen."

Roberto Cuéllar[1]

Eine überzeugende Ikone von Oscar Romero kann nicht gemalt werden. Wem sollte es gelingen, in einem Bild die Leiden El Salvadors und eines ganzen Kontinents, den endlosen Chor der Märtyrerinnen und Märtyrer Lateinamerikas und ein – mitnichten überwundenes – Gewalterbe der Geschichte ansichtig werden zu lassen? Wenn schon nur ein Mosaikstein gezeigt werden kann, so sollte hierfür als Motiv nicht der abgeklärte Prälat mit Segensgestus gewählt werden. Die Kirche der Armen repräsentiert der sprechende und gestikulierende Romero, der seine Stimme erhebt für jene, deren Wimmern und Schreie die Machthabenden nicht hören wollen – eine kraftvolle Stimme, weil der Sprechende, ein von Haus aus ängstlicher Mensch, sich von den vielen geliebt und beauftragt weiß. Die Ikone müsste etwas vom ‚Geheimnis des geliebten Hirten' erahnen lassen, der die Armen unermüdlich um Rat befragt und von Gottes Leuten aus verfolgten Gemeinden im ganzen Land Tag für Tag Post erhält: „Wir fürchten uns nicht vor so vielen Drohungen … Wir schreiben

---

[1] WEISS/CUÉLLAR 2015*. Vgl. auch ebenso berührend: VIGIL 1999, S. 335-336.

Ihnen, damit Sie sich nicht allein fühlen!" „Ohne irgendwelche Angst werden wir fortfahren, die Frohe Botschaft zu predigen ..., ohne den Mut zu verlieren".[2] – Die Armen können sich unter einem solchen Hirten ihres Lehramtes bewußt werden, und Oscar Romero lernt zu verstehen, dass sie es sind, durch die ihn die erhellende und kräftigende „Amtsgnade" berührt.

In der ‚Kirche der Reichen', die eine soziologische Realität ist, obwohl es sie gemäß Dogma natürlich nicht geben darf, kennt man nur das Lehramt einer kleinen Minderheit von privilegierten Wahrheitsbesitzern. Die allein der Botschaft Jesu entsprechende Kirche der Armen orientiert sich hingegen am ‚Reich Gottes', in dem Menschen ihre Bedürftigkeit angstfrei entdecken dürfen – als Schlüssel zur Schönheit eines miteinander geteilten Lebens. Ohne das ‚Lehramt der Armen' ist die Kunde vom ‚Reich des rein geschenkten Lebens' überhaupt nicht vorstellbar.

Am 24. März 1980 wurde Oscar Romero durch Auftragskiller der reichen Minderheit in El Salvador ermordet. Die Besitzlosen des Kontinents, „Gottes Lieblinge", sprachen den Bischof sofort heilig. An dieses ‚Lehramt von unten' erinnerte der im vorliegenden Buch dokumentierte Ökumenische Aufruf zum 1. Mai 2011[3]: „Wir bitten Euch, der Heiligsprechung des Märtyrers San Oscar Romero durch die Armen Lateinamerikas und durch Freundinnen und Freunde Jesu auf dem ganzen Erdkreis zu gedenken." Dieser Band erschließt alle Begleittexte, Zuschriften

---

[2] Vgl. BROCKMAN 1990, S. 111.
[3] Der Aufruf war nicht, wie besonders der Bischof von Regensburg (MÜLLER 2011*; NERSINGER 2015, S. 86-87) alsbald behauptete, eine Kampagne gegen die am 1. Mai 2011 erfolgte Kanonisation von Johannes Paul II. Vielmehr sollten durch das gewählte *Datum* die höchst unterschiedlichen Maßstäbe in der Kirche transparent werden. Oscar Romero war schon seit Jahrzehnten von Getauften auf dem ganzen Erdkreis heiliggesprochen worden, aber die römischen Kirchenbehörden – die einst zu seinen Verfolgern gehört hatten – erfanden unentwegt neue Vorwände, um das Verfahren zu verzögern und schließlich zu blockieren. Bei dem nur sechs Jahre zuvor gestorbenen Papst verfolgten die Machthabenden in der Kirche hingegen mit aller Eile ihren Fahrplan, obwohl noch *schwerwiegende* Fragen ungeklärt waren (besonders das unkritische, enge Verhältnis zu einem Ordensgründer, dessen Lebenswerk persönlich und strukturell ganz auf sexueller Gewalt gegen Abhängige und Schwache basierte).

und Sprachversionen zum internationalen Aufruf „San Romero", eine Sonderseite der ZEIT-Beilage „Christ & Welt", die Namen der unterzeichnenden Christinnen & Christen und Organisationen aus über 20 Ländern sowie die Impulse eines Ermutigungsabends.[4] Wir bekamen damals für den – sehr kurzfristig als ‚kleine Geste' konzipierten – Aufruf unerwartet viel Zuspruch. Christinnen und Christen aus fernen Ländern meldeten sich, boten ihre Übersetzungsdienste an. Auch die warmherzigen Ermutigungen jenseits von Konfessionsgrenzen waren eine nachhaltige Erfahrung: „Wenn du mit dem Namen Oscar Romeros anklopfst, dann öffnen sich überall Türen in der Welt, weil Menschen guten Willens sich mit seiner Hilfe einander erkennen können."

Nunmehr erkennt die Weltkirche durch eine zweistufige Kanonisation (Seligsprechung anno 2015, Heiligsprechung anno 2018) die schon vor fast vier Jahrzehnten erfolgte Heiligsprechung von unten an. Dies ist zu begrüßen, wie auch grundsätzlich das amtliche Procedere der weltkirchlichen Bedeutung angemessen ist.[5] Da im konkreten Fall des ermordeten Erzbischofs von San Salvador sich jedoch lange jene Kräfte eingeschaltet haben, die den Märtyrer zu Lebzeiten und auch nach seinem Tod verfolgt haben, muss die ältere ‚Lehramtsentscheidung der Armen' noch immer als die *maßgebliche* Grundlage gelten!

Was auch immer heute harmonisierend zur Vorgeschichte des Verfahrens geschrieben werden mag, es besteht kein Zweifel: Ohne die entschiedene Option von Papa Francesco wäre jetzt der Eintrag Romeros in den Heiligenkalender der Weltkirche kaum erfolgt: „Ach, wie sehr möchte ich eine arme Kirche und eine Kirche der Armen!" Möge der ‚neue Heilige' Fürsprecher sein

---

[4] Über Romeros Weg und Bedeutung informiert ein „Lesesaal" mit Beiträgen von Norbert Arntz, Andreas Hugentobler, Willi Knecht, Martin Maier SJ, Paul Gerhard Schoenborn, Stefan Silber u.a. Allen, die Texte zur Verfügung gestellt und eine unkomplizierte Abdruckerlaubnis erteilt haben, sei herzlich gedankt.

[5] Es wäre unverantwortlich, der gesamten Weltkirche Vorbilder des Christseins vor Augen zu stellen, ohne u.a. eine gründliche biographische Forschung gemäß hohen wissenschaftlichen Standards zu betreiben. Hier darf eben nicht nach den ideologischen Parolen von 1870 (‚Dogma & Hierarchie besiegen die Geschichte') oder populistischen ‚Geschmacksurteilen' verfahren werden.

mit Blick auf die Notwendigkeit, dass nicht nur der Bischof von Rom, sondern alle Christen sowie besonders die Kirchen der reichen Länder die in Medellín (1968) und Puebla (1979) ersehnte Umkehr ernsthaft angehen.

Dankbar dürfen wir dafür sein, dass gerade die ‚Causa Romero' der Weltkirche Klärungen zum Verständnis von ‚Heiligkeit' und ‚Martyrium' geschenkt hat, die längst überfällig waren.[6] Eine Glaubenskongregation, die sich nicht länger als Theologenpolizei missversteht, wird im Gespräch mit den vielen diesen Reichtum der Christenheit erschließen können.

Die *offiziellen* Seligsprechungsfeierlichkeiten 2015 in San Salvador folgten einem traurigen Drehbuch.[7] Die Choreographie wurde bestimmt von einem unüberbietbaren Klerikalismus. Ein sehr kleiner Kreis von Angehörigen der Opfer der salvadorenischen Kirchenverfolgung im ‚Chorgestühl' wirkte allenfalls wie ein Alibi. Mächtigen und Vertretern des Militärs wurde die Reliquie bevorzugt dargeboten. Das gewählte Motto „Märtyrer der Liebe" (statt: „Märtyrer der Gerechtigkeit") gab den basiskirchlichen Gemeinschaften Anlass zum Widerspruch. Jon Sobrino SJ, ehedem ein theologischer Berater des neuen Heiligen, stellte klar: Oscar Romero ist nicht wegen irgendeiner vagen ‚Liebe zu den Armen' ermordet worden, sondern weil er der Konfrontation mit jenen, die die Armen arm machen, unterdrücken und töten, nicht aus dem Weg gegangen ist. – Vertreter einer basiskirchlichen Perspektive in Romeros Heimat zeigen auch für 2018 auf, dass Establishment und ‚Traditionalisten'[8] das Zeugnis Romeros zähmen wollen. Wenn alle Bischöfe El Salvadors in Rom sind, wollen die Gemeinschaften daran erinnern, dass dieser Märtyrer uns zum Aufbruch in einer Kirche der Armen ruft: „Presente!"

Düsseldorf, Antikriegstag 2018 Peter Bürger

---

[6] Dies entspricht den Erfahrungen der Kirche in Lateinamerika, aber auch den Einsichten von Johannes Paul II. und den Maßstäben, die z.B. im deutschen ‚Martyrologium' schon seit langem gelten. Vgl. BÜRGER 2018, S. 22-33.

[7] Vgl. MAIER 2015, S. 169 sowie zahllose Beiträge im Internet.

[8] Vgl. zur Vereinnahmung durch das Opus Dei die Fußnote auf →Seite 143.

I.

Dokumentation:

Ankündigung der Ökumenischen Erklärung im April 2011

Maximino Cerezo Barredo (http://www.servicioskoinonia.org)

1.

San Romero de América und die Heiligsprechung der Armen

Ein Aufruf zum 1. Mai 2011 soll die Kirchen der Reichen
zur Umkehr hinführen: basiskirchlich von unten,
ökumenisch und international vernetzt[1]

*Von Peter Bürger, Bernd Hans Göhrig
& Christian Weisner,
27.04.2011*

Am 28. April 2011 wird die Öffentlichkeit mit einem erneuten Zeichen des kirchlichen Aufbruchs und Widerspruchs konfrontiert. Doch diesmal ist alles anders als sonst. Die basiskirchliche Initiative ist im deutschsprachigen Raum entstanden, doch sie wird getragen von einer internationalen Gemeinschaft aus vielen Ländern. Es handelt sich um keine Initiative von Professoren, doch berühmte Theologinnen und Theologen haben sich nachträglich mit eingereiht in die Gemeinde der Unterzeichnenden. Der Reformkatholizismus ist federführend dabei, doch er weiß sich an der Seite von vielen Geschwistern aus der Ökumene aller Kirchen. Nicht die seit Jahrzehnten von der Amtskirche ignorierten klassischen Reformanliegen stehen im Mittelpunkt, sondern das Thema Gerechtigkeit. Es geht um einen katholischen Märtyrerbischof, doch er wird weltweit verehrt von Christinnen und Christen aus allen Konfessionen, und seine Seligpreisung erfolgt nicht – begleitet von horrenden Kosten und Medienspektakeln – in der „Heiligen Stadt". Es geht durchaus auch um Rom, doch von der Hierarchie wird hier nichts erwartet und auch kein Segen eingefordert.

Denn der Ökumenische Aufruf, den wir hier vorstellen, gedenkt der bereits erfolgten „Heiligsprechung des Märtyrers San Oscar

---

[1] Erstveröffentlichung: BÜRGER/GÖHRIG/WEISNER 2011* (telepolis).

Romero durch die Armen Lateinamerikas und durch Freundinnen und Freunde Jesu auf dem ganzen Erdkreis". Diese Ermutigung soll „zugleich als Umkehrruf in den Kirchen der Reichen gehört werden". Dreißig Millionen oder viel mehr Tote – aufgrund gemachter Unterversorgung – sind Jahr für Jahr auf dem Globus die Opfer einer brutalen Weltwirtschaft, deren mörderischen Profitmotor Papst Paul VI. in seiner Enzyklika „Populorum Progressio" (1967) unmissverständlich gebrandmarkt hat. Der Apparat einer unendlichen Geldvermehrung geht über Leichen und bedroht das Leben auf der Erde. Deshalb ist Oscar Romero, den die Auftraggeber zu seiner Ermordung einen „Kommunisten" nannten, der Heilige für unsere Zeit:

> Sehr bald nach seiner Ernennung zum Erzbischof von San Salvador wurde der konservative Seelsorger Oscar Arnulfo Romero 1977 mit der blutigen Christenverfolgung in El Salvador konfrontiert. Die Tränen an den Särgen von ermordeten Katechetinnen, Messdienern und Priestern ließen ihn zum unerschrockenen Bischof an der Seite der Kleinen, Geschundenen und Verfolgten werden.
> *Aus dem Ökumenischen Gedenkaufruf „Oscar Romero"*

Ein deutscher Theologe, der nach dem Ende seiner wissenschaftlichen Berufstätigkeit solidarisch und heilend mit Menschen „am Rande" wirkt, erinnert uns nachdrücklich an die Vorgeschichte: Romero, so schreibt er, habe erst einmal ganz gut Karriere in der Hierarchie gemacht, sei dann „schließlich nicht heilig geworden, aber selig in seiner spät erreichten Solidarität mit den normal Armen". Wegen dieser Seligkeit ist San Romero de América 1980 von einem Auftragskiller der Reichen ermordet worden. Allerdings muss man ergänzen, dass Romero auch vor seiner Bekehrung nie ein reicher Kirchenmann gewesen ist.

„Die Ordensfrauen – die ganz einfachen Christinnen und Christen – dürfen nicht fehlen", hat eine Protestantin zusammen mit ihrer Unterschrift geschrieben, denn sonst wirke der Aufruf leicht klerikal. An Oscar Romeros Seite stehen viele Märtyrerinnen und Märtyrer aus der lateinamerikanischen Kirche der Armen, die vom jetzigen und vom letzten Papst so viel Maßregelung – aber keine Unterstützung in ihren Bedrängnissen – erfahren hat.

„Selig, die hungern
nach Gerechtigkeit"

Nun werden sich manche, die den Aufruf lesen, zunächst fragen, wie das denn *ökumenisch* sein kann: Es ist von „Heiligsprechung", „Kanonisation" und „Beatifikation" die Rede, und das alles sind „Fachbegriffe", die im Amtsgebrauch der römisch-katholischen Kirchenhierarchie streng geregelt sind. Ohne Erlaubnis dürfen sie nicht gebraucht werden. Acht Jahre nach der Ermordung von Bischof Romero verbot Kardinal Joseph Ratzinger dem brasilianischen Armenbischof Pedro Casaldáliga, den Märtyrer Oscar Romero einen Märtyrer zu nennen. – Was sollen Lutheraner, Reformierte und andere Protestanten damit anfangen, aber auch Anglikaner und Alt-Katholiken, die in ihrer Kirchengemeinschaft den Tag der Ermordung von Oscar Romero (24. März 1980) längst in den liturgischen Gedenkkalender aufgenommen haben?

Wer den Gedenkaufruf aufmerksam liest, findet darin zwar den „amtlichen Sprachgebrauch", doch dieser wird in einem *biblischen* Sinn gedeutet, den alle Christen teilen können. Es geht nicht um eine anmaßende Sakralisierung von Menschen durch menschliche Instanzen, sondern um eine „Beatifikation" (Seligsprechung) im Sinne der Seligpreisungen der Bergpredigt Jesu:

Selig sind die Trauernden;
denn sie werden getröstet werden.
Selig sind die, die keine Gewalt anwenden;
denn sie werden das Land erben.
Selig sind die, die hungern und dürsten
nach der Gerechtigkeit; denn sie werden satt werden.

Selig sind die Barmherzigen;
denn sie werden Erbarmen finden.
Selig sind die, die ein reines Herz haben;
denn sie werden Gott schauen.
Selig sind die, die Frieden stiften;
denn sie werden Söhne Gottes genannt werden.
Selig sind die, die um der Gerechtigkeit willen
verfolgt werden; denn ihnen gehört das Himmelreich.
(Matthäus-Evangelium, 5. Kapitel)

Für diese Seligpreisung ist eine „Erlaubnis von oben" gar nicht
förderlich oder nötig. So heißt es in einer der Zuschriften über
Romero: „Hier bei uns im Nordosten Brasiliens wird er ja bereits
als Heiliger gefeiert und kommt bereits in verschiedenen Allerheiligenlitaneien vor." Eine Gemeinde an der Peripherie von São
Paulo hat sich diesen Märtyrer zum Patron ausgewählt und feiert an jedem 24. März enthusiastisch sein Patronatsfest.

*Die einen stehen im Rampenlicht,
die anderen werden vergessen*

Für die Großen, die Rom feierlich „selig spricht" oder noch „seligsprechen" will, kann man auf dem Medienmarkt ein Riesen-
sortiment von Büchern, Bildbänden, Filmen und Fernsehproduk-
tionen erstehen. Oscar Romero gehört aber zu den Kleinen, die
von unten seliggepriesen werden und die die kommerziellen
Marktführer aus ganz bestimmten Gründen nicht interessieren.
Den Spielfilm oder die Filmdokumentation zu ihm kann man
hierzulande als DVD gar nicht erwerben. Mit den guten Büchern
von Martin Maier SJ ist der Kreis der *erhältlichen* Literatur schon
fast geschlossen. So wird eine „Geschichte" in großem Stil geschrieben, bei der am Ende das eine in hellstem Licht erscheint
und das andere ganz vergessen wird. Der Gedenkaufruf erinnert
deshalb auch an eine unbequeme und unterschlagene historische
Wahrheit des letzten Pontifikates. In Rom fand San Oscar Romero weder Verständnis noch Hilfe. Stattdessen hatte er dort mäch-

tige Kirchenmänner gegen sich. Nach seinem Besuch bei Johannes Paul II. äußerte sich der Bischof von San Salvador 1979 [laut Zeugnis der befreundeten María López Vigil] tief enttäuscht: *„Ich glaube, ich werde nicht noch einmal nach Rom kommen. Der Papst versteht mich nicht."*

Ökumene für „Gerechtigkeit, Frieden und Bewahrung der Schöpfung"

Sehr viele der Initiativen, die den Romero-Gedenkaufruf mittragen, kommen aus den basischristlichen und ökumenischen Netzwerken. Dies ist für engagierte KatholikInnen aus diesen Gruppen gerade auch deshalb erfreulich, weil der derzeitige Papst in mehreren Büchern gegen die ökumenische Bewegung für „Gerechtigkeit, Frieden und Bewahrung der Schöpfung" scharf polemisiert hat. Diese Ökumene für das Leben betrachtet er als eine unzulässige Politisierung des Glaubens. Wir sind hingegen der Überzeugung, dass eine Kirche, die diese Anliegen der Ökumene im dritten Jahrtausend nicht in den Mittelpunkt ihres globalen Wirkens stellt, keine Glaubwürdigkeit beanspruchen kann.

Hier geht es letztlich um den gleichen Konflikt wie bei der nunmehr 30 Jahre währenden amtskirchlichen Kontroverse um die Seligkeit des Märtyrers aus El Salvador. Doch die Einsprüche der gut abgesicherten Amtstheologen halten im Licht des Evangeliums nicht stand:

> Da jeder Mensch ein Kind und lebendiges Gleichnis Gottes ist, war für San Oscar Romero Gottesdienst untrennbar verknüpft mit der unerschrockenen Verteidigung der menschlichen Würde.
> *(Aus dem Ökumenischen Gedenkaufruf „Oscar Romero")*

Wenn aus unserem Sprachraum spezielle katholische Reformen eingefordert werden, spricht die kirchliche Hierarchie sehr gerne von deutschen oder anderen „Sonderwegen" etc. In der Öffentlichkeit wird das bisweilen auch wie ein Teil des nationalen Politikgeschehens wahrgenommen, aber ohne Substanz. Bezeichnenderweise hat kein Massenmedium den im „Theologen-Memorandum"[2] eingeforderten Einsatz für Menschenwürde – unter *Parteinahme an der Seite der Armen* – deutlich aufgegriffen.

Im ökumenischen Gedenkaufruf „Oscar Romero" ist jedoch für alle klar, dass es um ein Anliegen der Weltkirche, der ganzen Ökumene und der – globalen – Gerechtigkeit geht. Deshalb haben sich dieser Initiative in vielen Ländern und in allen Konfessionen in nur kurzer Zeit so unglaublich zahlreiche Türen geöffnet. Dass sich bislang über 60 Professorinnen und Professoren der Theologie – auch einige evangelische – eingereiht haben und das oft mit großer Herzlichkeit, ist für ihren Stand eine wirkliche Christenehre.

Eine Diözese ohne räumliche und geistige Grenzmauern

Unser Bruder Jacques Gaillot, der den ökumenischen Romero-Gedenkaufruf früh unterzeichnet hat, ist Bischof von Partenia[3], einer Diözese ohne räumliche und geistige Grenzen. Die Unterzeichnerliste des Aufrufs kennt ebenfalls keine künstlich gemachten Mauern. Es sind auf ihr römisch-katholische, reformierte, alt-katholische, lutherische, anglikanische und andere Christen zu finden, auch solche, die ausdrücklich einen Austritt aus der Amtskirche oder Körperschaft öffentlichen Rechts vermerkt haben.

Die sechs [sieben] Sprachversionen des Gedenkaufrufs wurden nicht zentral diktiert, sondern erhielten von beteiligten Länderinitiativen den „Schluss-Segen". Im Internetzeitalter kann eine Fassung zwischen Europa und dem Amazonas leicht hin und hergehen. Verschiedene Sprachen von Menschen in freier Be-

---

[2] http://www.memorandum-freiheit.de/ [Memorandum „Kirche 2011: Ein notwendiger Aufbruch", 04.02.2011].

[3] http://www.partenia.org/

gegnung zusammenzubringen und zu „übersetzen", das wünschen wir uns als ein Modell für Kirche.

Aus Frankreich kamen rasch Hilfe, Zuspruch und – im regen Austausch – Unterstützung von sieben Gruppierungen. Weitere Gruppen und Bewegungen aus Brasilien, Italien, Kanada, Österreich, den Niederlanden, Norwegen, Peru, Portugal, Schweden, Schweiz und Spanien stehen auf der Unterzeichnungsliste. Am Osterfest kam die Unterstützung des international assoziierten katholischen Netzwerks „We are Church" (IMWAC-US) aus den Vereinigten Staaten, nachdem dieses den ökumenischen Romero-Aufruf mit allen Mitgliedsgruppen beraten hatte.

Inzwischen ist der Aufruf damit – für jeden nachzulesen in der langen Liste der Initiativen – wirklich international. Die Prominenz ist ohne Hervorhebung alphabetisch eingereiht in die lange Liste aller Geschwister, wie es sich für die Gemeinde Jesu gehört. Die sechzig Professorinnen und Professoren der Theologie, aber auch der Bruder Bischof Jacques Gaillot aus Frankreich und der Bruder Bischof Frei Luiz Flavio Cappio[4] aus Brasilien machen da keine Ausnahme. Es kann also ein berühmter Name auf einmal zwischen Hausfrau, Student, Informatiker, Rentner oder Küster stehen in der gemeinsamen Liste bei der Christlichen Initiative Romero.[5] Übrigens war von Anfang an keine Massenunterzeichnungsfunktion im Internet vorgesehen. Die persönlichen Unterschriften wurden bei engagierten Leuten in Netzwerken und Bewegungen erfragt.

Es ist Zeit für Jesus
und für den Abschied von Goldgewändern

Es ist allerhöchste Zeit für den Katakomben-Pakt[6], den Bischöfe der Armen wie Dom Hélder Câmara auf dem letzten katholi-

---

[4] http://www.lebenshaus-alb.de/magazin/005704.html#axzz1KeRDxl7D
[5] [2011 eingestellt auf www.ci-romero.de; heute abrufbar unter: https://www.lebenshaus-alb.de/magazin/006874.html]
[6] http://www.konzilsvaeter.de/referenzen/index.html

schen Reformkonzil vereinbart haben. In *allen* Kirchen sollten die „Nachfolger der Apostel" ihren kostbaren Verkleidungen und jeglichem eitlen Goldschmuck entsagen und sich – an der Seite der Ärmsten auf der Erde – als [Freundinnen &] Freunde Jesu erweisen. Wir sind zuversichtlich, dass sich nach einer solchen Umkehr ganz neue, hoffnungsvolle Horizonte auftun: für die Suche nach Gott, für die Ökumene aller Kirchen und auch für die drängenden Fragen der Kirchenreform.

Zwischen einem einfachen Lebensstil, der Reformfähigkeit und dem Zeugnis der Kirche gibt es vielfältige Zusammenhänge. Dies macht die Zuschrift eines Theologieprofessors an uns deutlich:

> „… gern unterschreibe ich diesen Aufruf! Möge er für heilsame Irritationen sorgen. [… es] ist mir noch klarer geworden, dass ich auf unsere Bischöfe in ihrer Mehrheit nicht mehr setzen mag und will. Das verschleißt nur noch länger Kräfte, die ich anderswo einsetzen möchte. Viel Arbeit muss in der Tat an den Bischöfen vorbei von unten her getan werden. Vielleicht bekehren sich die ‚Herren' Bischöfe ja später einmal. Derzeit scheint mir da keinerlei Hoffnung: Sie predigen die Armut – und wohnen in Palästen, fahren in Luxuslimousinen; sie beschwören die Demut – haben aber nicht einmal den Willen oder die Kraft, normal kritische Anfragen ‚demütig', offen und zugewandt anzuhören; sie erklären Dialogbereitschaft – und legen bereits prozesswidrig im Voraus fest, welches die Themen sein dürfen, wann welche dran sind, welche besprochen, aber keinesfalls ergebnisoffen diskutiert werden dürfen; sie reklamieren Kommunikation und communio – sind aber nicht bereit, von ihren hierarchischen Privilegien und Machtpositionen Abschied, von ihren dogmatischen und moralischen Vorentscheidungen Notiz und zu den Anliegen der Gläubigen jenseits vorgefertigter Muster Stellung zu nehmen, geschweige denn aus Einsichten Konsequenzen zu ziehen, die ihr eigenes Leben im bibli-

schen bzw. im Sinne Jesu verändern würden. Ansteckend sind sie nicht – höchstens, leider, im negativen Sinne – heute schon ersichtlich in den fundamentalistischen Kreisen derer, die für ihre Angst eine feste Burg suchen [...] Lassen wir uns an je unserem Platz immer wieder vom Geist Jesu anstecken! ‚Das Beispiel unseres Bruders San Oscar Romero zeigt uns, wie schön und mutig wir Menschen werden können, wenn wir beginnen, der Botschaft Jesu zuzuhören.' – Wunderbar! Danke für diese Initiative!"

Zu den Verfassern: *Peter Bürger* gehört der Solidarischen Kirche im Rheinland, dem internationalen Versöhnungsbund und der Internationalen katholischen Friedensbewegung pax christi an. – *Bernd Hans Göhrig* ist Bundesgeschäftsführer des Ökumenischen Netzwerks „Initiative Kirche von unten" (IKvu) http://www.ikvu.de, dessen Mitgliedsgruppe „Christliche Initiative Romero (CIR)" www.ci-romero.de den Aufruf sowie die Namen der unterstützenden Gruppierungen und unterzeichnenden Personen stellvertretend für alle veröffentlicht. – *Christian Weisner gehört* zum Bundesteam der KirchenVolksBewegung „Wir sind Kirche", das er auch in der „International Movement We Are Church" [We are Church International (WAC-I): www.we-are-church.org] vertritt. Allein aus ‚We are Church International' tragen neun Ländergliederungen den Ökumenischen Romero-Aufruf mit.

2.

San Romero de América y la canonización desde los pobres

Una Convocatoria para el Primero de mayo llama a las
Iglesias de los ricos a la conversión: desde la comunidad
eclesial de base, ecuménica e internacional
27.04.2011

*El 28 de abril del 2011 la opinión pública será testigo de un nuevo
signo de surgimiento y de contradicción eclesial. Esta vez se trata de
algo distinto. Esta Iniciativa surgida en la Iglesia de la Base nació en la
región de habla alemana, pero es apoyada por una comunidad internacional en diversos países. No se trata de una Iniciativa promovida por
profesores, pero conocidas teólogas/teólogos han manifestado su apoyo
al suscribirla sumándose así a la Comunidad de los firmantes. Sus
inicios se encuentran en católicos en pro de reformas, apoyados por
Hermanas y Hermanos del movimiento ecuménico de todas las Iglesias.
En su intención central no están los temas clásicos de reformas en las
Iglesias históricas, por cierto ignorados durante décadas por sus autoridades, sino el tema de la justicia. Se trata de un obispo mártir católico
que es venerado mundialmente por cristianas y cristianos de todas las
confesiones, y cuya beatificación no ha sido aprobada en la "Ciudad
Santa", por tratarse de un proceso de muy altos costos unido. Pero a
pesar de tratarse de Roma en esta Llamada no se exige absolutamente
nada de la Jerarquía ni se espera ningun visto bueno de parte de ella.*

La llamada ecuménica[7] que presentamos convoca a la Conme-
moración de la ya existente „*Canonización del mártir San Oscar
Romero por parte los pobres de Latinoamérica y las y los seguidores de
Jesús en todo el mundo*". Esta convocatoria también quiere „*ser*

---

[7] https://www.lebenshaus-alb.de/magazin/006874.html

comprendida como llamada a la conversión a las iglesias de los ricos". Más de treinta millones mueren anualmente alrededor del mundo debido a la contaminación ambiental fruto de un orden económico mundial perverso movido por el lucro asesino, que fue ya desvelado claramente por el Papa Pablo VI en su Encíclica "Populorum Progressio" (1967). Este sistema de producción y acumulación de la riqueza no conoce límites pasando sobre cadaveres y amenzando la misma vida sobre la tierra. Por ello, Oscar Romero, que fue tildado de "comunista" por los que ordenaron su asesinato, es el Santo para nuestro tiempo:

> *"Poco tiempo después de haber sido nombrado Arzobispo de San Salvador en 1977 el obispo conservador Monseñor Oscar Arnulfo Romero fué confrontado con la persecución sangrienta a la que estaban siendo sometidos los cristianos en El Salvador. Las lágrimas derramadas en las tumbas de catequistas y sacerdotes asesinados le convirtieron en el obispo inquebrantable defensor de los pequeños, maltratados y perseguidos".*
> (Tomado de la Llamada Ecuménica "Oscar Romero")

Un teólogo alemán, quien después de jubilarse de su trabajo profesional trabaja en solidaridad con personas „en la periferia", nos trae a la memoria hechos de la historia previa: Romero, escribe él, hizo una buena carrera eclesiástica dentro de la Jerarquía, pero no fue por ello que *"alcanzó la santidad, sino que fue después, en la solidaridad con los pobres concretos"*. Fue por esta "santidad" que San Romero de América fue asesinado en 1980 por un criminal a sueldo. Aunque hay que agregar también que Romero, incluso antes de su conversión, nunca fue un Eclesiástico que buscó enriquecerse.

"Las religiosas – las cristianas y cristianos sencillos – no pueden faltar", escribió una Protestante al suscribir la Llamada, de lo contrario la Llamada tendría un ligero tono clerical. Al lado de Oscar Romeros están Martires de la Iglesia de los Pobres de América Latina, que recibio tantas represiones por el Papa actual y su antecesor pero nunca el apoyo en sus necesidades.

*"Bienaventurados los
que tienen hambre de justicia"*

Algunos de los lectores de la Llamada se podrán preguntar, ¿qué tan *ecuménico* puede ser el hablar de „canonización" o "beatificación" tratándose de términos técnicos utilizados por la Jerarquía de la Iglesia católica para procesos que están estrictamente regulados en el Derecho canónico?. Estos términos no pueden ser utilizados sin una previa autorización. Ocho años después del asesinado de Monseñor Romero el Cardenal Joseph Ratzinger prohibió al Obispo brasileño Pedro Casaldáliga llamar "mártir" al Obispo mártir Romero. ¿Es un tema para Luteranos, Reformados y otras Iglesias Protestantes, o para los Anglicanos, que desde hace un tiempo ya agregaron el día del asesinato de Oscar Romero (24 de marzo de 1980) en los calendarios liturgicos de sus respectivas comunidades?

Quien lea con atención la Llamada encontrará esta „terminología técnica", pero comprendida y aplicada según el sentido bíblico válido para todo cristiano. No se trata de la "sacralización" de personas por parte de instancias humanas, sino del reconocimiento de la „beatificación" en el sentido de las Bienaventuranzas del Sermón de la Montaña de Jesús:

Felices los que lloran,
porque recibirán consuelo.
Felices los pacíficos,
porque recibirán la tierra en herencia.
Felices los que tienen hambre y sed de justicia,
porque serán saciados.
Felices los compasivos,
porque obtendrán misericordia.
Felices los de corazón limpio,
porque verán a Dios.
Felices los que trabajan por la paz,
porque serán reconocidos como hijos de Dios.

Felices los que son perseguidos por causa del bien,
porque de ellos es el Reino de los Cielos.
(Evangelio de San Mateo, Capitulo 5)

Esta beatificación no necesita de „aprobaciones" por parte de instancias superiores. En un texto sobre Romero se encuentra: *„Aca en el noroeste brasileño le celebramos como santo y se le nombra en las letanías de los santos"*. Una comunidad en la periferia de São Paulo lo ha nombrado como su Patrón y celebra cada 24 de Marzo su fiesta patronal.

Unos son puestos en la primera plana de la publicidad,
otros son olvidados

Para los "grandes" que son „declarados beatos" o son „santificados" por Roma se pueden ofrecer en el mercado de medios de los comunicación una gran cantidad de libros, ilustraciones, películas, producciones para televisión. Oscar Romero[8] pertenece a los pequeños que son canonizados desde la base y por razones obvias no representan ningún interés comercial para este mercado. La pelicula o el documental sobre él no se puede adquirir acá como DVD. La bibliografía disponible se agota en pocos buenos libros, como el de Martin Maier SJ. De esta forma se escribe la "historia" para unos en forma muy estilizada presentándolos al final como luz resplandeciente, pero dejando en el olvido a otros. Esta Convocación a la Conmemoración apela a recordar una verdad histórica incómoda del último pontificado. Oscar Romero no encontró en Roma ni comprensión ni ayuda. En vez de ello muchos eclesiásticos de gran influencia se pusieron en su contra. Después de su visita a Juan Pablo II en 1979 el Arzobispo de San Salvador dijo profundamente desilucionado: *"No creo que volveré otra vez a Roma. El papa no me comprende"*.

---

[8] http://www.konzilsvaeter.de

*Ecumenismo por la "Justicia, paz
y conservación de la Creación"*

Muchas de las Iniciativas que apoyan la Llamada Romero son parte del movimiento eclesial de base y de la red ecuménica. Esto es muy alentador para grupos de católicos comprometidos en estos movimientos, pues el Papa actual en muchos libros ha polemizado bastante contra el movimiento ecuménico por la "justicia, paz y conservación de la Creación". El considera este ecumenismo por la vida una politización de la fe que no debe ser permitida. Por el contrario, nosotros estamos convencidos que una Iglesia que no ponga esta preocupación en el centro de su accionar global en el siglo veintiuno será incapaz de ser efectiva y perdera credibilidad.

Se trata de el mismo conflicto en torno al proceso de canonización oficial y la controversia sobre la santidad del Martir de El Salvador que lleva más de 30 años. Los argumentos en su contra por parte de teólogos oficiales no tienen sustento a la luz del Evangelio:

> Dado que cada ser humano es hijo e imagen de Dios, para San Romero de América el servicio religioso está vinculado inseparadamente con la defensa de la dignidad humana. *(Tomado de la Llamada Ecuménica "Oscar Romero")*

Cuando se exigen reformas especiales en los paises de habla alemana, la jerarquía de la Iglesia Católica reponde ofreciendo „caminos especiales" o "buscar la solución" para alemania. En la opinión pública sale a publicidad como parte de la vida política nacional, pero sin tocar lo sustancial. Ningún medio de comunicación mostró interés, por poner un ejemplo, de los contenidos del Memorandum de los Profesores de Teología en lo que respecta al compromiso por los Derechos humanos desde la opción al lado de los pobres („Theologen-Memorandum"[9]).

---

[9] http://www.memorandum-freiheit.de

En la Llamada Ecuménica „Oscar Romero" queda claro para todos que se trata de un tema de la Iglesia mundial, del Ecumenismo y de la justicia global. Por ello, en muy corto tiempo, esta Iniciativa ha encontrado muchisimas puertas abiertas en muchos Países y en todas las Confesiones. Hasta el momento 60 Profesoras y Profesores de Teología – incluyendo algunos evangélicos – han suscrito la LLamada, con gestos muy cordiales, lo que representa una verdadera honra cristiana.

Una diocesis
sin muros fronterizos geográficos o espirituales

Nuestro Hermano Jacques Gaillot, que ha suscrito la Llamada ecuménica Romero, es Obispo de Partenia[10], una Diócesis sin fronteras físicas ni espirituales. En la misma forma la lista de los firmantes de la Llamada no reconoce muros fronterizos creados artificialmente. Entre ellos cuentan católicos, reformados, luteranos, anglicanos, veterocatólicos y otros cristianos, incluso algunos que se han declarado legalmente su salida de la Iglesia segun el sistema de impuestos alemán.

La Llamada ha sido traducida a seis idiomas. Estas versiones no fueron dictadas desde una central, sino que han sido aprobadas y completadas por los que sustentan la Iniciativa en los diversos países. En la época del internet una versión puede ser redactada entre Europa y el Amazonas. Poner en movimiento diversas personas hablando sus propios idiomas para „traducir" es expresión del modelo de Iglesia que todos deseamos.

Se recibió pronta ayuda desde Francia: dando ánimos, compartiendo con seriedad, recibiendo el apoyo de siete grupos. Otros grupos y movimientos de Italia, Canada, Austria, los Paises Bajos, Noruega, Peru, Portugal, Brasil, Suecia, Suiza y España han suscrito la Llamada. En el Dia de Pascua se recibió el apoyo de la Red de Obras internacionales catolicas asociadas

---

[10] http://www.partenia.org

"We are Church" (IMWAC-US) de los Estados Unidos, donde la Llamada fue presentada a todos sus miembros.

Mientras tanto la Llamada es ya internacional, cada uno puede constarlo al leer la larga lista de Grupos e Iniciativas que la suscriben. Aquellos que gozan de renombre y fama han solicitado ser puestos en la lista en el orden alfabético, como parte de la lista de Hermanos y Hermanas de la Comunidad de Jesus. Las 60 profesoras y profesores de Teología, como también el Hermano Obispo Jacques Gaillot de Francia y el Hermano Obispo Frei Luiz Flavio Cappio[11] de Brasil no son la excepción. Los nombres conocidos se mezclan en medio del nombre de una mujer de hogar, de un estudiante, un pensionado o un artista. Esta lista puede leerse en el sitio Christlichen Initiative Romero (www.ci-romero.de). Desde el inicio no se pensó en una iniciativa de firmas vía internet. Las firmas personales fueron solicitadas a personas comprometidas en las redes y movimientos.

Es el tiempo de decidirse por Jesús
y contra el ídolo de oro

Es el tiempo oportuno para redescubrir el Pacto de las Catacumbas[12], al que se comprometieron Obispos de los Pobres, como Don Helder Camara, durante el último Concilio. En *todas* las Iglesias los *„Sucesores de los Apóstoles"* deben renunciar a sus vestimentas preciosas y a insignias de oro para testimoniar con ello el signo de ponerse al lado de los pobres de este mundo como seguidores de Jesús. Tenemos la certeza que estos actos de conversión abren las puertas a nuevos horizontes llenos de esperanza: para la búsqueda de Dios, para el ecumenismo en todas las Iglesias y en las cuestiones más urgentes en busqueda de la renovación de la Iglesia.

---

[11] http://www.lebenshaus-alb.de/magazin/005704.html#axzz1KeRDxl7D
[12] http://www.konzilsvaeter.de/referenzen/index.html

Existen estrechas relaciones entre un estilo sencillo de vida, la capacidad de reformas y el testimonio que debe dar la Iglesia. Un Profesor de Teología nos amplia esta relación en un escrito que nos envió:

> ... ¡Con mucho gusto suscribo esta Llamada! Esperemos que suscite irritaciones que muevan a lo positivo. [...] Para mí ha quedado más claro que yo no pretendo ni quiero exigir algo a nuestros obispos. Esto sería invertir muchas energías valiosas sabiendo que no se conseguiran frutos, y que pueden ser invertidas productivamente en otro lugar. Hay que seguir haciendo mucho trabajo desde la base para mover a los Obispos. Quizá algún día se conviertan los „Señores" Obispos. Hoy por hoy no veo ninguna señal de cambio: ellos predican la pobreza, pero viven en palacios, utilizando vehículos de lujo; insisten en la humildad, pero no tienen la volutad o la fuerza de escuchar „humildemente" y apertura cuestionamientos críticos; dicen estar abiertos al diálogo, pero determinan con anticipación cuáles temas están o no permitidos, cuál es el orden de prioridad, cuáles pueden ser discutidos, no dejando espacio a resultados que surgan de una discusión abierta; exigen comunicación y comunión, pero no estan dispuestos a renunciar a sus privilegios jerárquicos y posiciones de poder, ni a sus presupuestos dogmáticos y morales frente a las cuestiones planteadas por los creyentes que están más alla de las respuestas pre dadas; y tampoco sacan las consecuencias para sus propias vidas de las exigencias biblicas, sobre todo de Jesus. Ellos no entusiasman, sino mas bien contagian un sentido negativo, sobre todo actualmente dentro del círculo de fundamentalistas que construyen castillos protectores para sus propios miedos [...] ¡Dejémonos guiar por el espíritu de Jesús, cada uno desde nuestras trincheras! "El ejemplo de nuestro hermano San Oscar Romero nos muestra cómo

podemos animarnos mutuamente cuando empezamos a escuchar la Buena Nueva de Jesús". – ¡Maravilloso! Muchas gracias por la Iniciativa!

Peter Bürger, Bernd Hans Göhrig y Christian Weisner

Sobre los redactores: *Peter Bürger* es miembro de "Solidarischen Kirche im Rheinland", de la "Versöhnungsbund" [International Fellowship of Reconciliation] y del movimiento internacional católico „pax christi". – *Bernd Hans Göhrig* es Director nacional de la Red Ecuménica „Initiative Kirche von unten" (IKvu) http://www.ikvu.de; Christliche Initiative Romero (CIR) www.ci-romero.de es uno de sus grupos miembro que publicará la Llamada y la lista de los que la apoyan. – *Christian Weisner* pertenece al Equipo nacional del Movimiento de la Iglesia popular „Wir sind Kirche" que representa al "International Movement We Are Church" (IMWAC) [We are Church International (WAC-I): www.we-are-church.org]. El IMWAC acoge a nueve miembros en diversos paises y los representa en la Llamada ecuménica Romero.

Traducción al Español: fr. Joaquín Garay ofm

3.

San Romero de America and the canonisation of the poor

An appeal on 1 May should lead the Church of the wealthy
to repentance: as a church base community,
ecumenically and internationally networked.
27.04.2011

*Today the public is confronted with a new sign of religious upheaval
and conflict. But this time it's different from usual: this base-church
initiative began in German-speaking countries, but it is supported by
an international community in many countries. It's not an initiative
from professors, although famous theologians have subsequently joined
up as members of the community of signatories. Reformed Catholicism
bears the responsibility, but by its side stand many brothers and sisters
from the ecumenical community of the worldwide church. It's not about
the classical demands for reform that the official church has ignored for
decades, but about the topic of justice. It's about a Catholic martyr
bishop, but he is honoured worldwide by Christians of all denominations, and his canonisation has not been carried out – accompanied by
horrifying costs and media spectacles – in the "Holy City". It does in-
deed concern Rome as well, but nothing here is expected from the hierarchy, and their blessing is not demanded.*

For the Ecumenical Appeal, which we are presenting here, com-
memorates what has already happened: "Canonisation of the
Martyr San Oscar Romero by the poor of Latin America and by
the friends of Jesus in the whole world". This encouragement
should "at the same time be heard as a call for an about-turn in
the churches of the wealthy". Thirty million or many more dead
– because of contrived undernourishment – are year by year
throughout the world victims of a brutal world economy, whose
murderous profit motive was unambiguously branded by Pope

Paul VI in his encyclical "Populorum Progressio" (1967). The apparatus of an unending breeding of money rolls over bodies and threatens life on earth. That is why Oscar Romero, who was called a "communist" by those who put out a contract to kill him, is the saint for our times.

> Very quickly after his appointment as Archbishop of San Salvador, the conservative pastor Oscar Arnulfo Romero was confronted in 1977 with the bloody persecution of Christians. The tears by the coffins of murdered catechists, altar servers and priests turned him into a courageous Bishop on the side of the little people, the oppressed and the persecuted.
> *(From the Ecumenical Commemoration Appeal* Oscar Romero)

A German theologian, who since the end of his academic career has worked in solidarity and healing with people "on the edge", reminds us strongly of the history. Romero, he writes, once had a very good career in the hierarchy, but then "in the end did not become holy, but blessed in the solidarity with normal poor people that he finally reached." Because of this blessedness, San Romero de América was murdered in 1980 by a contract killer employed by the rich. Though we must remember that even before Romero's conversion he was never a rich churchman.

"Religious people – the totally simple Christians – should not be left out", wrote a Protestant woman when she sent in her signature, because the appeal could otherwise seem too clerical. By the side of Oscar Romero stand many martyrs from the Latin American church of the poor, who have experienced from the present and the last Pope so much disciplining, but no support in their distress.

"Blessed are those who hunger for righteousness"

Now many people who read the appeal will begin by asking how it can be called *ecumenical*. The talk is all of "making a saint", "canonisation" and "beatification", and all these are technical terms that are rigidly controlled in the official usage of the Roman Catholic church hierarchy. They may not be used without permission. Eight years after the murder of Bishop Romero, Cardinal Joseph Ratzinger forbade the Brazilian bishop of the poor, Pedro Casaldáliga, to refer to the martyr Oscar Romero as a martyr. How should Lutherans, Reformed and other Protestants get involved – or even the Anglicans and Old Catholics, whose church communities have for a long time commemorated the day of Oscar Romero's murder (24 March 1980) in their liturgical calendar?

Anyone reading the Commemoration Appeal carefully will certainly find some "official language" in it, but this is interpreted in a *biblical* sense that every Christian can share. It is not a case of a presumptuous saint-making by human beings through human authorities, but rather a "beatification" (recognition of blessedness) in the sense of the Beatitudes in Jesus' Sermon on the Mount:

> Blessed are those who mourn,
> for they will be comforted.
> Blessed are the meek, for they will inherit the earth.
> Blessed are those who hunger and thirst for righteousness,
> for they will be filled.
> Blessed are the merciful, for they will be shown mercy.
> Blessed are the pure in heart, for they will see God.
> Blessed are the peacemakers,
> for they will be called sons of God.
> Blessed are those who are persecuted because
> of righteousness, for theirs is the kingdom of heaven.
> *(Matthew 5:4-9 (NIV))*

For these beatitudes, "permission from above" is in no way beneficial or necessary. One of the contributions about Romero puts it like this: "Here among us in North-East Brazil, he is certainly already celebrated as a saint, and already turns up in various litanies for All Saints." A parish on the edge of São Paulo has selected this martyr as its patron saint, and every 24 March celebrates its patronal festival with enthusiasm.

Some stand before the footlights, others are forgotten

For the great ones whom Rome ceremonially "canonizes", or wants to canonize, you can get hold of an enormous selection of books, videos, films and TV productions in the media market. But Oscar Romero belongs among the little ones, who are acclaimed as holy from below, and in whom the leaders of the commercial markets (for very definite reasons) take no interest. You cannot get any DVDs of films or documentaries about him in this country. The list of available literature is almost exhausted by the good books by Martin Maier SJ.

In this way a "history" largely gets written, in which finally some appear in the brightest of lights and others are totally forgotten. For this reason, the Commemoration Appeal also recalls an uncomfortable and suppressed historical truth of the last pontificate. In Rome, Oscar Romero found neither understanding nor help. Instead, powerful churchmen there were against him. After his visit to John Paul II, the Bishop of San Salvador expressed himself in 1979 with deep disappointment: "I believe I will never again come to Rome. The Pope does not understand me."

The worldwide Church for "Justice, Peace and the Integrity of Creation"

Many of the initiatives that are sharing in the Romero Commemoration Appeal come from the basic Christian and ecumenical networks. For involved Catholics in these groups this is also welcome, just because the present Pope has included sharp polemics in several books against the ecumenical movement for "Justice, Peace and the Integrity of Creation". He views this worldwide movement for life as an impermissible politicisation of faith. On the other hand, we are convinced that a church that does not place these concerns of the world community in the third millennium at the centre of its global activity can have no claim to credibility.

Here we finally come back to the same conflict as with the controversies, which have now gone on for over thirty years in the official Church, over the sanctity of the martyrs from El Salvador. But in the light of the Gospel, the objections of the well-protected official theologians cannot stand:

> Since every human being is a child and living image of God, worship was for San Oscar Romero indivisibly bound up with the fearless defence of human dignity.
> (*From the Ecumenical Commemoration Appeal* Oscar Romero)

If there are calls from the German-speaking world for special Catholic reforms, the church hierarchy likes to speak of German or other "different ways" etc. In public this is from time to time even perceived as if it were a part of national political occurrences, but with no substance. More typically, no mass medium has significantly taken up the commitment to human dignity – through taking part by the side of the poor - that is demanded in the "Memorandum of the Theologians".

In the Ecumenical Commemoration Appeal "Oscar Romero", however, it is clear to all that this is a request of the world church, of the whole of Christianity and of global justice. That is why this initiative has in a very short time opened so incredibly many doors in many countries and in all denominations. The fact that so far more than sixty Professors of Theology, including some Protestants, have lined up in support, and often with great warmth, is a real Christian glory of their profession.

A Diocese without spatial and spiritual boundary walls

Our brother Jacques Galliot, who was among the first to sign the Ecumenical Oscar Romero Commemoration Appeal, is the Bishop of Partenia, a diocese without spatial and spiritual boundaries. In the same way, the list of those who have signed the appeal knows no artificially created walls. On the list can be found Roman Catholic, Reformed, Old Catholic, Lutheran, Anglican and other Christians, as well as those who have put on record their departure from the official Church or corporate bodies.

The six language versions of the Commemoration Appeal were not dictated centrally, but rather received a final blessing from initiatives in the countries involved. In the age of the internet, a draft can easily be sent to and from between Europe and the Amazon Basin. Bringing together and "translating" the different languages of humanity in a free encounter is what we wish for as a model for being Church.

From France came rapid help, encouragement, and – in a lively exchange – support from seven groupings. Further groups and movements from Brazil, Italy, Canada, Austria, the Netherlands, Norway, Peru, Portugal, Sweden, Switzerland and Spain are on the list of signatures. At Easter support came from the internationally associated network "We Are Church" from the United States, after it had consulted all its member groups about the Ecumenical Romero Appeal.

Already the Appeal has become – as anyone can read in the long list of initiatives – truly international. Prominent people are listed without any precedence alphabetically in the long list of all the brethren, as should be in the community of Jesus. The sixty professors of theology, and also Brother Bishop Jacques Gaillot from France and Brother Bishop Frei Luiz Flavio Cappio from Brazil are no exception. So a famous name can be found with a housewife, student, information specialist, pensioner or verger in the common list at the Romero Christian Initiative. By the way, from the beginning no facility for mass signatures over the Internet was planned. The personal signatures were requested by involved people through networks and movements.

It is time for Jesus and for a farewell to golden robes

It is high time for the Catacombs Pact, which Bishops of the poor such as Dom Hélder Câmara Agreed at the last Catholic reform council. In *all* Churches, the "successors of the Apostles" should give up their costly clothing and all kinds of vain gold jewellery and show themselves – at the side of the poorest of the earth – to be friends of Jesus. We are confident that new and hopeful horizons will appear after such a repentance: for the search for God, for the worldwide community of all Churches and also for the urgent questions of church reform.

Between a simple lifestyle, the capability to reform and the witness of the Church there are manifold connections. This is made clear in the letter received from a professor of theology:

"I willingly sign this appeal! May it provide healthy irritations. ... It has become even more clear for me that I may not and will not any more sit with the majority of our bishops. For a long time that has worn out strength that I want to put to work elsewhere. Much work must really be done from below, bypassing the bishops. Perhaps later on the Lord Bishops will repent.

At present there seems to me to be no kind of hope there: They preach poverty – and live in palaces, drive in luxury cars; they swear humility – but not once do they have the will or the power to listen to normal critical questioning humbly, openly and attentively; they declare readiness for dialogue – and lay down in advance, contrary to a process, what the topics may be, when any of them are appropriate, which can be mentioned but may not be discussed in any way open to a result; they applaud communication and 'communion' – but are not ready to say farewell to their hierarchical privileges and positions of powers, to take notice of their dogmatic and moral prejudices and to take positions on the other side of their pre-prepared positions in respect of the requests of the faithful, least of all to draw consequences from their insights that would change their own lives to biblical lives or to lives in the spirit of Jesus.

They are not contagious – at least, unfortunately, in a negative sense – today already obviously in the most fundamental circles of those who look for a strong fortress for their pain. Let us be infected over and over again by Jesus, each in our own place. 'The example of our brother San Oscar Romero shows us how beautiful and how brave we humans can become, when we begin to listen to the message of Jesus.' – Wonderful! Thanks for this initiative!"

Peter Bürger, Bernd Hans Göhrig & Christian Weisner

On the writers: *Peter Bürger* belongs to the Solidarity Church in the Rhineland, to the Fellowship of Reconciliation and to the international Catholic peace movement "pax christi". – *Bernd Hans Göhrig* is the (German) federal secretary of the ecumenical network "Initiative Kirche von unten" (IKvu or: Church from Below), whose member group "Christliche Initiative Romero" (CIR or: Romero Christian Initiative) has published the Appeal together with the names of the supporting groupings and the people who have signed it, as their representative. – *Christian Weisner* belongs to the German team of the Church People's Movement "Wir sind Kirche", which he also represents in the "International Movement We Are Church" [We are Church International (WAC-I): www.we-are-church.org]. From the IMWAC alone, nine national organisations have joined in the Ecumenical Romero Appeal.

Translation: Robert Dimmick

II.
Internationaler
Ökumenischer Aufruf
zum 1. Mai 2011:

„Gedenkt der Heiligsprechung des Märtyrers San Oscar Romero durch die Armen dieser Erde"

Llamada Ecuménica para el primero de mayo del 2011:
„Conmemorad la 'canonización' del mártir San Oscar Romero por parte de los pobres de nuestro mundo"

Ecumenical Appeal for 1 May 2011:
„Commemorate the 'canonization' of the Martyr Oscar Romero by the poor people of this earth"

Appel œcuménique à l'occasion du 1er mai 2011:
„Commémorez la canonisation du martyr San Oscar Romero par les pauvres de ce monde"

Il primo maggio preghiamo Mons. Romero dichiarato martire e santo di tutte le Americhe per volontà del popolo di Dio

Apelo ecuménico para o dia 1º de maio de 2011:
„Celebremos a Canonização do mártir São Oscar Romero feita pelos pobres deste mundo"

Ekumeniskt upprop till 1 maj 2011
„Tänk på martyren San Oscar Romeros helgonförklaring som denna jords fattiga har proklamerat"

Maximino Cerezo Barredo, 2006 (http://www.servicioskoinonia.org)

1.
Die Unterzeichnerinnen & Unterzeichner des Internationalen Aufrufes

LÄNDERBEWEGUNGEN, GRUPPEN & INITIATIVEN
organisations, groups & initiatives
Nom du groupe, de l'organisation
les groupes/initiatives
(05.05.2011)

- Christliche Initiative Romero e.V. – CIR (www.ci-romero.de)
- aktion hoffnung Rottenburg-Stuttgart e.V. (D)
- Arbeitsgemeinschaft Christentum und Sozialdemokratie – ACUS (Austria)
- Association Jonas-Vosges, F-88000 EPINAL (France)
- aufbruch, unabhängige Zeitschrift für Religion und Gesellschaft (CH)
- Beginen heute e.V. www.beginen-heute.de (D)
- Ceb Jean Dumont de de la Parroquia Santa Cruz [„En nombre de los compañeros del Área Política y de la Ceb Jean Dumont de de la Parroquia Santa Cruz aherimos a la llamada pro canonización del Obispo Romero Santo ´decretado´ por los pueblos de Latinoamérica"] (Argentina)
- CEPALC SICSAL COLOMBIA [CEPALC, Mitgliedsorganisation von SICSAL in Kolumbien]
- Corriente Somos Iglesia – España [Wir sind Kirche] (Spain)
- Cristian@s de Base [www.cristianosdebase.blogspot.com]
- El Salvador Gruppe St. Josef Eppenhain in der Pfarrei Hl. Dreifaltigkeit Fischbach [gez. Gert Binias, Barbara Knoll, Johannes Hoffmann] (D)

- Espacio Ecuménico (de Argentina) [Gruppe „Raum der Ökumene", Argentinien]
- Fédération „Réseaux du Parvis" (France)
- Freckenhorster Kreis (D)
- Fuldaer Kreis für eine offene Kirche (D)
- Informationsdienst „Ökumenisches Friedensnetz Düsseldorfer Christinnen & Christen" (D)
- Initiative „Kirche in Bewegung Asperg" (D)
- Institut für Theologie und Politik – ITP/Münster (D)
- International Movement We Are Church - United States (IMWAC-US) – USA
- IRPAA, Instituto Regional da Pequena Agropecuäria Apropriada [Regionales Institut für angepasste Kleinbauernlandwirtschaft und Tierhaltung], Juazeiro / Bahia (Brasil)
- Kairós – Nós também Somos Igreja, O grupo da Paraíba (Brasil)
- Kairos Europa e.V. [Ökumenisches Netzwerk „unterwegs zu einem Europa für Gerechtigkeit"] (EU)
- Katolsk Vision – Sweden
- Kirche in Bewegung Hammelburg – KIB (D)
- KirchenVolksBewegung „Wir sind Kirche" – Deutschland
- Kirchenvolksbewegung ‚Wir sind Kirche' – Diözesangruppe Münster
- Kommission „Gerechtigkeit - Frieden - Bewahrung der Schöpfung" der Deutschen Franziskanerprovinz (D)
- Kommission Partnerschaft Madre de los Pobres und Christkönig Eschborn [25 Jahre Partnerschaft mit der Gemeinde in San Salvador] (D)
- Kommunität Grimnitz – Joachimsthal (D)
- La communauté POINT 1 de Rouen, membre des réseaux du Parvis (France)
- L'association „Chrétiens Aujourd'hui Orléans" [adhérente aux „Réseaux du Parvis"] (France)
- L'association 'Chrétiens sans frontière 61' (CSF 61 département de l'Orne / membre du réseau des Parvis) (France)

- Le Groupe „PRETRES MARIES France NORD" – Membre de la Fédération Parvis (France)
- Le Réseau Culture et foi (Canada-français), Canada
- Lebenshaus Schwäbische Alb - Gemeinschaft für soziale Gerechtigkeit, Frieden und Ökologie e.v. (D)
- Les membres de la communauté ecclesiale de base Martyrs d'El Salvador et les membres de la Fondation Mgr Oscar Romero de Canada [Donné à Montréal, le 26 avril 2011] (Canada)
- Leserinitiative Publik e. V. – Oberursel (D)
- Mandacaru-Brasilieninitiative [NRW] (D)
- Mariënburg, Vereniging van kritisch Katholieken – Netherlands (NL)
- Movimiento Tambièn Somos Iglesia – Chile
- Münnerstädter Kreis in der Diözese Würzburg (D)
- Noi Siamo Chiesa [member of International Movement We Are Church (IMWAC)] – (Italia)
- Nos Somos Igreja [Wir sind Kirche] (Portugal)
- Nous sommes aussi l'Eglise – NSAE [Wir sind Kirche] (France)
- Ökumenische Initiative „Reich Gottes – jetzt!" (D)
- Ökumenische Initiative Eine Welt, Gruppe Köln-Sülz (D)
- Ökumenisches Montagsgebet für den Frieden in der Welt – Schorndorf (D)
- Ökumenisches Netz Bayern – ÖNB [„seit 1986 auf dem Konziliaren Weg"] (D)
- Ökumenisches Netzwerk Initiative Kirche von unten – IKvu (D)
- Ortsausschuss St. Josef Eppenhain in der Pfarrei HL. Dreifaltigkeit Fischbach (D)
- pax christi – Bistumsstelle Essen (D)
- pax christi – Bistumsstelle Köln (D)
- pax christi – Bistumsstelle München (D)
- pax christi – Bistumsstelle Münster (D)
- pax christi – Gruppe Erftstadt (D)
- pax christi – Gruppe Ravensburg (D)

- pax christi-Kommission Friedenspolitik (D)
- pax christi-Kommission Globalisierung und soziale Gerechtigkeit (D)
- pax christi-Kommission Solidarität Eine Welt (D)
- Plattform „Wir sind Kirche" – Austria
- Programa de Educación para la Paz-PROEPAZ-El Agustino. Lima (Peru)
- RomeroHaus Luzern (CH)
- Secretaría Estatal de los Comités Óscar Romero [representa a la coordinadora de Comités Óscar Romero de España que agrupa a más de 20 comités] (Spain)
- SICSAL [Servicio Internacional Cristiano de Solidaridad con los pueblos de América Latina "Óscar Romero"] (Japan)
- Solidarische Kirche im Rheinland (D)
- Verein „Tagsatzung im Bistum Basel" (CH)
- We Are Church – Norway
- We Are Church (UK)
- Wir sind Kirche – Diözesangruppe Eichstätt (D)
- Wir sind Kirche – Diözesangruppe Regensburg (D)
- Wir sind Kirche im Erzbistum München und Freising (D)
- Wir sind Kirche im Erzbistum Paderborn (D)

UNTERZEICHNER/INNEN
We sign the Ecumenical Appeal "San Oscar Romero"
Nous signons l'appel "San Oscar Romero"
Apoyamos la llamada "San Oscar Romero"
(09.05.2011)

- Prof. Dr. **Michael Albus**, D-Heidesheim (röm.-kath. Theologe)
- **Peter Amendt** ofm, D-Düsseldorf (Franziskanerkloster)
- Prof. Dr. **Edmund Arens**, CH-Luzern (Fundamental-theologie, Theologische Fakultät der Universität Luzern)
- **Marianne Arnold-Keim**, D-Ulm (Religionslehrerin)
- **Norbert Arntz**, D-Kleve (Pfarrer, Befreiungstheologe)

- P. **Hernàn Astudillo** (San Lorenzo Church & Latin American Community Centre, Radio Voces Latinas 1610AM)
- **Franz-Josef Aßmann**, D-Herdringen (Pfarrer Pastoralverbund Kloster Oelinghausen)
- **Kerstin Augsburg**, D-Hammelburg (röm.-kath.)
- **Heinrich Bartels**, D-Bad Pyrmont (Christen für gerechte Wirtschaftsordnung)
- Fr. **Tissa Balasuriya** OMI, Sri Lanka (theologian)
- Dr. **Georg Bauer**, D-Hammelburg (Tierarzt, rk)
- **Sieglinde Bauer**, D-Hammelburg (Tierärztin, rk)
- Prof. Dr. **Guido Bausenhart**, D-Hildesheim (röm.-kath. Prof. für Systematische Theologie an der Universität Hildesheim)
- **Josef Bayer**, D-Ebermannsdorf (dipl. theol.)
- Prof. Dr. **Ulrike Bechmann**, A-Graz (Karl-Franzens-Universität Graz, Kath.-Theol. Fakultät / Institut für Religionswissenschaft)
- Dr. **Clemens Becker**, D-Karlsruhe (stellv. Zoodirektor, Vorsitzender des Pfarrgemeinderates der Seelsorgeeinheit Karlsruhe Alb-Südwest)
- **Friedhelm Becker**, D-Haan (Studiendirektor i.R.)
- **Gerhard Becker**, D-Hammelburg (StD a.D.)
- Prof. Dr. **Manfred Belok**, CH-Chur (Theol. Hochschule Chur, Lehrstuhl für Pastoraltheologie und Homiletik)
- **Winfried Belz**, D-Wilhelmsfeld (kath. Dipl.-Theol.)
- Br. **Clark Berge**, SSF – Minister General of the First Order Brothers (Society of St Francis, Anglicans)
- Dr.phil. Dr.theol.habil. **David Berger**, D-Köln (röm.-kath. Theologe)
- Prof. Dr. **Ulrich Berges**, D-Bonn (Kath.-Theol. Fakultät, Uni Bonn – Alttestamentliches Seminar)
- Dr. theol. **Toni Bernet-Strahm**, Leiter RomeroHaus, Luzern (CH)
- **Erhard Bertel**, D-Saarbrücken (Pfarrer i.R.)
- Dr. **Bernhard Beutler**, D-München (Publizist)
- Prof. Dr. theol. P. **Johannes Beutler** SJ, D-Frankfurt (Prof. em. des Päpstlichen Bibelinstituts)

- Prof. Dr. **Sabine Bieberstein**, D-Eichstätt (röm.-kath. Theologin, Professur für Neues Testament und Biblische Didaktik, KU Eichstätt-Ingolstadt)
- **Waltraud Bischoff**, D-Rumbach
- Prof. Dr. **Arturo Blatezky**, Buenos Aires – Argentinien (Theologie-Prof.; Pastor der IERP / Evangelische Kirche am Rio de la Plata; Leiter des MEDH / Ökumenische Menschenrechtsbewegung)
- **Leonardo Boff**, Petrópolis-RJ / Brasilien (Theologe der Armen und des Volkes Gottes)
- Prof. Dr. **Reinhold Boschki**, D-Bonn (Seminar für Religionspädagogik, Kath.-Theol. Fakultät Universität Bonn)
- **Laura Bottoni**, D-Dreieich (Lehrerin, römisch-katholisch)
- **Friederike Brandtner**, D-Hamburg
- **Sabine Brauner-Rößler**, D-Böblingen (Krankenschwester, Kirchengemeinderatsmitglied, katholisch)
- **Gerda Breidenbach**, D-Düsseldorf (alt-katholisch, Kirchenvorstandsmitglied)
- **Roland Breitenbach**, D-Schweinfurt (kath. Pfarrer)
- Dr. **Thomas Breuer**, D-Ludwigsburg (Akad. Oberrat, PH Ludwigsburg / Evang. Theologie/Religionspädagogik)
- Dr. **Michael Brinkschröder**, D-München (kath. Religionslehrer)
- Prof. Dr. **Johannes Brosseder**, D-Köln (röm.-kath. Theologe)
- **Michael Bruckner**, D-Erftstadt (pax christi)
- Univ.Prof. Dr. **Anton Bucher**, A-Salzburg (röm.-kath. Theologe, Fachbereichsleiter Praktische Theologie)
- Prof. Dr. **Rainer Bucher**, A-Graz (Theologische Fakultät der Universität Graz, Institut für Pastoraltheologie und Pastoralpsychologie)
- Dr. **Magdalene Bußmann**, D-Essen (Theologin)
- **Manfred Bürger**, D-Bad Bocklet (Polizeibeamter)
- **Peter Bürger**, D-Düsseldorf (kath. Theologe, Krankenpfleger, Publizist)
- Dr. **Edgar Büttner**, Bad Aibling (kath. Theologe, Teamtrainer/Coach)

- **Stefan Bär**, D-Oberursel (Vorstandsvorsitzender der Leserinitiative Publik e. V.)
- Frei **Luiz Flavio Cappio** OFM, Bischof von Barra (Brasilien)
- **Eva-Maria Conrad**, D-Fuchsstadt (StRin am Gymnasium für Kathol. Religionslehre und Deutsch)
- **Percival Cowley** V. ss.cc., Chile (Prof. em. of Social Morals at the Faculty of Theology of the Pont. Catholic University in Santiago de Chile)
- **Jörg Dantscher** SJ, D-Frankfurt (Pfarrer)
- **Karl-Heinz Deck**, D-Karlsruhe
- Prof. Dr. **Ulrich Decking**, D-Düsseldorf (pax christi)
- **Bert Degenhart**, D-Karlsruhe
- Prof. Dr. **Sabine Demel**, D-Regensburg (röm.-kath. Theologin, Lehrstuhl für Kirchenrecht)
- **Ernst Dertmann**, D-Stadtlohn (Friedensarbeiter bei pax christi)
- Pastorin **Fanny Dethloff**, D-Hamburg (Beauftragte für Menschenrechte, Migration und Flucht der Nordelbischen Ev.-Luth. Kirche, Bundesvorsitzende der Ökumenischen BAG Asyl in der Kirche e.V.)
- **Wolfgang Dettenkofer**, D-Bad Endorf (OStR i.R., r.-k.)
- **Rose Dierlamm**, D-Schorndorf
- **Werner Dierlamm**, D-Schorndorf (evangelischer Pfarrer i.R.)
- **Robert Dimmick**, Reading – England (Anglican & Area Minister for Berkshire, Third Order of the Society of St Francis)
- Prof. Dr. **Rudolf Donninger**, A-Schwechat (Austria)
- **Eugen Drewermann**, D-Paderborn (Schriftsteller)
- Prof. Dr. **Ulrich Duchrow**, D-Heidelberg (Prof. für systematische Theologie / Universität Heidelberg, evangelisch)
- Sr. **Bernadette Dunkel SSpS**, D-Laupheim (Dreifaltigkeitskloster, Steyler Missionarinnen, sieben Jahre in Bolivien gelebt und gearbeitet)
- **Manfred Dümmer**, D-Bielefeld
- **Hansjürgen Dörr**, D-Mainz (Rentner)

- **Helmut Eckermann**, D-Solingen (Ing. grad. im Vorruhestand, röm.-kath.)
- Prof. Dr.Dr. **Peter Eicher**, CH-Lens (kath. Theologe, www.sternderhoffnung.de)
- **Helmut Elbel**, D-Stutensee, Rentner, evangelisch.
- **Kordula Eller**, D-Langenfeld (kath.)
- **Peter Eller**, D-Langenfeld (kath.)
- **Ingeborg Engels**, D-Rodenbach (in der Kirchengemeinde St. Peter & Paul ehrenamtlich tätig)
- **Martin Enzinger**, D-Augsburg (Konrektor Grundschule, Pfarrgemeinderatsmitglied, röm.-kath.)
- **Edmund Erlemann**, D-Mönchengladbach (kath. Pfarrer & Propst i.R, Volksverein)
- **Saúl Espino Armendáriz**
- **Gertraud Esser**, D-Leverkusen (alt-katholisch, Kirchenvorstandsmitglied)
- Dr. **Marita Estor**, D-Marburg
- **Gerhard Fackelmayer**, H-Gödöllő / Ungarn (Landschaftsgärtner)
- **Patricio Frías Fernández**, Santiago de Chile (Sociólogo [Phd.], Especialista en Relaciones Laborales)
- **Silvana Ferraguti**, D-Duisburg (Trasaghis, Italien, Rentnerin, rk)
- **Bruno Fischer**, D-Nürnberg (Pfarrer am Klinikum Nürnberg)
- **Theresia Franke**, Dresden (Bürokauffrau, [kath.] christlich)
- **Michaela Froneck-Dorer**, D-Homberg (Masseurin, kath.)
- **Maria Fröhleke**, D-Bielefeld (Lehrerin)
- Dr. **Albert Fuchs**, D-Meckenheim (pax christi)
- Prof. Dr. **Ottmar Fuchs**, D-Tübingen (kath.-theol. Fakultät Tübingen, Lehrstuhl Praktische Theologie)
- Br. **Markus Fuhrmann** ofm, D-Köln (Franziskaner)
- Mgr **Jacques Gaillot**, Évêque de Partenia (Bishop of Partenia, Bischof von Partenia)
- Br. **Joaquin Ernesto Garay** ofm, D-Mannheim (Gemeinschaft der Franziskaner)

- **Pablo Herrero Garisto**, Buenos Aires / Argentina (Cristianos de Base)
- **Joachim Garstecki**, D-Magdeburg (ehem. Generalsekretär Pax Christi / dt. Sektion: 1991-2000)
- Dr. **Heiner Geißler**, Bundesminister a.D. (D)
- **Reinhold Gieringer**, Sprecher von Pax Christi Diözese Rottenburg-Stuttgart (D)
- Bruder **Johannes Gierse** ofm, Amazonas-Brasilien
- **Antonio Gimenez**, Valencia (España)
- **Barbara Gladysch**, D-Düsseldorf (Sonderschullehrerin, Gründerin „Mütter für den Frieden" 1981; seit dem Austritt aus der röm.-kath. Kirche 1976 eine „fröhliche, selbstbewusste und engagierte Christin")
- **Rolf Gnatzy**, D-Altenkunstadt (Kirchenmusiker, DPSG-Mitglied, katholisch)
- **Jo Goua de Baix**, France
- **Michèle Goua de Baix** (Groupe „Chrétiens sans frontière gironde" affilié aux „Réseaux des parvis" en France)
- P. **Heribert Graab** SJ, D-Köln
- **Sigrid Grabmeier**, D-Deggendorf (Wir sind Kirche)
- **Roswitha Göbel-Wiemers**, D-Holzwickede (Arbeitskreis Eine Welt)
- **Karin Gräber**, D-Asberg (Kirchenchor)
- **Karl Graml**, D-Lenting bei Ingolstadt
- Prof. Dr. **Gregor Grun**, D-Weinheim (Professor für technische organische Chemie)
- **Hildegard Grun**, D-Rüthen (Hausfrau, ehemalige Lehrerin, kath.)
- **Paul Grun**, D-Rüthen (pensionierer Gymnasiallehrer, kath.)
- Sra. **Blanca Guerrero**, Laica de Uruguay
- **Fernando Guzmàn**, Buenos Aires / Argentina (Claretianos)
- **André Hagel**, D-Münster (katholisch, Redakteur)
- Prof. Dr. **Hubertus Halbfas**, D-Drolshagen (katholischer Theologe)
- **Attilio Hartmann** SJ, Porto Alegre / Brasil

- Univ.-Prof. DDr. **Gotthold Hasenhüttl**, D-Saarbrücken (em. Univ.-Prof. für Systematische Theologie / Universität des Saarlandes – Konfession: römisch-katholisch)
- **Erika Haugg**, D-Mülheim an der Ruhr (evangelisch, Rentnerin)
- **Ute Heberer**, D-Rheinstetten
- **Maria Heckmann**, D-Hammelburg (KiB)
- **Guenther Heger**, D-Aichstetten
- **Dietgard & Dirk Heine**, D-Mainz (katholisch, in der KirchenVolksBewegung, sowie bei ‚Frauenwürde' engagiert)
- Prof. Dr. **Hanspeter Heinz**, D-Augsburg (röm.-kath. Priester, Prof. em. für Pastoraltheologie)
- **Christa Heinzelmann**, D-Erftstadt (pax christi)
- **Tobias Heinzelmann**, D-Heidelberg (ev. Theologiestudent, Mitglied des Befreiungstheologischen Netzwerkes)
- **Johannes Heisig**, D-Heusenstamm
- **Harald Hellstern**, Stuttgart (Vorsitzender der Arbeitsgemeinschaft katholischer Organisationen und Verbände Diözese Rottenburg-Stuttgart - ako)
- **Susanne Hellstern**, D-Stuttgart (Sprecherin Pax Christi-Basisgruppe Stuttgart)
- **Erika & Willi Helmbrecht**, D-Walldorf
- Prof. **Friedhelm Hengsbach SJ**, D-Ludwigshafen (Prof. em. für christliche Gesellschaftsethik an der Philosophisch-Theologischen Hochschule Sankt Georgen)
- **Uschi Heppenstiel**, D-Löschenrod (vielseitig interessierte und engagierte kath. Mutter)
- **Christian Herwartz** SJ, D-Berlin (Arbeiterpriester)
- **Marco Herzog**, D-Düsseldorf (röm.-kath. Theologe, systemischer Berater)
- **Bruno Hessel**, D-Ennepetal (Initiative „Ökumene 2017" e.V.)
- Hon.Prof. Dr. **August Heuser**, D-Frankfurt a.M. (Direktor des Dommuseums Frankfurt, vertritt am Fachbereich Kath. Theologie in der Abt. Pastoraltheologie, Religionspädagogik und Kerygmatik das Thema Kunst und Kirche / Religion mit Schwerpunkt in der zeitgenössischen Kunst)

- Prof. Dr. **Franz Josef Hinkelammert**, San José/Costa Rica (kath. Wirtschaftswissenschaftler und Vertreter der Befreiungstheologie)
- **Elisabeth Hochsticher-Krehl**, D-Asberg (Familiengottesdienst)
- **Andreas Hoffmann**, D-Neuss (alt-katholisch, Pastor / Sozialarbeiter)
- Prof. Dr. theol. **Johannes Hoffmann**, D-Kelkheim (Goethe Universität Frankfurt – Fachbereich Katholische Theologie; Ethisch-Ökologisches Rating)
- **Angela Hogrebe**, D-Bad Honnef (kath. Religionslehrerin)
- Prof. Dr. **Rudolf Hoppe**, D-Bonn (Neutestamentliches Seminar, Kath.-Theol. Fakultät Universität Bonn)
- **Eduardo Hoornaert**, ex-coordenador da Comissão da História da Igreja na América Latina, secção Brasil (CEHILA)
- **Rita Horstmann**, D-Köln (Theologin, evangelisch)
- **Christa Horter**, D-Heidelberg
- **Ilse Huismans**, D-Mönchengladbach-Giesenkirchen (alt-kath. – „Unterstützung auch im Sinne meines verstorbenen Mannes, des alt-kath. Priesters Wim Huismans")
- **Hans Peter Hurka**, A-Wien (Vorsitzender der Plattform „Wir sind Kirche" Austria)
- **Veronika Hüning**, D-Gescher (Geistliche Beirätin von pax christi im Bistum Münster)
- **Annelie & Walter Hürter**, D-Ingolstadt (Wir sind Kirche)
- Prof. Dr. **Hermann Häring**, NL-Nijmegen / D-Tübingen (röm.-kath. Theologe)
- **Robert Häusler**, D-Asberg (Familiengottesdienst)
- **Michael Höhn**, D-Wiehl (evangelischer Pfarrer in Ruhe und Autor)
- **Monika Höhn**, D-Wiehl (Autorin, evangelisch)
- Prof. Dr. **Hans-Joachim Höhn**, D-Köln (Institut für Kath. Theologie, Lehrstuhl für Systematische Theologie und Religionsphilosophie)
- Prof. Dr. **Josef Imbach**, Schweiz (Franziskaner, Theologe)
- **Andreas Jansen**, D-Ahnatal (alt-katholischer Pfarrer)

- **Hanna Jaskolski**, D-Erftstadt (pax christi)
- **Helmut Jaskolski**, D-Erftstadt (pax christi)
- Prof. Dr. **Hans Jorissen**, D-Bonn (röm.-kath. Theologe)
- **Joyce**, Minister General CSF – First Order sisters (Community of St Francis, Anglicans)
- **Lena Marie Jung**, D-Augsburg (Kinderkrankenschwester,rk)
- **Ursula Jung**, D-Augsburg (Bürokauffrau, Pfarrgemeinderat 12-Apostel, röm.-kath.)
- Dr. **Irmgard Kampmann**, D-Bochum (Sprecherin der Initiative Maria von Magdala e.V.)
- **Alfred & Flory Karner**, D-Köln
- Dr. **Ferdinand Kerstiens**, D-Marl (kath. Priester, pax christi)
- **Eva-Maria Kiklas**, D-Dresden (Wir sind Kirche)
- **Josef Kirberg**, D-Rommerskirchen (alt-katholisch, Lehrer i.R., Kirchenvorstandsmitglied)
- **Antje Klewinghaus**, D-Haan (Sozialpädagogin, evangelisch)
- **Werner Klewinghaus**, D-Haan
- **Gregor Klingenhäger**, D-Düsseldorf (kath. Seelsorger)
- Prof. Dr. **Elmar Klinger**, D-Würzburg (1976 bis 2006 kath. Ordinarius für Fundamentaltheologie und vergleichende Religionswissenschaft)
- **Christine Klissenbauer**, D-Düsseldorf (pax christi, langjährige Basis- und Friedensarbeit, auch in Kolumbien)
- **Birgit Klug**, D-Freigericht (kath.)
- Dr. **Willi Knecht**, Vorsitzender aktion hoffnung Rottenburg-Stuttgart e.V. (D)
- **Josef Knecht**, D-Augsburg (Qualitätsingenieur, Pfarrgemeinderat Katholische Pfarrei Zwölf-Apostel und Dekanatsrat Augsburg-Ost)
- **Brigitte Koch**, D-Asberg (Mesnerin)
- P. **Hadrian W. Koch** OFM, D-Großkrotzenburg
- **Werner Koch**, D-Düsseldorf (Programmierer, alt-katholisch)
- **Markus Koegel**, D-Düsseldorf (alt-katholisch, Angestellter im öffentlichen Dienst)
- Dr. **Herbert Kohlmaier**, A-Wien (Vorstand „Laieninitiative" Österreich)

- **Monika Koplin**, D-Esslingen (röm.-kath., aktiv in „pro concilio")
- **Helen Kotthoff**, D-Kirchzarten/Schwarzwald (Anglikanerin)
- Prof. Dr. **Hans-Georg Kotthoff**, D-Kirchzarten (röm.-kath.)
- **Johannes Krautkrämer**, D-Köln (Pfarrvikar in St. Severin)
- **Günther Krehl**, D-Asberg (KiB: Kirche in Bewegung)
- **Thomas Krieg**, D-Schwäbisch Gmünd (kath. Religions-Lehrer & Kirchengemeinderat)
- Prof. Dr. **Gerhard Kruip**, D-Mainz (Christliche Anthropologie und Sozialethik, Kath.-Theol. Fakultät im FB 01 der Universität Mainz)
- **Edith Kuropatwa**, Dilbeek (Belgique)
- **Helmut Kurz**, D-Rottenburg (Gymnasiallehrer i.R. mit dem Fach Kath. Religion)
- Prof. Dr. **Joachim Kügler**, D-Weismain (Hochschulprofessor, röm.-kath. Theologe)
- Prof. Dr. **Hans Küng**, D-Tübingen
- **Ines Kunstmann**, A-Wien
- **Carsten Körber**, D-Düsseldorf (evangelischer Pfarrer)
- **Sabine Lachner**, D-Nürnberg
- **Annegret Laakmann,** D-Haltern (Wir sind Kirche)
- **Paul Lambrich**, D-Merzig
- **Susanne Lambrich-Blum**, D-Merzig
- **Margarete Lang**, D-Mannheim (WsK-Mitglied)
- Prof. Dr. Dr. h.c. **Bernhard Lang,** D-Paderborn (Prof. für Kath. Theologie)
- **Franz Langstein**, D-Marburg (Dechant)
- Dr. **Sandra Lassak**, D-Münster
- **Georg Lauscher**, D-Aachen (Pfarrer)
- **Franziska Lehner** (Theologiestudentin)
- **Vincenzo Linardi**, D-Dreieich (Angestellter, römisch-katholisch)
- Prof. Dr. theol. **Heiner Ludwig,** D-Darmstadt (Institut für Theologie und Sozialethik, TU Darmstadt; röm.-kath.)
- **Klaus Lukassek**, D-Rodenbach (Rentner, röm.-kath.)
- **Magnus Lux**, D-Schonungen (Diplomtheologe)

- **Gerhard Löhr**, D-Karlsruhe (röm.-kath., aktiv i.d. Gemeindearbeit Pfarrei Herz Jesu, Karlsruhe, Ökumene-Ausschuss, Mitarbeit in der Pfarrei-Partnerschaft mit 2 Pfarreien in Peru)
- **Hildegard Löhr**, D-Karlsruhe („Jetzt seit 18 Jahren arbeite ich intensiv mit unserer 2 Partnerschaften im Norden von Perú.")
- Dr. P. **Martin Maier** SJ, D-München (Autor mehrerer Bücher über Oscar Romero; der Kirche in El Salvador seit langem als pastoraler Mitarbeiter und Lehrbeauftragter verbunden)
- **Rainer Maier**, Ludwigsburg (Religionslehrer)
- **Hildegard Maier-Ehrke**, D-Schriesheim (Religionslehrerin)
- **Edeltraud & Gerhard Marschar**, D-Ettlingen (Rentner, katholisch)
- **Josep Maria Massana** OFM, Barcelona/Katalonien (Spain)
- **Ulrike Mathes**, D-Würzburg (r.k.)
- **Barbara Maubach**, D-Köln
- **Thealies Mauer**, D-Kaarst (alt-katholisch, Rentnerin)
- **Michel May**, F-Vandoeuvre les Nancy (Brückenbauer zwischen Deutschen und Franzosen) France
- Dr. **Gerd-Reiner Mayer**, D-Höxter (Regionalleiter Paderborn der KMF / Bund Neudeutschland)
- **Rosemarie Mayr**, D-Augsburg (Rentnerin, röm.-kath.)
- **Reiner Meier**, D-Ludwigsburg (Religionslehrer)
- Prof. Dr. **Uto Meier**, D-Eichstätt (Professor für Religionspädagogik, Kath. Universität Eichstätt-Ingolstadt)
- Prof. Dr.phil. Lic.theol. **Friedhelm Mennekes** SJ (Prof. am Kunsthistorischen Institut der Universität Bonn; Prof. em. für Pastoraltheologie & Religionssoziologie der Philosophisch-theologischen Hochschule Sankt Georgen Frankfurt)
- P. **Klaus Mertes** SJ, Berlin
- P. Dr. **Carlos Mesters** OCarm, Sao Paulo/Brasilien (Karmelit, Befreiungstheologe, Mitbegründer des Ökumenischen Zentrums für Bibelstudien)
- Univ.-Prof.Dr.Dr. h.c. **Norbert Mette**, D-Münster (Prof. i.R., röm.-kath. Theologe)
- **Odilo Metzler**, D-Stuttgart (kath. Theologe)

- **Friedhelm Meyer**, D-Düsseldorf (ev. Pfarrer i.R. – wegen seines Engagements in der „Ökumene für Frieden, Gerechtigkeit und Bewahrung der Schöpfung" erhielt er den Düsseldorfer Friedenspreis 2011)
- **Vera Meyer-Rogmann**, D-Tönisvorst (alt-katholisch, Archivarin, Kirchenvorstandsmitglied)
- Prof. em. Dr. **Dietmar Mieth**, D-Tübingen (röm.-kath. Theologe)
- Prof. Dr. **Heinrich Missalla**, D-Essen (katholischer Theologe)
- **Ansgar Mohr**, D-Germersheim (Sozialvers.-Fachwirt., r.k., Vorsitzender des Kath. Kirchenchores St. Jakobus Germersheim)
- **Hermannjosef Mohr**, D-Hördt (kath. Priester)
- **P. Norbert Mushoff**, D-St. Augustin/Wittlich (Steyler Missionar, pax christi)
- **Werner Mühlbauer**, D-Gersthofen
- **Andreas Müller** ofm, D-Großkrotzenburg (Franziskaner)
- **Hadwig Müller**, D-Aachen (Referentin bei missio e.V., Aachen)
- **Manfred Müller**, D-Haan (Heilerziehungspfleger, evangelisch)
- **Reginald Müller**, D-Dortmund, (Dipl.Theol., Personal Coach, röm.-kath.)
- **Horst Münch**, D-Sandhausen
- **Leo Münch**, D-Ettlingen (Rentner)
- Prof. Dr. **Matthias Möhring-Hesse**, D-Vechta (Universität Vechta, röm.-kath. Theologe)
- **Stefan Mölleney**, D-Künzell (Leiter des städtischen Jugendamtes, röm.-kath.)
- Dr. phil. **Riccardo Nanini**, D-Hannover (Übersetzer, Mitarbeiter „Wir sind Kirche")
- **Elisabeth Neckermann-Büttner**, D-Bad Aibling/Obb. (kath. Religionslehrerin)
- Pfr. **Dieter Nesselhauf**, D-Karlsruhe (kath. Pfarramt St. Konrad)
- **Karl-Heinz Novotny**, D-Weiterstadt (Pfarrer i.R.)

- **Elke Nuber**, D-Lingenfeld (Verwaltungsfachwirtin, katholisch)
- **Gerd Odoj**, D-Güntersleben
- **Heinrich Ohlendorf**, D-Bochum
- **Bernhard Okonek**, D-Erftstadt (pax christi)
- **Burgunde Opara**, D-Erftstadt (pax christi)
- **Annemarie Opgenoorth**, D-Till-Moyland (röm.-kath.)
- Dr. **Cristy Orzechowski**, Aschendorf (Theologin, Schriftstellerin; 30 Jahre mit den Indigenas Altiplano Peru: Zusammenleben und Arbeit aus dem Evangelium in Richtung Befreiung des Lebens)
- **Cornelia Oßwald**, D-Düsseldorf (evangelische Pfarrerin)
- **Christof Ott**, D-Asperg (KiB: Kirche in Bewegung)
- **Elke Ott**, D-Asperg (Religionslehrerin, Wortgottesdienstleiterin)
- **Bernadette Pack**, D-Ladenburg (röm.-kath., ehrenamtlich tätig in der Gemeinde)
- Dr. **Anthony T. Padovano**, USA-Morris Plains, New Jersey (Catholic Theologian)
- **Nicole Palfroy**, France (Membre du C.A.R. / Chrétiens de l'Ain en Recherche – association adhérente des Parvis)
- Fray **Luis Patiño**, sacerdote franciscano
- **Christa Pattas** (PGR-Mitarbeiterin St. Kilian, D-Lechenich-Erftstadt)
- Dr. **Ursula Paulus**, D-Köln (Oekumenische Initiative Eine Welt)
- **Gerd Pelzer**, D-Erftstadt (pax christi)
- **María Luisa Pereira**, Madrid / España
- **Johannes Heinrich Peters**, D-Windeck (kath. Pfarrer i.R.)
- **Michael D Phelan**, Beaconsfield / UK (Permanent Deacon)
- **Helmut Philipp**, D-Heidelberg (GR, Studiendirektor a.D.)
- Mag. theol. **Margit Pieler**, A-Traiskirchen, Austria
- **Nancy Pineda-Madrid**, PhD – USA- Chestnut Hill (Assistant Professor of Theology and U.S. Latino/a Ministry – Boston College, School of Theology and Ministry)
- **Gisela Pleiss**, D-Asperg (Kirchengemeinderätin)

- **Gustav Posch**, A-Wien (Bundesvorsitzender der ACUS)
- **Brigitte Prinz**, D-Solingen (pax christi)
- **Friedrich Prinz**, D-Solingen (pax christi)
- Ao. Univ.-Prof. Dr. **Gunter Prüller-Jagenteufel**, A-Wien (Universität Wien – Institut für Moraltheologie, katholisch)
- Dr. **Michael Ramminger**, D-Münster
- Prof.em. Dr. **Michael Raske**, D-Ezhausen (Prof. em. FB Katholische Theologie Goethe-Uni Frankfurt/M)
- **Beate Reck**, D-Asperg (Kirchengemeinderätin)
- **José Redondo de Francisco**, Madrid (Spain)
- Dr. **Beatriz Reichard**, A-Wien
- Prof. Dr. **Elisabeth Reil**, Universität D-Koblenz-Landau (FB 6: Kultur- und Sozialwissenschaften / Institut für Katholische Theologie)
- P. **Marian Reke** OSB, D-Meschede (Sauerland)
- **Emile Veillard Rennes** – Francia
- Prof. Dr. **Klemens Richter**, D-Münster (röm.-kath. Theologe)
- **Horst Rieder**, D-Germersheim (katholisch, Pensionär und Mitglied im Stadtrat)
- **Beate Ritter-Schilling**, D-Hammelburg (kath. Religionslehrerin i.K.)
- **Josef Roberg**, D-Monheim am Rhein (Lehrer für Pflegeberufe; pax christi-Mitglied)
- **Lotte Rodi**, D-Schwäbisch Gmünd (langjähriges früheres Mitglied des Pfarrgemeinderats St. Peter und Paul, Liturgiehelferin)
- **Michael Rodiger-Leupolz**, D-Freiburg (Mitarbeiter im Erzbischöflichen Seelsorgeamt: Abt. Jugendpastoral, Fachstelle Freiwilligendienste / Friedensdienste)
- **Herbert Rogmann**, D-Tönisvorst (alt-katholisch, Pfarrer i.R.)
- **Clemens Ronnefeld**, kath. Dipl.-Theologe & Referent für Friedensfragen beim Internationalen Versöhnungsbund – deutscher Zweig (D)
- **Stefan Roszak**, D-Berlin (Wissenschaftlicher Mitarbeiter Universität der Künste Berlin, „römisch-katholisch, noch")
- **Rudolf Roth**, D-Altenstadt (Pfarrer i.R., rk)

- Rev. **Joseph W. Ruane**, Philadelphia / USA (PhD, Vice Chair, Professor of Sociology and Health Policy; Dean of Religious Studies GlobalMinistriesUniversity.org)
- **Alfred Ruppert**, D-Hammelburg (Rentner, gläubig, aber konfessionslos)
- Prof. Dr. **Thomas Ruster**, D-Dortmund (Professor für Systematische Theologie an der TU Dortmund, Katholisch)
- **Wiltrud Rösch-Metzler**, D-Stuttgart (Vizepräsidentin der deutschen Sektion von pax christi)
- **Bernd-Jürgen Salzmann**, D-Wilhelmsdorf (evangelische Brüdergemeinde Wilhelmsdorf)
- **Irmgard Salzmann**, D-Wilhelmsdorf (evangelisch)
- **Gabriel Sanchea**, Montevideo / Uruguay
- Mag. **Elisabeth Satanik,** A-Höflein/Donau (christlich, Pädagogin)
- **Guido Sauer**, D-Bad Brückenau (Kath. Theologe)
- **Alfons Schabarum**, Mitglied von Pax Christi und Landeskoordinator für den Zivilen Friedensdienst der AGEH in Timor Leste
- **Ursula Schade**, D-Markt Schwaben (Wir sind Kirche)
- Prof. **Matthias Scharer**, A-Innsbruck (Univ.-Prof. für Katechetik/Religionspädagogik an der Theol. Fakultät der Universität Innsbruck)
- **Ernst Scheifele**, D-Karlsruhe
- A.o. Univ.-Prof. DDr. **Hans Schelkshorn**, A-Wien (Philosoph an der Katholisch-theologischen Fakultät der Universität Wien)
- **Siegfried Schilling**, D-Hammelburg (Bürokaufmann, rk)
- **Annelies Schinkinger**, D-Friedberg (Krankenschwester, röm.-kath.)
- **Klaus Schinkinger**, D-Friedberg (Dipl.-Ing., röm.-kath.)
- Dr. **Dietrich Schirmer**, D-Berlin (ev. Theologe)
- **Bärbel Schlegel**, D-Pforzheim
- **Christiane Schmid**, D-Hammelburg (kath.)
- **Michael Schmid**, D-Gammertingen (Geschäftsführer Lebenshaus Schwäbische Alb e.V.)

- **Hubertus Schmidt**, Siegen (Dipl.theol., röm.-kath.)
- **Georg Schmitt**, D-Homberg (Arzt, Mitglied des Pfarrgemeinderates Homberg/Efze)
- **Gudrun Schneeweiß**, D-München (Sprecherin pax christi)
- **Kriemhild & Friedel Schneider**, D-Duisburg (Mitglied im Karmelrat Duisburg)
- **Johannes Schnettler**, D-Aachen (Vizepräsident der deutschen Sektion von pax christi)
- **Margret & Paul Gerhard Schoenborn**, Wuppertal
- Prof. Dr. **Norbert Scholl** (Kath. Theologie, D-Heidelberg)
- **Johannes Schramm**, A-Wien (Theologiestudent)
- **Roland Schreck**, D-Kreuzwertheim-Unterwittbach (Pfarrgemeinderatsvorsitzender)
- **Antonius Schreiber**, D-Erftstadt (pax christi)
- **Karin Schreiber**, D-Erftstadt (pax christi)
- **Claus Schreiner**, D-Kürnach (Münnerstädter Kreis)
- **Berthold Schwalbach**, D-Hünfeld (Dipl.Verwaltungswirt, katholisch)
- **Magdalena Schwarz**, A-Wien (kath. Theologiestudentin)
- **Albrecht Schwarzkopf**, D-Münster (Christliche Initiative Romero)
- Dr. **Wennemar Schweer**, D-Rheda-Wiedenbrück (Pfarrer i.R.)
- **Hiltrud Schüle**, D-Schlier (Mitglied pax christi Ravensburg)
- Prof. Dr. **Elisabeth Schüssler Fiorenza**, USA/Cambridge (Krister Stendahl Professor, Harvard Divinity School)
- **Peter Schädel**, D-Kritzmow (Lehrer)
- **Veit Schäfer**, D-Karlsruhe (alt-katholisch)
- Prof. Dr. theol. **Heinz-Günther Schöttler**, D-Regensburg (Universität Regensburg, röm.-kath. Theologe)
- **Ingrid Senger**, D-Düsseldorf (röm.-kath., Sozialarbeiterin i.R.)
- Dr. **Felix Senn**, CH-Zürich (Studienleiter theologiekurse.ch)
- **María Teresa Sierra**, Madrid / España (Diplomada en Ciencias Empresariales y en Ciencias Religiosas)

- **Jon Sobrino** SJ, El Salvador (Befreiungstheologe, San Salvador; er war ab 1977 einer der theologischen Berater von Erzbischof Oscar Romero)
- **Kurt Sohns**, D-Offenbach (kath. Pfarrer in St. Paul)
- Dr. theol. **Marco A. Sorace**, D-Düsseldorf (röm.-kath.)
- Prof. Dr. **Hubert Sowa**, D-Ludwigsburg (Prof. PH Ludwigsburg, Kunst)
- **Edith-Carmen Speiser**, Austria (röm.-kath.)
- **Ilse Staude**, D-Staufenberg (Schulpfarrerin)
- Prof. Dr. (em.) **Fulbert Steffensky**, D-Hamburg (evangelischer Theologe)
- Prof. Dr. **Hermann Steinkamp** (em. Univ.-Prof. für Katholische Theologie, Universität Münster)
- **Peter Stengele**, D-Stockach
- Dr. **Hajo Stenger**, D-Stadecken-Elsheim
- **Barbara Stoller**, D-Lindau („friedens räume" Lindau, pax christi, evangelisch)
- **Dietmar Stoller**, D-Lindau (evangelischer Theologe i.r.)
- Dr. **Katja Strobel**, D-Münster
- Prof. Dr. **Paulo Suess**, Sao Paulo/Brasilien (römisch-katholischer Befreiungstheologe, Dichter)
- **Ulrike Tegtmeier**, D-Neuss (alt-katholisch, Rentnerin)
- Dr. **Karl W. ter Horst**, Pastor der Ev.-reformierten Gemeinde in D-Schüttorf
- **Theresia Tettling**, D-Düsseldorf (römisch-katholisch, Theologin)
- **Friedbert Theune**, D-Pfinztal (ehem. röm.-kath. Religionslehrer, nicht mehr Kirchenmitglied)
- **Josef Traud**, D-Künzell
- **Doris Tritschler**, D-Düsseldorf (alt-katholisch, Richterin)
- **Herbert Tyroller**, D-Augsburg (Wir sind Kirche)
- **Maria Tyroller**, D-Augsburg (Wir sind Kirche)
- **Manfred Uhl**, D-Walldorf (Gemeindereferent)
- **Monika Uhl**, D-Walldorf (Erzieherin)
- **Horst Vey**, D-Petersberg

- Prof. em. **Hermann-Josef Venetz**, Fribourg/Schweiz
  (Theologe, langjähriger Zentralpräsident
  des Schweizerischen Katholischen Bibelwerks)
- **Emili Vergés Llobera**, Catalunya
- **Ana Vicente** – Portugal
- **Adelheid von Guttenberg**, D-Nürnberg (ev., in Kirchen-
  vorstand & Ökumenischem Kirchenzentrum engagiert)
- **Reinhard Voß** – ehem. Generalsekretär der deutschen
  Sektion der internationalen katholischen Friedensbewegung
  pax christi 2001-2008 (derzeit in Kinshasa, DR Congo, wo er
  drei Jahre als Berater der Bischöflichen Kommission Justitia
  et Pax arbeitet)
- Prof. em. Dr. theol. **Heribert Wahl**, München
  (röm.-kath. Theologe)
- Pe. **José Wasensteiner** SAC, Paróquia São Raimundo,
  Codó – MA (Brasil)
- Univ.Prof. Dr. **Franz Weber**, A-Innsbruck (Professor für
  interreligiöse Pastoraltheologie und Missionswissenschaft,
  Theologische Fakultät der Universität Innsbruck)
- **Maria Luise Weber**, D-Linkenheim-Hochstetten, Rentnerin,
  evangelisch
- Dr. **Ludger Weckel**, D-Münster
- **Stefan Weinert**, D-Trier (Vorsitzender Kath. Arbeitnehmer-
  Bewegung / KAB Bezirk Trier-Eifel)
- **Christian Weisner**, Wir sind Kirche-Bundesteam (D)
- Prof. Dr. **Jürgen Werbick**, D-Münster
  (Professor für Fundamentaltheologie an der
  Katholisch-Theol. Fakultät der Universität Münster)
- **Gudrun Weskamp**, D-Ennepetal (Lerntherapeutin, rk)
- **Hans Weskamp**, Ennepetal (Lehrer, rk)
- **Karl-Heinz Westermann**, D-Mannheim
  (Krankenhausseelsorger)
- Dr. **Hans-Georg Wiedemann**, D-Düsseldorf
  (evangelischer Pfarrer i.R.)
- **Benedikt Wiest**, D-Asberg (Kirchengemeinderat)
- **Hans Harald Willberg**, D-Burgthann

- Prof. Dr. **Ulrich Willers**, Eichstätt (röm.-kath. Theologe)
- **Bernhard Willner**, D-Herzberg
- Prof. Dr. **Renate Wind**, D-Nürnberg (evangelische Theologin, Evangelische Hochschule Nürnberg)
- **Klaus Winkelmann**, D-Herne
- **Ute Winkelmann**, D-Herne
- **Sigrid Wittkamp**, D-Erftstadt (pax christi)
- **Kunibert Wittwer**, D-Erlangen (ehem. Pfarrer, Heimleiter, jetzt Rentner)
- O.Univ.-Prof. Dr.Dr.h.c. **Werner Wolbert**, A-Salzburg (röm.-kath. Theologe, Universität Salzburg)
- Br. **Joachim Wrede** ofm cap., D-Dieburg (Kapuziner)
- **Thomas Wystrach**, D-Oberursel (Referent der Leserinitiative Publik e. V.)
- **Dörte Wölke**, D-Bielefeld
- **Arnaldo Zenteno** SJ, CEB (Nicaragua)
- **Ursula & Berthold Zeppenfeld**, D-Meschede
- **Christa Ziller**, D-Neu-Isenburg (pensionierte Lehrerin, röm.-kath.)
- Dr. **Renate Zwicker-Pelzer**, D-Erftstadt

2.
Ökumenischer Aufruf zum 1. Mai 2011:

„Gedenkt der Heiligsprechung des Märtyrers San Oscar Romero durch die Armen dieser Erde"

(DEUTSCHSPRACHIGE FASSUNG)

Liebe Schwestern und Brüder in der Ökumene,
mit diesem Aufruf bitten wir Euch, am 1. Mai 2011 der Heiligsprechung des Märtyrers San Oscar Romero durch die Armen Lateinamerikas und durch Freundinnen und Freunde Jesu auf dem ganzen Erdkreis zu gedenken. Dieses Gedenken soll uns Ermutigung auf dem Weg des Evangeliums sein und zugleich als Umkehrruf in den Kirchen der Reichen gehört werden.

Sehr bald nach seiner Ernennung zum Erzbischof von San Salvador wurde der konservative Seelsorger Oscar Arnulfo Romero 1977 mit der blutigen Christenverfolgung in El Salvador konfrontiert. Die Tränen an den Särgen von ermordeten Katechetinnen, Messdienern und Priestern ließen ihn zum unerschrockenen Bischof an der Seite der Kleinen, Geschundenen und Verfolgten werden. Seit dieser Zeit hatte er das Regime seines Landes, den Sicherheits-berater des US-Präsidenten und mächtige Kardinäle der römischen Kurie gegen sich.

Im Frühjahr 1979 fand Bischof Romero bei Papst Johannes Paul II. weder Gehör noch Unterstützung in seinen Bedrängnissen. Mit tiefer Enttäuschung sagte er: *„Ich glaube, ich werde nicht noch einmal nach Rom kommen. Der Papst versteht mich nicht."* Johannes Paul II. hatte das Foto eines kurz zuvor ermordeten indigenen Priesters sowie andere Dokumente zur Christenverfolgung durch die Handlanger der Reichen gar nicht beachtet und stattdessen nur zur Harmonie mit der salvadorianischen Regierung ermahnt.

Im Wissen um die eigene Gefährdung hat San Romero de América seine Stimme gegen das Unrecht erhoben, Politiker des Regimes exkommuniziert und den Widerstand an die Gewaltlosigkeit Jesu von Nazareth erinnert. Nach einem der zahllosen Morde an Christen predigte er: *„Fern sei uns Rache, lasst uns beten mit Jesus: Vater vergib ihnen, denn sie wissen nicht was sie tun."*

Da jeder Mensch ein Kind und lebendiges Gleichnis Gottes ist, war für San Oscar Romero Gottesdienst untrennbar verknüpft mit der unerschrockenen Verteidigung der menschlichen Würde. An die Auftragsmörder und Handlanger der Junta richtete er die Worte: *„Ein Mörder ist auch der, der foltert ... Niemand darf Hand anlegen an einen anderen Menschen, denn der Mensch ist Ebenbild Gottes."* Einen Tag vor seiner eigenen Ermordung am 24. März 1980 forderte er die Soldaten öffentlich zur Befehlsverweigerung auf: *„Im Namen Gottes und im Namen dieses gepeinigten Volkes bitte ich Euch, befehle ich Euch: Hört auf mit der Unterdrückung!"* Die Kugel eines Auftragsmörders traf ihn während der Feier der Danksagung am Altar.

Die von unten erfolgte Heiligsprechung von San Oscar Romero ist keine Anmaßung. Wir wissen, dass nur Gott in das Herz eines Menschen schauen kann und es uns nur bruchstückhaft möglich ist, mit Gottes Augen neu sehen zu lernen. Doch diese „Beatifikation" ohne ein teures Verfahren von Kirchenbehörden verbreitet eine frohe Kunde unter dem Wehen des Gottesgeistes: „Das Beispiel unseres Bruders San Oscar Romero zeigt uns, wie schön und mutig wir Menschen werden können, wenn wir beginnen, der Botschaft Jesu zuzuhören."

Der Gedenkaufruf „San Oscar Romero":

- ist *international* (bislang 20 Länder) unter Beteiligung von bislang über 70 Initiativen oder Gruppen aus der Ökumene für „Gerechtigkeit, Frieden und das Leben auf der Erde" und der internationalen Kirchenreformbewegung [We are Church International (WAC-I): www.we-are-church.org],
- ist *ökumenisch* (und wird auch von Christen ohne amtliche Kirchengliedschaft mitgetragen),
- ist eine *basischristliche* Initiative von unten, der sich nachträglich u.a. auch 67 ProfessorInnen der Theologie angeschlossen haben (jetzt über 350 Personen),
- reiht in seiner Unterzeichnungsliste die „Prominenz" – darunter auch zwei Brüder Bischöfe – alphabetisch ein wie alle anderen,
- ist ein gemeinsames Zeugnis zum ökumenischen *Glaubensinn aller Getauften* (consensus fidelium),
- enthält ein *ökumenisches Verständnis von Heiligkeit* im Sinne der Seligpreisungen in der Bergpredigt Jesu („Kanonisation" wird nicht als Sakralisierung von Menschen gedeutet),
- ergeht nicht zufällig am 1. Mai 2011 und erinnert an eine unterdrückte historische Wahrheit in der Kirche,
- enthält keine Forderung nach einer amtlichen Kanonisation durch eine zentrale Kirchenbehörde oben,
- ist eine Geste, die in sehr kurzer Zeit Verbreitung gefunden hat und zeigt, wie viele Menschen durch San Oscar Romero zu einem Weg an der Seite Jesu ermutigt werden,
- ruft besonders die Christen aus den reichen Ländern auf zum Widerstand gegen eine ungerechte Weltwirtschaft des Profits, die jedes Jahr 40 Millionen Menschen durch Unterversorgung ermordet.

3.

Llamada Ecuménica para el primero de mayo del 2011:

"Conmemorad la canonización del mártir San Oscar Romero por parte de los pobres de nuestro mundo"

(Español)

Queridas hermanas y hermanos en el ecumenismo,

Con la presente les pedimos conmemorar en este primero de mayo del 2011 la canonización del mártir San Oscar Romero por parte los pobres de Latinoamérica y las y los seguidores de Jesús en todo el mundo. Esta conmemoración debe fortalecernos en nuestro camino de seguimiento evangélico y debe ser comprendida como llamada a la conversión a las iglesias de los ricos.

Poco tiempo después de haber sido nombrado Arzobispo de San Salvador en 1977 el obispo conservador Monseñor Oscar Arnulfo Romero fué confrontado con la persecución sangrienta a la que estaban siendo sometidos los cristianos en El Salvador. Las lágrimas derramadas en las tumbas de catequistas y sacerdotes asesinados le convirtieron en el obispo inquebrantable defensor de los pequeños, maltratados y perseguidos. A partir de esta conversión él tuvo en su contra al gobierno de su país, al consejo de seguridad del presidente de los Estados Unidos y a poderosos cardenales de la curia romana.

A principios del año 1979 Monseñor Romero visitó al Papa Juan Pablo II, no encontrando en él comprensión ni apoyo en sus grandes conflictos. Con profunda decepción dijo más tarde: *"No creo que vuelva otra vez a Roma. El papa no me comprende"*. Juan Pablo II no mostró reacción alguna frente a la fotografía de un sacerdote indígena recién asesinado y a otros documentos presentados sobre la perseccución de cristianos por parte de verdugos al servicio de la oligarquía del país. Por el contrario le exhortó a buscar la armonía con el gobierno salvadoreño.

Claramente consciente de los peligros contra su propia seguridad, San Romero de América levantó su voz contra la injusticia, excomulgó a políticos del régimen y recordó la resistencia pácifica de Jesús de Nazaret. Después de uno de los inumerables asesinatos predicó: *"No llamamos a la venganza; sino que oramos con Jesús: Padre, perdónales porque no saben lo que hacen"*.

Dado que cada ser humano es hijo e imagen de Dios, para San Romero de América el servicio religioso está vinculado inseparablemente con la defensa de la dignidad humana. Dirigiéndose a los asesinos a sueldo y a los cómplices de la junta militar dijo: *"el que tortura también es un asesino... Nadie tiene el derecho de levantar la mano contra otro ser humano porque es imagen de Dios"*. Un día antes de su asesinato, el 24 de Marzo de 1980, Monseñor Romero llamó públicamente a los soldados a la desobediencia ante la orden de matar: *"En el nombre de Dios y en el nombre de este sufrido pueblo les pido, les ordeno: ¡cese la represión!"*. La bala mortal le alcanzó en el altar durante la celebración de la Eucaristía.

La canonización de San Oscar Romero por parte del pueblo no es un gesto de arrogancia. Bien sabemos que sólo Dios puede penetrar en el corazón de un ser humano y que nosotros sólo podemos aprender a ver parcialmente con los ojos de Dios. Pero esta "beatificación" sin procedimientos gravosos de la curia eclesial es una buena nueva fruto del soplo del Espíritu de Dios: El ejemplo de nuestro hermano San Oscar Romero nos muestra cómo podemos animarnos mutuamente cuando empezamos a escuchar la Buena Nueva de Jesús.

[Traducción al Español: Christine Klissenbauer (pax christi, D-Duesseldorf); Joaquín Garay ofm; Raquel Mallavibarrena (Corriente Somos Iglesia, España)]

La llamada de la Conmemoración "San Oscar Romero":

- Es una iniciativa internacional con amplia participacion del Ecumenismo "La paz, Justicia y la vida sobre la tierra", de la Renovación ecumenica y el movimiento de reforma eclesial internacional [We are Church International (WAC-I): www.we-are-church.org].
- Es ecuménica (también apoyada por cristianos sin afiliación a una iglesia),
- Es una iniciativa cristiana desde la base, que también es apoyada por personas conocidas de la teología y de la vida pública,
- Quiere dar testimonio del consenso de fe ecuménico de todos los bautizados (consensus fidelium),
- Promueve una comprensión de santidad ecuménica según las Bienaventuranzas del Sermón de la Montaña de Jesús ("Canonización" no signinica sacralización de personas),
- sale a publicidad el 1 de mayo del 2011 no por casualidad, sino que llama la atención del ocultamiento de la verdad histórica en la Iglesia,
- no contiene exigencias para una canonización oficial por parte de la jerarquia central de la Iglesia de arriba,
- es una iniciativa que en muy poco tiempo ha encontrado divulgación y ha mostrado que muchas personas se sienten impulsadas en su camino de seguimiento de Jesús por el ejemplo de San San Oscar Romero,
- quiere convocar sobre todo a los Cristianos de los países ricos a oponerse a una economía mundial injusta basada en el lucro, que concenda a muerte unos 40 millionen de seres humanos anualmente por falta de abastecimiento.

[Traducción al Español: br. Joaquín ofm]

4.
Ecumenical Appeal
for 1 May 2011:

"Commemorate the canonization
of the Martyr Oscar Romero
by the poor people of this earth"

(ENGLISH)

Dear Sisters and Brothers throughout the world,

In this appeal we are asking you to commemorate on 1 May 2011 the 'canonization' of the Martyr Oscar Romero by the poor of Latin America and by the friends of Jesus in the whole world. This appeal should encourage us on the way of the Gospel, and at the same time be heard as a call for an about-turn in the churches of the wealthy.

Very quickly after his appointment as Archbishop of San Salvador, the conservative pastor Oscar Arnulfo Romero was confronted in 1977 with the bloody persecution of Christians. The tears by the coffins of murdered catechists, altar servers and priests turned him into a courageous Bishop on the side of the little people, the oppressed and the persecuted. From that time on he had the regime in his country, the Security Adviser of the President of the US and powerful Cardinals of the Roman Curia against him.

In the spring of 1979, Bishop Romero found neither an open ear nor support from Pope John Paul II in his plight. Deeply disappointed, he said: *"I believe I will never again come to Rome. The Pope does not understand me."* John Paul II had taken no notice at all of the photograph of a native priest who had recently been murdered, nor of other documents showing the persecution of

Christians by the rich people's henchmen, but instead merely urged harmony with the Salvadorian government.

Fully aware of his own danger, San Romero de América raised his voice against injustice, excommunicated politicians of the regime, and reminded the resistance of the non-violence of Jesus of Nazareth. After one of the countless murders of Christians he preached: *"Let vengeance be far from us, let us pray with Jesus: Father, forgive them, for they know not what they do."*

Since every human being is a child and living image of God, worship was for San Oscar Romero indivisibly bound up with the fearless defence of human dignity. His words to the contract killers and henchmen of the junta were unambiguous: *"He who tortures is also a murderer ... No one may raise their hand against another person, for every human being is an image of God."* One day before his own murder on 24 March 1980 he called on the soldiers publicly to refuse to obey their orders: *"In the name of God and in the name of this tortured people I beg you, I command you: Stop the oppression!"* The bullet of a contract killer hit him during the celebration of the Eucharist at the altar.

The people's own 'canonization' of San Oscar Romero is no act of presumption. We know that only God can look into the heart of a man or woman, and that it is only possible in a fragmentary way to learn to see anew with God's eyes. But through this "beatification" without any expensive process by the Church authorities the Holy Spirit, which blows where it will, sends a message of good news: "The example of our brother San Oscar Romero shows us how beautiful and how brave we humans can become, when we begin to listen to the message of Jesus."

[translation: Robert Dimmick, Reading – England
(Anglican & Area Minister for Berkshire, Third Order of the Society of St Francis)]

The Commemoration Appeal "San Oscar Romero":

- Is a cross-border appeal with broad participation from the whole Christian world for "Peace, Justice and Life on Earth", ecumenical renewal and the international church reform movement [We are Church International (WAC-I): www.we-are-church.org].
- Is ecumenical (and is also backed by Christians with no official church membership),
- Is a basic Christian initiative from below, which prominent people from theology and public life have later joined,
- Is a common witness to the ecumenical faith of all the baptised (consensus fidelium)
- Contains an ecumenical understanding of holiness in the sense of the Beatitudes in Jesus' Sermon on the Mount ("Canonisation" is not interpreted as sacralisation by human decree)
- Is not issued by chance on 1 May 2011, and recalls a suppressed historical truth in the Church,
- Does not include any demand for an official canonisation by a central Church authority from above,
- Is a move that has spread extensively in a very short time, and shows how many women and men are encouraged by Oscar Romero to walk by the side of Jesus,
- Particularly calls Christians from the rich countries to resistance against an unjust world economy based on profit, which every year condemns 40 million people to death through shortage of supplies.

[translation: br. robert dimmick & eileen]

5.

Appel œcuménique à l'occasion du 1er mai 2011:

«*Commémorez la canonisation du martyr San Oscar Romero par les pauvres de ce monde*»

(Française)

Chers sœurs et frères en œcuménisme,

Par cet appel, nous vous invitons à commémorer – le 1er mai 2011 – la canonisation du martyr San Oscar Romero prononcée par les peuples pauvres d'Amérique latine et par toutes les amies et tous les amis de Jésus de par le monde. Cette commémoration doit être pour nous un encouragement sur le chemin de l'Evangile, ainsi qu'une injonction aux églises des riches à revenir sur ce même chemin.

En 1977, peu après avoir été désigné pour veiller sur les âmes comme archevêque de San Salvador, l'homme d'Église conservateur Oscar Arnulfo Romero fut confronté à la persécution sanglante des chrétiens au Salvador. Les catéchistes, enfants de chœur et prêtres assassinés, les larmes versées sur eux et leurs cercueils ont fait de lui un évêque intrépide, défendant les petites gens, les torturés et les persécutés. A partir de ce moment là, le régime de son pays, le conseiller à la sécurité du président des Etats-Unis et les puissants cardinaux de la curie romaine se sont opposés à lui.

Au printemps 1979, l'évêque Romero, menacé de toutes parts, ne trouva auprès du pape Jean-Paul II ni écoute, ni soutien. Profondément déçu, il dit : *«Je ne pense pas revenir à Rome une deuxième fois. Le pape ne me comprend pas.»* Jean-Paul II n'avait pas prêté attention à la photo d'un prêtre indien récemment assassiné, ni aux documents sur la persécution des chrétiens par les sbires des nantis. Au lieu de ça, le pape se contenta de l'exhorter à une coexistence harmonieuse avec le gouvernement salvadorien.

Conscient d'être en danger, Saint Romero de América élevait sa voix contre l'injustice, excommuniait des hommes politiques du régime et rappelait à la résistance la non-violence de Jésus de Nazareth. Après un des innombrables assassinats de chrétiens, il prêcha:

«Que le désir de vengeance s'éloigne de nous. Prions avec Jésus: Père, pardonne-leur, car ils ne savent pas ce qu'ils font.»

Chaque être humain étant enfant de Dieu et sa vivante image, pour Saint Oscar Romero la messe était indissoluble de la défense intrépide de la dignité humaine avec un courage inébranlable. Il s'est adressé aux tueurs à gages et aux nervis de la junte en ces termes: *«Un tortionnaire aussi est un meurtrier … Nul n'a le droit de porter la main sur autrui, car l'homme est à l'image de Dieu.»* Un jour avant son propre assassinat, le 24 mars 1980, il appela publiquement les soldats à désobéir aux ordres: *«Au nom de Dieu et au nom de ce peuple tourmenté, je vous implore, je vous donne cet ordre: Arrêtez cette oppression!»* La balle d'un tueur à gages l'atteignit lors de la célébration de l'action de grâce devant l'autel.

Nous ne nous arrogeons pas la canonisation de San Oscar Romero, par l'église d'en bas. Nous savons bien que seul Dieu peut regarder dans le cœur de l'homme, tandis que nous-mêmes ne pouvons que partiellement apprendre à jeter un regard neuf sur les choses à travers les yeux de Dieu. Pourtant, cette «béatification» qui s'est faite sans une coûteuse procédure des autorités ecclésiastiques, répand une bonne nouvelle, accompagnée du souffle de l'esprit de Dieu: l'exemple de San Oscar Romero nous montre combien nous autres humains pouvons devenir beaux et courageux quand nous commençons à prêter l'oreille au message de Jésus.

[Traduit par Michel May (France) et Gerd Roggenbach (Allemagne)]

L'appel commémoratif «San Oscar Romero»:

- est international par une large participation issue du mouvement œcuménique pour «la Paix, la Justice, la Vie sur Terre», le renouveau œcuménique, le mouvement international de réforme de l'église [We are Church International (WAC-I): www.we-are-church.org].
- est oecuménique (et soutenu par des chrétiens non organisés dans des églises officielles),
- est une initiative lancée par des chrétiens de base qui ont été rejoints par des personnalités issus de la théologie et de la société civile,
- est un témoignage oecuménique commun des baptisés dirigés par l'Esprit Saint (consensus fidelium),
- contient une compréhension oecuménique de la sainteté dans l'esprit des béatitudes du sermon sur la montagne (la «canonisation» n'est pas interprété comme sacralisation d'êtres humains),
- n'est pas lancé par hasard le 1er mai 2011 et nous rappelle une vérité historique étouffée au sein de l'église.
- ne contient aucune demande de canonisation officielle d'en haut par une autorité ecclésiale centrale,
- est une action qui s'est répandue rapidement et qui montre combien de gens sont encouragés à cheminer au coté de Jésus par San Oscar Romero,
- appelle particulièrement les chrétiens des pays riches à résister à un système économique mondial du profit, qui assasine annuellement 40 millions de personnes par manque de nourriture, d'eau potable, de soins et de médicaments, d'installations sanitaires, etc

[Traduit par Michel May]

6.

Il primo maggio preghiamo Mons. Romero dichiarato martire e santo di tutte le Americhe per volontà del popolo di Dio

(ITALIANO)

Care sorelle e cari fratelli che siete attivi nell'ecumenismo,

vi invio questo Appello invitandovi a celebrare la santificazione del martire san Oscar Romero il prossimo primo maggio. Essa è stata decisa dai popoli poveri dell'America latina e dai seguaci di Gesù nel mondo intero. Questa celebrazione deve incoraggiarci a capire più a fondo lo spirito del Vangelo; nello stesso tempo le chiese dei paesi del primo mondo sono spinte a riconsiderare il loro modo di pensare e di agire.

Voi sapete che Oscar Arnulfo Romero, che era un conservatore, è stato nominato arcivescovo di San Salvador nel 1977. E' in quel periodo che la persecuzione sanguinosa dei cristiani si scatenò nel Salvador e Romero dovette reagire in un certo modo. Le bare dei catechisti ammazzati, dei chierichetti e dei preti, e le lacrime versate sopra di essi, lo sconvolsero profondamente. Così, Oscar Romero si dimostrò sempre più, nella sua azione pastorale, un vescovo intrepido e intervenne in favore degli ultimi e di quelli che venivano torturati e perseguitati. Da quel momento si mise contro il regime politico del suo paese, contro il consigliere per la sicurezza del Presidente degli Stati Uniti e i potenti cardinali della curia romana.

Nella primavera del 1979, il vescovo Romero non riuscì a farsi ascoltare dal papa Giovanni Paolo II, che non riusciva a capire il suo impegno e che rifiutava di sostenere le sue attività. Romero espresse la sua grande delusione dicendo: *"Non penso di tornare a Roma una seconda volta... Il Papa non mi capisce"*. Giovanni Paolo II non si mostrò interessato né alla foto di un prete indiano che era stato ucciso da poco, né ai documenti che dimostravano la persecuzione dei cristiani da parte delle milizie delle classi dominanti. Invece il papa gli consigliò di trovare un accordo col governo del Salvador.

San Romero d'America sapeva bene di essere in grande pericolo. Ma nessuno lo fermava nel denunciare le ingiustizie, nello scomunicare gli uomini politici del regime e di seguire Gesù di Nazareth, il cui insegnamento è quello di resistere alla violenza ma con metodi non violenti. Egli non chiudeva gli occhi davanti agli assassinii innumerevoli commessi per eliminare i cristiani. Un giorno-durante un'omelia- Romero disse: *"La vendetta è una scelta che noi rifiutiamo completamente. Preghiamo come Gesù: Padre, perdona loro perché non sanno quello che fanno"*.

Ogni essere umano è considerato figlio di Dio, e nello stesso momento egli è a lui simile. E' per questa ragione che San Oscar Romero non esitò a difendere la dignità di ogni uomo con un coraggio fermissimo. Ai sicari a pagamento e ai soldati semplici reclutati dalla giunta militare egli indirizzò queste parole: *"Colui che tortura un altro è un assassino...... Nessuno ha il diritto di aggredire un altro uomo, perché l'uomo è l'immagine di Dio"*. Un giorno prima del suo assassinio, egli pubblicamente invitò i soldati a rifiutarsi di obbedire agli ordini: *"In nome di Dio e in nome di questo popolo sofferente io vi imploro, io vi do questo ordine: Smettete di opprimere gli uomini!"* Un fucilata di un sicario lo colpì mentre celebrava la messa. Egli cadde davanti all'altare.

La beatificazione di San Oscar Romero fatta dal popolo non è un atto arrogante. Sappiamo bene che è solo Dio che legge nel cuore dell'uomo, tanto che noi possiamo capire solo raramente le cose con i suoi occhi. Ma questa "beatificazione", senza grandi spese da parte delle autorità ecclesiastiche per procedure costose, invia a tutti una buona notizia che vuole essere lo specchio dello Spirito di Dio: la vita del nostro fratello San Oscar Romero ci indica come avere coraggio come lui, se ci impegnamo a seguire il Vangelo di Gesù.

[traduzione di Vittorio Bellavite – Noi Siamo Chiesa, Italia]

L'appello „San Oscar Romero":

- e' internazionale, con ampia partecipazione dell'ecumene per „la pace, la giustizia e la vita sulla terra", il rinnovamento ecumenico e il movimento internazionale di riforma ecclesiale [We are Church International (WAC-I): www.we-are-church.org],
- e' ecumenico (ed e' sostenuto anche da cristiani privi di appartenenza ecclesiale ufficiale),
- e' un iniziativa dal basso espressione del cristianesimo di base, alla quale si sono uniti, in seguito, anche esponenti prestigiosi della teologia e della vita pubblica,
- e' una testimonianza comune a favore della fede ecumenica di tutti i battezzati (consensus fidelium),
- ha una concezione ecumenica della santita', nel senso delle beatitudini del discorso della montagna di Gesu' (la „canonizzazione" non e' concepita come sacralizzazione delle persone),
- avviene non a caso il 1mo maggio 2011, e commemora cosi' una verita' storica negata nella Chiesa,
- non ha pretese di canonizzazioni ufficiali compiute tramite un'autorita' ecclesiastica centralizzata,
- e' un gesto che ha trovato diffusione in brevissimo tempo e mostra quante sono le persone che hanno trovato il coraggio di essere dalla parte di Gesu' grazie a San Oscar Romero.
- esorta in particolare i cristiani dei paesi ricchi alla resistenza contro l'ingiusta economia globale del profitto, che uccide ogni anno 40 milioni di persone per approvvigionamento insufficiente.

[Traduzione: Dr. Riccardo Nanini]

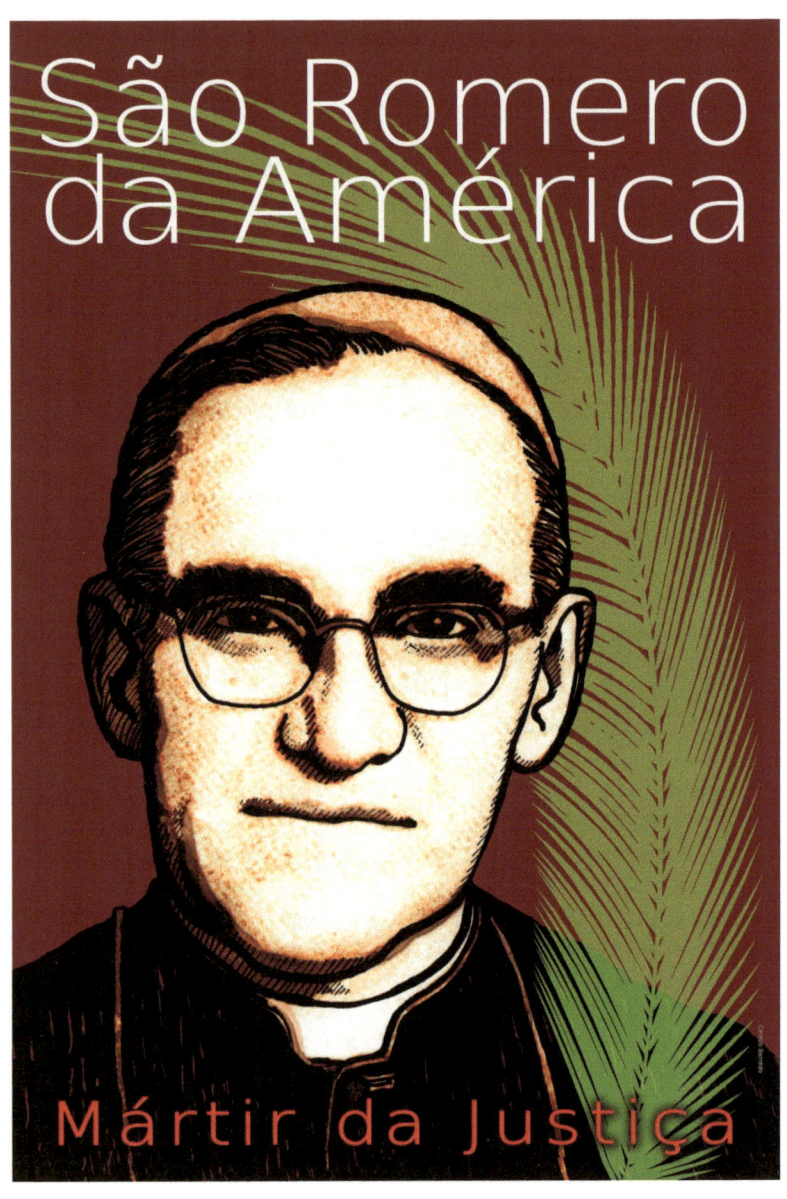

São Romero
da América

Mártir da Justiça

Maximino Cerezo Barredo (http://www.servicioskoinonia.org)

7.
Apelo ecuménico para o dia 1º de maio de 2011:

„Celebremos a Canonização do mártir São Oscar Romero feita pelos pobres deste mundo"

(PORTUGESE / PORTUGUES)

Queridas irmãs e queridos irmãos em espírito ecuménico!

Apelamos a todos e todas a celebrarem no dia 1º de maio de 2011 a canonização do mártir Santo Oscar Romero, já feita pelos pobres da América Latina e pelos amigos e amigas de Jesus de todo o mundo. Este apelo servirá para nos encorajar a seguir o caminho do Evangelho e, ao mesmo tempo, deverá ser ouvido como apelo de conversão às Igrejas dos ricos.

Logo após a sua nomeação como arcebispo de El Salvador em 1977, o padre conservador Oscar Arnulfo Romero foi confrontado com a perseguição sangrenta movida aos cristãos do seu país. As suas lágrimas derramadas no enterro de catequistas, acólitos e padres assassinados fizeram com que ele se tornasse um bispo destemido, colocado ao lado dos pequenos, maltratados e perseguidos. Desde então, o regime de seu país, o Secretário de Segurança do Presidente dos EUA e poderosos cardeais da Cúria Romana se posicionaram contra ele.

No início do ano de 1979, Dom Romero não foi ouvido pelo papa João Paulo II, nem recebeu apoio nas suas angústias. Decepcionado ele disse: *„Acredito que não voltarei de novo a Roma. O papa não me entende."* João Paulo II não havia prestado nenhuma atenção à fotografia de um padre indígena recém-assassinado, nem a outros documentos a respeito da perseguição dos cristãos pelos capatazes dos ricos; em vez disso, o papa apelou à harmonia nas relações com o governo salvadorenho.

Ciente de seu próprio risco de vida, São Romero da América levantou a sua voz contra a injustiça, excomungou políticos do regime e lembrou ao movimento de resistência a não- violência de Jesus de Nazaré. Depois de uma das inúmeras mortes cometidas contra os cristãos, ele pregou dizendo: *„Longe de nós os sentimentos da vingança, vamos rezar com Jesus: Pai, perdoa-lhes por que não sabem o que fazem."*

Sendo que cada pessoa humana é filho/a e semelhança viva de Deus, para São Oscar Romero o culto divino estava inseparavelmente ligado à defesa incondicional da dignidade humana. Aos comandantes e capatazes da junta militar dirigiu as seguintes palavras: *„Um assassino é também aquele que tortura... Ninguém deve levantar a mão contra um outro ser humano, pois o homem é semelhança de Deus."* Um dia antes de ser assassinado, dia 24 de março de 1980, apelou publicamente aos soldados a desobedecerem à ordem de matar: *„Em nome de Deus e em nome do povo sofrido peço a vocês, ordeno a vocês: Parem com a opressão!"* Um tiro de um mercenário havia de atingi-lo durante a celebração da Eucaristia.

A canonização de São Oscar Romero promovida pelo povo de base não é um gesto arrogante. Sabemos que só Deus pode ver o coração de uma pessoa humana e aprender a olhar com os olhos de Deus só é possível de forma parcial. Porém, com esta „canonização" sem um processo caro nas instâncias eclesiásticas, o Espírito de Deus anuncia uma boa notícia: „O exemplo do nosso irmão São Oscar Romero nos revela como as pessoas podem tornar-se belas e corajosas quando começam a ouvir o Evangelho de Jesus."

[tradução: fr. Johannes Gierse ofm, Brasil
e Pedro Freitas, Portugal]

O apleo em memória „Santo Oscar Arnulfo Romero"

- É internacional com boa participação ecumênico por „Paz, justiça e a vida no Planeta", pela renovação ecumênica e o movimento internacional pela reforma da Igreja [We are Church International (WAC-I): www.we-are-church.org].
- É ecumênico (e também tem apoio de cristãos sem filiação oficial a uma igreja),
- É uma iniciativa cristã de base, a quem se ajuntaram mais tarde autoridades da teologia e da vida pública,
- É um testemunho comum de sentido fiel ecumênico de todos os batizados (consensus fidelium),
- Contém conceito ecumênico sobre santidade no sentido das Bem aventuranças no sermão das montanhas de Jesus (canonização não se entende como sacralização de pessoas),
- Não é por acaso dia 1º de Maio 2011 e lembra uma verdade histórica oprimida na Igreja,
- Não exige uma canonização oficial por uma instituição eclesiástica central de cima,
- É um gesto, que se espalhou dentro de muito pouco tempo, e mostra, como muitas pessoas, por Santo Oscar Romero, são encorajadas caminhar junto no lado de Jesus,
- Chama principalmente os cristãos dos países ricos para resistir a economia mundial injusta do lucro, que mata cada ano 40 milhões pessoas pela desnutrição.

8.

Ekumeniskt upprop till 1 maj 2011

"Tänk på martyren San Oscar Romeros helgonförklaring som denna jords fattiga har proklamerat"

(SVENSKA)

Kära systrar och bröder i hela världen,
med detta upprop ber vi er att den 1 maj 2011 tänka på hur martyren San Oscar Romero har helgonförklarats av Latinamerikas fattiga och av Jesu vänner på hela jorden. Genom att minnas honom skall vi uppmuntras att gå evangeliets väg och samtidigt skall detta minne bli ett rop till omvändelse, in i de rikas kyrkor.

Kort tid efter att ha utnämnts till ärkebiskop av San Salvador konfronterades den konservative själasörjaren Oscar Arnulfo Romero år 1977 med den blodiga förföljelsen av kristna i El Salvador. De mördade kateketerna, altartjänarna och prästerna och tårarna vid deras kistor gjorde honom till en oförskräckt biskop som försvarade de små, de plågade och de förföljda. Från denna tid kom han att få sitt eget lands regering, den amerikanske presidentens säkerhetsrådgivare och den romerska kyrkans mäktiga kardinaler emot sig.

Våren 1979 vann ärkebiskop Romero i sin trängda situation varken gehör eller stöd hos påven Johannes Paulus II. Med djup besvikelse sade han: *"Jag tror inte att jag kommer till Rom en gång till. Påven förstår mig inte."* Johannes Paulus II hade överhuvudtaget inte brytt sig om att se på fotot av den infödde präst som kort innan mördats. Inte heller var han intresserad av andra dokument om hur de kristna förföljdes av de rikas hantlangare. I stället hade han manat till samförstånd med den salvadoranska regeringen.

Väl medveten om faran för sitt eget liv höjde San Romero de América sin röst mot denna orättfärdighet, exkommunicerade regimens politiker och påminde om Jesus från Nasaret och hans motstånd genom ickevåld. Efter ett av morden på de många kristna predikade han: *"Må hämnden vara oss fjärran, låt oss be med Jesus: Fader, förlåt dem, ty det vet inte vad de gör."*

Varje människa är ett Guds barn och en levande avbild av Gud. Därför var för San Oscar Romero gudstjänsten oskiljaktigt förbunden med ett oförskräckt försvar för mänsklig värdighet. Till juntans lejda mördare och hantlangare riktade han orden: *"Även den som torterar är en mördare ... Ingen får förgripa sig på någon annan människa, för människan är Guds avbild."* Dagen innan han själv mördades, den 24 mars 1980, uppmanade han offentligt soldaterna att vägra lyda befäl: *"I Guds och detta pinade folks namn ber jag er, befaller jag er: Hejda detta förtryck!"* En lejd mördares kula träffade honom vid altaret medan han firade tacksägelsen under mässan.

San Oscar Romeros helgonförklaring från folkets sida är inget orättmätigt anspråk. Vi vet att bara Gud kan se in i en människas hjärta, och att det för oss bara delvis är möjligt att lära oss att se med Guds ögon, på ett nytt sätt. Men denna "beatifikation" – som skett utan en kostsam kyrklig process – sprider det goda budskapet, genom Guds ande: *"Vår broder San Oscar Romeros exempel visar oss hur vackra och modiga vi människor kan bli, när vi börjar lyssna till Jesu budskap."*

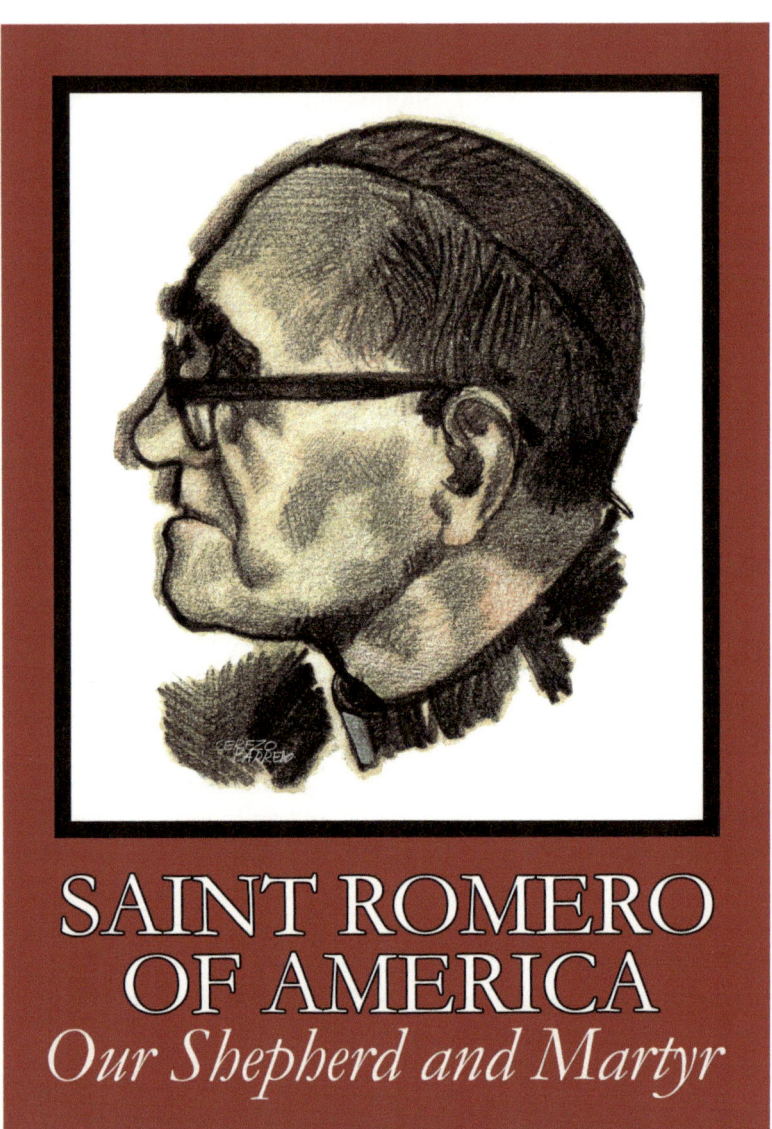

SAINT ROMERO
OF AMERICA
Our Shepherd and Martyr

Maximino Cerezo Barredo (http://www.servicioskoinonia.org)

9.

Zuschriften
zum Aufruf
„San Oscar Romero"

„Ich unterstütze den Gedenkaufruf zur Heiligsprechung von Dom Oscar Romero, arcebispo de El Salvador! Wer die sozial-politischen Ungerechtigkeiten Lateinamerikas – gefördert durch die kapitalistischen Interessen der ‚Ersten Welt' – täglich kennt, wer erfahren hat, wie Dom Oscar auch von anderen Kirchen in El Salvador respektiert, geehrt und geliebt wird (ich beziehe mich auf den lutherischen Bischof Carlos Najera), wer gesehen hat, wie eine Gemeinde an der Peripherie von São Paulo diesen Märtyrer zum Patron ausgewählt und an jedem 24. März sein Patronatsfest enthusiastisch feiert, wer ganz einfach die Biografie – oder Hagiografie – dieses Hirten der Armen wirklich kennt, der hat keinen Zweifel: dieser Christ hat das Evangelium Jesu Christi gelebt und bezeugt: Gott ist in ihm und er ist in Gott!"

Bruder JOHANNES GIERSE ofm –
Amazonas-Brasilien, 12.04.2011

„Ich unterstütze die ‚Heiligsprechung' des Erzbischofs und Mär-tyrers Oscar Arnulfo Romero, des ‚Pater Pauperum' durch das Volk Gottes von ganzem Herzen und wünsche nur, dass er bald auch öffentlich in der Kirche verehrt werden darf und der can. 1187 CIC für diesen ‚Heiligen des Volkes' außer Kraft gesetzt wird."

EDMUND ERLEMANN,
Mönchengladbach (kath Pfarrer & Propst), 19.04.2018

„Der gute Hirte gibt sein Leben für seine Schafe"

(Aus einem Vortrag von Prof. Johannes Beutler SJ
auf dem Ersten Kongress der Biblisten Kolumbiens
im Sommer 2005 in Bogotá)

[...] Es bleibt der letzte Aspekt der Figur des guten Hirten, der am schwierigsten zu verwirklichen ist: „Der gute Hirte gibt sein Leben für seine Schafe". Dieses Hingeben des Lebens ist kein Opferakt, kein Ritus der Selbstopferung eines Priesters. Der gewaltsame Tod des guten Hirten ist die letzte Konsequenz seines Einsatzes für seine Schafe. Jesus ist nicht am Kreuz gestorben, weil der Vater ein perfektes Opfer verlangte oder weil er selbst sich für die Seinen opfern wollte. Der Tod Jesu war die Konsequenz seiner Predigt und seines Einsatzes für die Armen und Entrechteten. In diesem Land gibt es auch Priester, Ordensleute und Laien, die sterben mussten, weil sie sprachen, während die anderen schwiegen und die handelten, während die anderen es vorzogen zuzuschauen. Das Martyrium ist eine Gnade. Aber Gott verleiht diese Gnade auch in unserer Zeit. Ich denke oft an Oscar Romero. Er war zunächst ein Bischof ohne besonderen Einsatz und lebte unter den Reichen und Mächtigen seines Landes El Salvador bis zu einem bestimmten Augenblick seines Lebens.

Es geschah 1977, als er von der Ermordung eines seiner Priester erfuhr, des Jesuiten Pater Rutilio Grande. Noch in derselben Nacht der Ermordung dieses Pfarrers und seiner Ministranten eilte er zu der Kirche, wohin sie seinen Leichnam gebracht hatten. Man sagt, er hätte den größten Teil der Nacht im Gebet in dieser Kirche verbracht und dies sei der Augenblick seiner Bekehrung gewesen. Er war Zeuge davon geworden, welches der Preis sein kann für einen Dienst bis hin zum Äußersten. Von da ab sprach und predigte er ohne Angst. Trotz aller Bedrohungen machte er weiter. Deswegen ermordete ihn die Militärregierung am Altar Ostern 1980. Kurz zuvor hatte er seine Überzeugung in Worte gefasst: „Wenn ich sterbe, werde ich im Volk von San Salvador auferstehen."

Ich möchte diesen großen Heiligen unserer Tage heiliggesprochen sehen. [Übersetzung aus dem Spanischen: Christine Klissenbauer, pax christi-Kommission Eine Welt]

"El buen pastor da su vida por sus ovejas"

[…] Queda el último aspecto de la figura del buen pastor, el más difícil a realizar: "El buen pastor da su vida por sus ovejas". Este don de la vida no es un acto sacrifical, un rito de auto-imolación de un sacerdote. La muerte violenta del buen pastor es la última consecuencia de su empeño por sus ovejas. Jesús no murió en la cruz porque el Padre quería un sacrificio perfecto o porque él mismo quería sacrificarse para los suyos. La muerte de Jesús era la consecuencia de su predicación y de su tomada de posición para los pobres y sin derecho. También este país conoce a sacerdotes, religiosos y laicos que muerieron porque habían hablado cuando otros se callaron y habían actuado cuando otros habían preferido mirar. El martirio es una gracia. Pero Diós da esta gracia también en nuestros días. Pienso muchas veces en Oscar Romero. Él era un obispo poco empeñado y vivía en el ámbito de los ricos y poderosos de su país, El Salvador, hasta un cierto momento de su vida. Era en 1977, cuando supo de la muerte violenta de uno de sus sacerdotes, el jesuita P. Rutilio Grande. En la misma noche del asasino de este párroco y uno de sus ministrantes se recó a la iglesia parroquial donde habían puesto el cuerpo del Padre. Se dice que rezó en esta iglesia durante gran parte de la noche y que éste era el momento de su conversión. Había visto cuál puede ser el precio por un servicio total hasta el extremo. Desde aquel momento habló y predicó sin miedo. A pesar de todas la amenazas continuó. Así el gobierno militar lo asasinó en su catedral el día de Pascua 1980. Antes de esta fecha ya había expresado su convicción: "Si yo muero, voy a resurgir en el pueblo de San Salvador." Me gustaría a ver este gran santo de nuestros días canonizado.

JOHANNES BEUTLER SJ

*

„… zweifellos gehöre ich nicht zu den Armen dieser Erde. Eine Heiligsprechung per Akklamation ist aber eine gute Sache, viel würdiger als das Geschacher in römischen Prozessen."
ehemaliger Ordensmann, jetzt verheiratet

„Die ‚Heiligsprechung des Märtyrers San Oscar Romero durch die Armen dieser Erde' möchte ich unterstützen. Sie ist Ausdruck des ‚Sensus fidelium'. – Es ist im Übrigen hohe Zeit, der Lehre vom ‚Sensus fidelium' wieder theologisch und ekklesiologisch Gehör zu verschaffen (vgl. sogar Codex Iuris Cannonci (CIC), Can 212, § 3 v gl. auch Can 208: ‚Unter allen Gläubigen besteht, und zwar aufgrund ihrer Wiedergeburt in Christus, eine wahre Gleichheit in ihrer Würde und Tätigkeit, kraft der alle je nach ihrer eigenen Stellung und Aufgabe am Aufbau des Leibes Christi mitwirken.' In ‚Christ in der Gegenwart' (CIG) 2010, Nr 28 hieß es dazu: ‚Die Bischöfe dürfen sich nicht länger dem eigenen theologischen Anspruch und der apostolischen Vollmacht entziehen, auf den Sinn der Glaubenden (sensus fidelium) zu hören, die Zeichen der Zeit zu achten und Mut zur Reform zu finden. Nicht erst morgen – jetzt'."
pensionierter Lehrer, 23.04.2011

„…natürlich, ich unterzeichne gerne den Ökumenischen Aufruf: ‚Gedenkt der Heiligsprechung des Märtyrers San Oscar Romero durch die Armen dieser Erde', umso lieber, als es eine Initiative von unten ist und sie ‚von oben' nichts erwartet."
röm.-kath. Theologieprofessor

„Von ganzem Herzen unterstütze ich den Aufruf zur Heiligsprechung des Märtyrers San Oscar Romero durch die Armen dieser Erde. Er greift die Seligpreisungen Jesu aus dem Matthäus-Evangelium auf und kann den Armen, Bedrängten und Verfolgten Hoffnung und Ermutigung sein. Auch uns Christen in den wohlhabenden Ländern kann der Aufruf Ansporn sein, mutig aufzustehen gegen Unrecht und Unterdrückung."
URSULA SCHADE, *Markt Schwaben*

„Gerne unterstütze ich diesen Aufruf in eigenem Namen und als Pfarrer der alt-katholischen Gemeinde [...], möchte aber auch erwähnen, dass Romero bereits mit eigenem Gedenktag im liturgischen Kalender unserer Kirche steht und alle Christen herzlich zur liturgischen Mitfeier eingeladen sind."
alt-katholischer Pfarrer

„Ich bin Hausfrau und habe vier erwachsene Kinder und Enkel und bin schon immer in der kath. Kirche ehrenamtlich tätig. Jetzt seit 18 Jahren arbeite ich intensiv mit unserer Partnerschaft (zwei Dörfer) im Norden von Perú. Diese Arbeit mit einem Priester der Befreiungstheologie begeistert mich und läßt mich noch in der katholischen Kirche aushalten."
H., 12.04.2011

„Ich möchte ergänzen, dass mich manchmal die Wut befällt, wenn ich daran denke, welch ein Hype um Johannes Paul II gemacht wird, der das junge und hoffnungsvolle Pflänzchen ‚Befreiungstheologie' zertreten hat. Ich verstehe manchmal unsere Kirche nicht mehr! Ein Papst, der als Hardliner in die Geschichte eingeht, ohne Erbarmen mit theologisch anders Denkenden, wird selig gesprochen. Ist denn alles schon vergessen, was dieser Papst - freilich neben dem Guten - auch an Schlimmen in der Kirche angerichtet hat?"
röm.-katholischer Pfarrer

„Ich war über den Jahreswechsel 1988/89 in für einige Wochen in dem vom Bürgerkrieg gezeichneten El Salvador. Unter anderem auch am Grab des heiligen Erzbischofs Oscar Arnulfo Romero. So ist es mir ein Anliegen diesen Aufruf öffentlich zu unterstützen."
katholischer Pfarrer aus dem Sauerland, 12.04.2011

„... gern unterschreibe ich diesen Aufruf! Möge er für heilsame Irritationen sorgen. [... es] ist mir noch klarer geworden, dass ich auf unsere Bischöfe in ihrer Mehrheit nicht mehr setzen mag und

will. Das verschleißt nur noch länger Kräfte, die ich anderswo einsetzen möchte. Viel Arbeit muss in der Tat an den Bischöfen vorbei von unten her getan werden. Vielleicht bekehren sich die ‚Herren' Bischöfe ja später einmal. Derzeit scheint mir da keinerlei Hoffnung: Sie predigen die Armut – und wohnen in Palästen, fahren in Luxuslimousinen; sie beschwören die Demut – haben aber nicht einmal den Willen oder die Kraft, normal kritische Anfragen ‚demütig', offen und zugewandt anzuhören; sie erklären Dialogbereitschaft – und legen bereits prozesswidrig im Voraus fest, welches die Themen sein dürfen, wann welche dran sind, welche besprochen, aber keinesfalls ergebnisoffen diskutiert werden dürfen; sie reklamieren Kommunikation und communio – sind aber nicht bereit, von ihren hierarchischen Privilegien und Machtpositionen Abschied, von ihren dogmatischen und moralischen Vorentscheidungen Notiz und zu den Anliegen der Gläubigen jenseits vorgefertigter Muster Stellung zu nehmen, geschweige denn aus Einsichten Konsequenzen zu ziehen, die ihr eigenes Leben im biblischen bzw. im Sinne Jesu verändern würden. Ansteckend sind sie nicht – höchstens, leider, im negativen Sinne – heute schon ersichtlich in den fundamentalistischen Kreisen derer, die für ihre Angst eine feste Burg suchen... Lassen wir uns an je unserem Platz immer wieder vom Geist Jesu anstecken! ‚Das Beispiel unseres Bruders San Oscar Romero zeigt uns, wie schön und mutig wir Menschen werden können, wenn wir beginnen, der Botschaft Jesu zuzuhören.' – Wunderbar! Danke für diese Initiative!"
röm.-kath. Theologieprofessor

„Aber natürlich dürfen Sie meine Unterschrift verwenden. Romero ist schließlich nicht heilig geworden, aber selig in seiner spät erreichen Solidarität mit den normal Armen. [...] Die Anklage der Hierarchie auch im Namen des Propheten aus Galiläa ist mehr als berechtigt. Dennoch: Ebenso wichtig möchte es heute sein, dass die Christen von solchen Hierarchien sich frei machen, unabhängig werden, selber ‚sakramental', d.h. menschenwürdig leben." *röm.-kath. Theologieprofessor*

„… ich habe mich gerade erst in meinem neuesten Buch ‚Ist die Kirche noch zu retten?' grundsätzlich gegen diese Heiligsprechungen von oben ausgesprochen. Aber in Ihrem Aufruf geht es ja um die Seligsprechung eines schon vom Volk Seliggesprochеnen. Zudem handelt es sich um einen Mann, den auch ich sehr verehre. Ich habe sein Grab damals in San Salvador besucht und es schäbig gefunden, dass man ihm von der offiziellen Kirche nicht mehr Ehre erweist."

HANS KÜNG

„Wir sollten auch in den reichen Ländern der Erde dem Beispiel der Armen folgen und ‚von unten' Menschen heiligsprechen, die uns in unserem Glauben Vorbild sein können."

Ein Krankenhausseelsorger

„Eine Anmerkung zum Text: Bei der Aufzählung der Märtyrer fehlen die Ordensfrauen, und viele einfache Christen- und Christinnen!!!!!!! So klingt es etwas klerikal!"

Evangelische Christin

„Für mich persönlich ist Oscar Romero schon seit langem ein großer Heiliger. Und ich finde es so UNGERECHT, dass die Kirche die Menschen in Lateinamerika so im Stich lässt (insbesondere die Armen). Ich bin Ordensfrau, Missionarin und habe sieben Jahre in Bolivien gelebt und gearbeitet. Diese Zeit in Lateinamerika mit den Menschen dort hat mich reich gemacht, hat mich geprägt."

Ordensfrau

„Ich unterstütze die Heiligsprechung von Oscar Arnulfo Romero. Hier bei uns im Nordosten Brasiliens wird er ja bereits als Heiliger gefeiert und kommt bereits in verschiedenen Allerheiligenlitaneien vor."

Aus Brasilien

„Ihre Initiative verdient hohen Respekt. Ich danke Ihnen dafür. Oscar Romero war immer eine der leuchtenden Figuren in meiner Lebensgeschichte, er war einer, der dafür gesorgt hat, dass die Flamme meiner Begeisterung für ‚die Sache Jesu' nie erlosch."

Jesuit, Priester, Theologieprofessor

„Da San Oscar Romero von der ‚heiligen katholischen Kirche' nicht als Märtyrer und Heiliger ‚anerkannt' wird – wir aber der Auffassung sind, dass dies eine frevelhafte Unterlassung der entsprechenden Kirchenobrigkeiten ist, erklären die Armen Lateinamerikas und wir – Freundinnen und Freunde Jesu – ihn zum HEILIGEN – und zwar am 1. Mai 2011."   *Lehrerin*

"yo y mi familia nos hacemos eco de esta buena nueva que hace años para muchos mexicanos es una realidad: ... Lo dijo Einsten 'hay dos cosas que creo son infinitas, el universo y la estupidez humana, y de la primera no estoy tan seguro'."

[Ich und meine Familie greifen diese gute Nachricht auf, die seit Jahren für viele Mexikaner Wirklichkeit ist. … Einstein sagte: ‚Es gibt zwei Dinge, von denen ich glaube, dass sie unbegrenzt sind: das Universum und die menschliche Dummheit, und im Blick auf Erstes bin ich nicht so sicher'.]

Zuschrift aus Mexiko zum Gedenken an die Heiligsprechung Oscar Romeros durch die Armen, 30.04.2011

„[…] Ninguno de nosotros está en el corazón de otro, Dios sí, pero así como reconozco en monseñor Romero un verdadero apóstol que luchó por pobres y oprimidos, no pude observar lo mismo en el anterior Papa, ni en el actual."

[… Keiner von uns ist im Herzen des anderen, jedoch Gott. Aber so, wie ich in Bischof Romero einen wahrhaften Apostel sehe, der für die Armen und Unterdrückten gekämpft hat, kann ich nicht dasselbe in dem früheren Papst noch in dem derzeitigen sehen.]

JAVIER CONCHA, 01.05.2011

„Agradeciendo y valorando esta inciativa; desde la memoria que venimos haciendo de este mártir Oscar Romero, comprometido sin consesiones con la causa de los más pobres que es la Jesús y el Evangelio y que nos empuja, anima a ese mismo compromiso, adherimos a ella:"

[Mit Dank und Wertschätzung für diese Initiative schließen wir uns ausgehend von unserem Gedenken an diesem Märtyrer Oscar Romero, der ohne Nachgeben sich für die Sache der Ärmsten engagiert hat, die die Sache Jesu und des Evangeliums ist, die uns antreibt und zu diesem Engagement anfeuert, diesem (Aufruf) an.]

ESPACIO ECUMÉNICO (de Argentina), 30.04.2011

"Saludos amigos y hermano: Mi nombre es Arturo Vallejo, fui... desde que tengo uso de razón y conciencia social (15) un admirador y 'fanático' de Oscar Arnulfo Romero, luego cuando sacerdote romano fue mi ideal de lucha y mi estilo de vida, pensar, vivir, luchar en, con, desde por los pobres fue mi ideal sacerdotal y así lo hice […] Hoy como obispò anglicano tenga la capacidad a veces reducida pero para decir la verdad sin tapujos.

Me siento feliz el poder escuchar que Oscar Arnulfo Romero, sea beatificado o mas bien canonizado por el pueblo. que al fin y a lcabo VOX POPULI, VOX DEI, si para el pueblo es ejemplo esta bien.

Saludos y bendiciones abundantes

+*Arturo Vallej*

OBISPO ANGLICANO DEL AUSTRO

Cuenca-Ecuador"

[ÜBERSETZUNG: Gruß (an Euch), Freunde und Brüder: Ich heiße Arturo Vallejo, ich war … seitdem ich meinen Verstand betätige und ein soziales Gewissen habe (15), ein Bewunderer und glühender Anhänger von Oscar Arnulfo Romero. Dann, als ich römischer Priester war, war mein Ideal das des Kampfes und war es mein Lebensstil, zu denken, leben, kämpfen in, mit und von den Armen her; es war mein priesterliches Ideal, und so habe ich es gemacht. [...] Heute als anglikanischer Bischof habe ich, in zuweilen reduzierter Form, die Möglichkeit, die Wahrheit ohne Scheuklappen zu sagen.

Ich fühle mich glücklich zu hören, dass Oscar Arnulfo Romero vom Volk selig gesprochen oder besser kanonisiert wird, so dass am Ende und am Schluss VOX POPULI, VOX DEI. Wenn er für das Volk ein Beispiel ist, dann ist dies gut. Grüße und Segen in Überfülle:

+ Arturo Vallejo, anglikanischer Bischof,

Cuenca, Ecuador – 30.04.2011]

„Großes PR-Spektakel in Rom, die sog. Seligsprechung des polnischen Papstes durch seinen Nachfolger: ein großer Mumpitz und Aberglaube und eine Beleidigung der Vernunft, trotzdem fahren Tausende nach Rom, um sich an dem Schauspiel zu delektieren – Brot und Spiele wie im alten Rom! Wie damals schon so gibt es auch heute genügend Menschen, die sich bereitwillig verdummen und verblöden lassen. Man müsste sich eigentlich schämen, zu den Christen gezählt zu werden! Besonders abscheulich ist die öffentliche Ausstellung abgezapften Blutes des Karol Wojtila, das ist sogar vormittelalterlich, aber die Werbung für die katholische Kirche ist dennoch groß und die Pilgerströme bringen guten Gewinn. Was mich besonders ärgert ist, dass wirkliche Vorbilder, wie z.B der südamerikanische ermordete Befreiungstheologe und Bischof Oscar Romero völlig unbeachtet bleiben."

Dr. HANS-GEORG WIEDEMANN – ev. Theologe, 02.05.2011

„Ich selber stand gestern als Katechet mit unseren Erstkommunikanten [...] um den Altar unserer St.Franziskuskirche [...], und als im Hochgebet gleich – unaufdringlich – des eine knappe Stunde zuvor seliggesprochenen Johannes Paul II gedacht wurde, habe ich persönlich für mich vor mich hin hinzugefügt: ‚...und des Heiligen Oscar Romero', der ja auch seit gestern – für mich ganz offiziell – in der Gemeinschaft der Heiligen ist."

Katechet aus Deutschland, 02.05.2011

„Wir legen jetzt riesige Stapel mit Bildchen von Johannes Paul II.
in den Kirchen aus. Könnt ihr uns nicht Bilder von San Oscar
Romero schicken, die wir auf den Tischen dazulegen können?"
röm.-kath. Pfarrer aus dem Ruhrgebiet, 02.05.2011

"CANONIZACION DE OSCAR ROMERO
YA ES REALIDAD POR
LA DECISIÒN DE LOS POBRES DE LATINOAMERICA
EL PUEBLO DE DIOS TAMBIEN ES AUTORIDAD !!
‚Canonizaciòn desde Abajo'
San Oscar Romero de latinoamerica ¡¡ SANTO YA !!!"
(Zuschrift aus Chile, 02.05.2011)

* * *

PERFIDE VERLEUMDUNGGSTRATEGIE
GEGEN DIE BEFREIUNGSTHEOLOGIE IN DEUTSCHLAND
DURCH BISCHOF MÜLLER VON REGENSBURG

Dr. Michael Ramminger, ITP
22.05.2011

Am 1. Mai wurde in Deutschland eine internationale Erklärung
zur „Heiligsprechung von Unten" von Erzbischof Romero durch
das Volk veröffentlicht [http://www.lebenshaus-alb.de]. Die Un-
terstützerinnen wollten des Lebens und Sterbens Romero gedenken und zugleich an die Enttäuschung Romeros über den in Rekordtempo seliggesprochenen Papst Johannes Paul II erinnern:
„Ich glaube, ich werde nicht noch einmal nach Rom kommen.
Der Papst versteht mich nicht", so kommentierte Erzbischof
Romero seinen [ersten] Rombesuch [bei diesem Papst].

Neben vielen Kirchenreform- und Solidaritätsgruppen aus
ganz Europa unterzeichneten diesen Aufruf auch Jon Sobrino,
Leonardo Boff. Und Franz-Josef Hinkelammert.

Die Tatsache, dass der Mitunterzeichner Heiner Geißler (Mitglied Christlich Demokratischen Union und ehemaliger Bundesminister) Papst Johannes Paul II „Verrat an den Armen" La-

teinamerikas durch eine einseitige antikommunistische Sichtweise vorwarf, brachte den Regensburger Bischof Müller dazu, am 11. Mai eine heftige Polemik zu veröffentlichen (http://www.bistum-regensburg.de/default.asp?op=show&id=4624). Er warf den UnterzeichnerInnen ein dualistisches und manichäisches Weltbild vor, und schreibt wörtlich: „Was ist denn unter all der revolutionären und oft nur hysterischen Kampfrhetorik die Wurzel dieses dualistischen Weltbildes mit einer nicht zu übersehenden manichäischen Ausprägung, dass in allem und in allen ein Antagonismus zwischen dem Reich des Guten und dem Reich des Bösen erscheint?" Die Antwort lautet nach Müller: eine illegitime Christologie von Unten.

So diffamiert er nicht nur die UnterzeichnerInnen, sondern die gesamte Befreiungstheologie in der Art des kalten Krieges und behandelt uns so, wie der damalige Papst Erzbischof Romero behandelte. Damit aber nicht genug. Denn gleichzeitig versucht er, Romero und Johannes Paul II. als zwei Vorbilder für die eine katholische Kirche darzustellen, die nicht gegeneinander ausgespielt werden könnten. Das Perfide daran: Er will Romero als Vorbild hinstellen, ihn gleichzeitig aber von der Befreiungstheologie trennen. So konstruiert er eine gute Befreiungstheologie, die in Rom und Regensburg zu Hause ist und eine „böse" Befreiungstheologie, die des Teufels ist.

Bischof Müller
und die Befreiungstheologie

Das Pikante daran: Müller ist ein Freund von Gustavo Gutiérrez. In früheren Jahren hat Müller relgelmäßig Zeit in einer armen Gemeinde in Cusco verbracht, außerdem hat er Gustavo Gutiérrez gegen den damaligen Präfekten der Glaubenskongregation Ratzinger in Schutz genommen. Müller lässt in seiner Eitelkeit keine Gelegenheit aus, auf diese Freundschaft zu verweisen. So finden wir auf der Webseite seines letzten Besuches in Brasilien und Peru im Frühjahr dieses Jahres ein Video mit Gutiérrez. Der sagt dort: „Wir sind wirkliche Freunde geworden … Und was uns vor allem verbindet, ist unser Interesse für die

Nöte der armen Menschen. Ich kenne kaum einen anderen Theologen aus Europa, der in seiner Freizeit immer wieder hier her gekommen ist, um mitten zwischen den Armen zu sein. Das bewundere ich sehr." (http://bischofinperu.blogspot.com/2011_02_10_archive.html)

Freundschaften wiegen schwer, sicherlich. Aber Bischof Müller instrumentalisiert diese Freundschaft, um den Anschein zu erwecken, er sei ein wirklicher Befreiungstheologe. So finden wir immer wieder Verweise darauf, dass er mit dem „Gründer der Befreiungstheologie ein Buch herausgegeben hat („An der Seite der Armen", Gustavo Gutiérrez / Gerhard Ludwig Müller, Augsburg 2004). Von diesem behauptet das Bistum, dass er „damit einen wichtigen Beitrag für die Theologie Südamerikas geleistet" habe. Er rühmt sich, in Anwesenheit von Gutiérrez die Ehrendoktorwürde der päpstlichen Universität Lima erhalten zu haben. Zu seinem Beusch in Lima schreibt das Bistum: „Begegnungen wird es auch geben mit „CIDAP" sowie „SEA", den Partnerorganisationen von Misereor, und mit „Angares", einer Nachbarschaftsorganisation, mit der Oberbürgermeisterin von Lima und mit P. Gustavo Gutiérrez, dem maßgeblichen Begründer der Befreiungstheologie. Gespräche werden geführt mit dem Apostolischen Nuntius in Peru, Mons. Bruno Musaró, und Padre Felipe Fierro, dem Gründer der peruanischen Missionskongregation der Reconciliación del Señor de los Milagros, sowie mit Mons. Miguel Carejos, dem Vorsitzenden der peruanischen Bischofskonferenz. Auch in San Salvador hat sich Müller als „Freund der Armen" und Befreiungstheologe inszeniert: Zum Jahrestag der Ermordung Romeros in diesem Jahr konzelebrierte er die Messe u.a. neben Samuel Ruiz.

Wer ist Bischof Bischof Gerhard Ludwig Müller wirklich?

Er wurde 1947 in Freiburg geboren und ist seit 2002 Bischof in Regensburg, außerdem Honorarprofessor für Dogmatik in München. 2008 gründete er das diözesane *Institut Papst Benedikt XVI.*, das im Auftrag von Papst Benedikt XVI. dessen Gesamtwerk herausgibt. Am 20. Dezember 2007 berief ihn Ratzinger zum

Mitglied in die Kongregation für die Glaubenslehre, außerdem ist er Mitglied des Päpstlichen Rats für die Kultur.

Bischof Müller ist in Deutschland vor allem dafür bekannt, dass er immer wieder gegen Kirchenreformgruppen wie „Wir sind Kirche" und „Intitiative Kirche von Unten" und massiv gegen kritische Gruppen im eigenen Bistum (http://www.josefbayer.de/akr/konflikte/index.htm) vorgeht. Er tat sich auch dadurch hervor, dass er Religionslehrern und Theologen in seinem Bistum die Lehrerlaubnis entzog. Im Zusammenhang mit den ‚Missbrauchsfällen' [sexuelle Gewalt von Klerikern] warf Müller der deutschen Presse eine Kampagne gegen die Kirche vor und bat die Gläubigen, der Kirche treu zu bleiben, „so wie auch damals die Katholiken und Katholikinnen treu gewesen sind", womit er einen Vergleich mit dem Naziterror [!] assoziieren wollte.

Außerdem ordnete er die Mitwirkungsorgane in seinem Bistum neu, so dass die Laien erheblich an Einfluss verloren. Selbst der damalige Vorsitzende der deutschen Bischofskonferenz Kardinal Lehmann nannte das einen „klaren Rückschritt". Mit gutem Recht kann man wohl sagen, dass Bischof Müller heute in Deutschland zu den umstrittensten Klerikern der katholischen Kirche gehört. Er kämpft gegen die katholischen Beratungsstellen für schwangere Frauen und ihr Recht, Schwangerschaftsabbrüche legalisieren lassen zu können, er feiert in vollem Ornat und mit Mitra und in barockem Gewand Pontifikalämter und scheut sich nicht, zugleich auf das II: Vatikanische Konzil zu verweisen.

Bischof Müller rühmt sich in Latein- und Südamerika als Freund der Armen und der „wirklichen" Befreiungstheologie. Zuhause bekämpft er mit reaktionärer Wut und klerikaler Arroganz genau diejenigen, die befreiungstheologische Ansichten in der deutschen Kirche verwirklichen wollen. Warum schweigt Gustavo Gutiérrez? Ich kenne viele Europäer, die einen Großteil ihres Lebens für Lateinamerika gegeben haben, sogar ihr Leben selbst. Ich kenne viele, die solidarisch mit der Befreiungstheologie sind und dafür auch in Deutschland kämpfen. Ihnen ist Bischof Müller kein Freund, im Gegenteil. Er instrumentalisiert die Befreiungstheologie für seine eigene feudale und vorkonziliare Kirchenpolitik, indem er sich mit dem Mantel der Befreiungstheologie schmückt. Irgendwann wird er in Rom mehr zu sagen haben. Und er wäre dann nicht der erste deutsche Theologe, der die Befreiungstheologie verfolgt und sich zugleich als Hüter des wahren Glaubens darstellt.

El obispo Müller, de la diócesis de Ratisbona (Alemania) construye una estrategia difamatoria y pérfida contra la Teología de la Liberación

El primero de mayo se publicó en Alemania und declaración internacional para la "canonización desde abajo" del arzobispo Romero, esto es, desde el clamor del pueblo (http://www.ciromero.de [http://www.lebenshaus-alb.de]). L@s signatari@s querían conmemorar la vida y la muerte de Romero y al mismo tiempo expresar su desilusión sobre la beatificación acelerada del Papa Juan Pablo II. "Creo que no voy a volver a Roma nunca más. El Papa no me comprende", comentó Monseñor Romero luego de su última visita al Vaticano.

También Jon Sobrino, Leonardo Boff y Franz Josef Hinkelammert firmaron la declaración mencionada, junto a muchos grupos de solidaridad y de reforma eclesial de toda Europa.

El hecho de que uno de los signatarios (Heiner Geisler, miembro de la Unión Demócrata Cristiana *de Alemania y ex ministrro federal) le reprochara a Juan Pablo II la "traición a los pobres" de América Latina por su postura anticomunista, movió al obispo Müller a publicar una fuerte réplica el 11 de mayo (http://www.bistum-regensburg.de/default. asp?op=show&id=4624).*

En ella, Müller acusó a l@s signatari@s de sostener concepciones dualistas y maniqueas, indicando literalmente: "¿Cuál es la raíz de esta concepción dualista de carácter maniqueo en medio de toda esta retórica de lucha, que es revolucionaria y en el mayor de los casos histérica, que hace aparecer en todo y en todos un antagonismo entre el Reino del Bien y el Reino del

Mal?", respondiéndose él mismo: "…una cristología ilegítima desde abajo."

De esa forma, no difama solamente a l@s signatari@s, sino a toda la Teología de la Liberación, a la manera de la Guerra Fría, y nos trata de la misma manera como Juan Pablo II trató en aquel tiempo al arzobispo Romero.

Pero no se queda en eso. A la vez intenta presentar a Romero y a Juan Pablo II como dos ejemplos para la Iglesia Católica, de modo que no se puedan contraponer uno contra el otro. Su estrategia insidiosa en este caso consiste en la pretensión de colocar a Romero como ejemplo, sustrayéndolo de su contexto dentro de la Teología de la Liberación. De esa forma, construye una "buena" Teología de Liberación, que tiene su casa en Roma y Ratisbona, y frente a ella una "mala" Teología de Liberación, que es del diablo.

Un aspecto picante de esta estrategia: Müller se considera amigo de Gustavo Gutiérrez. Durante años visitó con frecuencia una comunidad pobre en el Cusco. Además, protegió en aquel tiempo a Gustavo Gutiérrez de J.Ratzinger, entonces prefecto de la Congregación para la Doctrina de la Fe.

En su arrogancia, Müller no omite ninguna ocasión para aludir a esta amistad. En su página web se encuentra un video de su última visita a Brasil y Perú al inicio de este año, en el que aparece el propio Gutiérrez diciendo: "Nos hicimos amigos verdaderos…y lo que nos une es sobre todo el interés por las necesidades de los pobres. No conozco a ningún otro teólogo de Europa que tantas veces en su tiempo libre haya venido para estar entre los pobres. Admiro mucho esta actitud." (http:// bischofinperu.blogspot.com/2011_02_10_archive.html).

La amistades tienen sin duda un gran peso, pero el obispo Müller instrumentaliza ésta en particular para aparecer como un verdadero teólogo de la liberación. Incluso se menciona mucho que ha publicado un libro con el propio Gutiérrez, uno de los cofundadores de la Teología de Liberación (Gustavo Gutiérrez / Gerhard Ludwig Müller, An der Seite der Armen, Augsburg 2004). La diócesis de Ratisbona está convencida que con este libro ha dado "una contribuición importante para la teología en América Latina." Al mismo tiempo, el prelado se jacta por haber recibido el título de doctor honoris causa de la Universidad Pontificia de Lima en presencia del propio Gutiérrez. Con relación a su visita a Lima, la diócesis explica que se llevaron a cabo encuentros con CIDAP y SEA, organizaciones contraparte de Misereror (poderosa agencia de la iglesia alemana para el apoyo a la misión) y con Angares (instancia de juntas de vecinos); además, con la alcadesa de Lima y con Gustavo Gutiérrez. Se desarrollaron además varias conversaciones con el nuncio apostólico en Perú, Mons. Bruno Musaro, con el P.Felipe Fierro, fundador de la congregación misionera peruana "Reconciliación del Señor de los Milagros" así como con Mons. Miguel Carejos, presidente de la Conferencia Episcopal del Perú. También en San Salvador Müller se mostró como "amigo de los pobres y como "teólogo de la liberación"; el año pasado concelebró allí con Samuel Ruiz la misa en memoria de Romero.

¿Quién es en realidad el obispo Gerhard Ludwig Müller?

Nació en 1947 en Friburgo y desde 2002 es obispo de la diócesis de Ratisbona; fue profesor honorario de teología dogmática en Munich. En 2008 fundó el Instituto Diocesano de Benedicto XVI, comisionado por el propio Papa para publicar sus obras completas. El 20 de diciembre de 2007 Ratzinger le llamó para formar parte de la Congregación para la Doctrina de la Fe; además, es miembro del Consejo Pontificio para la Cultura.

En Alemania se conoce al obispo Müller porque en muchas ocasiones se opuso a grupos que procuran una reforma centrada en una iglesia estructurada desde abajo, como por ejemplo "Somos iglesia", así como a diversos grupos críticos en su diócesis. Se caracterizó por una postura adversa frente a profesores de religión y teólogos, a los cuales les quitó el permiso para enseñar en su diócesis.

En el ámbito de los abusos sexuales cometidos por clérigos, acusó a la prensa alemana de levantar una campaña contra la iglesia. Llama a los creyentes a manterse fieles a la iglesia"de la misma manera como los creyentes se mantuvieron fieles en aquel tiempo" - se refiere a la época del nazismo - (http://www.josef-bayer.de/akr/konflikte/index.htm).

Además, hizo una reestructuración de su diócesis que implicó restricciones y reducciones en la práctica de los laicos. Incluso el cardenal Lehmann, presidente de la Conferencia Episcopal alemana de aquel tiempo, calificó a esos cambios como "un retroceso". De esa forma, se puede afirmar con razón que en la actualidad Müller es uno de los obispos más discutidos dentro de la iglesia católica; luchó contra los consultorios para las mujeres embarazadas y su derecho de legalizar los abortos, celebró misas vestido con tradicionales ornamentos sacerdotales y con mitra, sin dejar de aludir al mismo tiempo al Concilio Vaticano II.

Müller se glorifica a sí mismo en América Latina como amigo de los pobres y de la "Teología de la Liberación verdadera", mientras que en su propia casa lucha con rabia reaccionaria y arrogancia clerical contra todos aquellos que quieren materializar los principios de la Teología de la Liberación dentro de la iglesia alemana.

¿Porqué calla Gustavo Gutiérrez? Conozco a muchos europeos que dedicaron la mayor parte de su vida a América Latina, incluso su vida entera. Conozco a muchos que se solidarizan con la Teología de la Liberación y luchan por ella también en Alemania. Para ellos el obispo Müller no es un amigo, más bien todo al contrario. Instrumentaliza la Teología de la Liberación en beneficio de su propia política eclesial feudal y pre-conciliar, adornándose con la apariencia de la Teología de la Liberación.

Es probable que algún día llegue a tener más poder en Roma. Y no será el primer teólogo alemán que persigue a la Teología de la Liberación, considerándose al mismo tiempo un guardián de la fe verdadera.

Michael Ramminger
(Instituto de Teología y Política / Alemania)
http://www.itpol.de

III.

Dokumentation:

Sonderseite der ZEIT-Beilage „Christ & Welt" vom 28. April 2011 zum Ökumenischen Aufruf ‚San Óscar Romero'

Drei Beiträge,
erschienen in Christ & Welt,
den Extraseiten der ZEIT
für Glaube, Geist, Gesellschaft
www.zeit.de/christundwelt[1]

---

[1] Vgl. auch die weitere zeitnahe Berichterstattung und Kommentierung zur Ökumenischen Erklärung ‚San Oscar Romero' 2011: BÜRGER/GÖHRIG/WEISNER 2011*; KATHPRESS 2011; SEITERICH 2011; SPIEGEL 2011*; STEFFENSKY 2011*; TAGESSCHAU 2011*.

Schon seit 1998 zeigen die Anglikaner Romero unter den großen Märtyrern des
20. Jahrhunderts: Statuen von Martin Luther King, Óscar Romero und
Dietrich Bonhoeffer an der Westminster Abbey, Portal Ostfassade
(commons.wikimedia.org)

2010 haben die Vereinten Nationen den 24. März – das Datum der
Ermordung Romeros – zum internationalen Tag für das Recht auf Wahrheit
und für die Würde der Opfer ernannt.

1.
Santo subito!

ÓSCAR ROMERO. Prominente Politiker und Theologen fordern die Heiligsprechung des lateinamerikanischen Erzbischofs. Christ & Welt veröffentlicht exklusiv ihren Appell zur Rehabilitierung der Befreiungstheologie[2]

Von Wolfgang Thielmann

An diesem Freitag um 11.45 Uhr ziehen Kate Middleton und Prinz William zu ihrer Trauung durch das Hauptportal in die Westminster Abbey ein. Dann schreiten sie unter einem Fries über dem Eingang hindurch, der, in Stein gehauen, zehn Märtyrer des 20. Jahrhunderts zeigt. Zwischen Martin Luther King und Dietrich Bonhoeffer findet sich, ein Kind auf dem Arm, Óscar Arnulfo Romero, der vor 31 Jahren von einer Todesschwadron des Militärs ermordete katholische Erzbischof von San Salvador. Sein Seligsprechungsverfahren stockt seit 2008. Es sei nicht klar, ob er wegen seines Glaubens oder seines politischen Engagements umgebracht worden sei. Für ihn initiieren nun Gruppen aus Kreisen der Kirchenreformbewegung, Einzelpersonen sowie prominente Theologen, Politiker und Denker eine „Heiligsprechung von unten" *(siehe Erklärung [...]).*

In zwei Wochen haben 326 Personen und 43 Gruppen die Erklärung unterzeichnet. Die Initiatoren heben sie ungern heraus, doch fallen unter den Unterzeichnern bekannte Personen auf. Etwa der französische Bischof Jacques Gaillot, der aus seiner Diözese Évreux abberufen wurde, nachdem er sich für verheiratete Priester ausgesprochen hatte und Positionen seiner Bischofskollegen infrage stellte. Oder der Politiker Heiner Geißler *(siehe In-*

---

[2] THIELMANN 2011 [Darbietung in dieser Dokumentation mit freundlicher Genehmigung: Christ & Welt, Extraseiten der ZEIT für Glaube, Geist, Gesellschaft www.zeit.de/christundwelt].

terview auf dieser Seite) und der Theologe Hans Küng, der die deutschen Bischöfe vor einem Jahr zum Widerstand gegen Papst Benedikt XVI. aufgefordert hat, weil der es an Reformwillen fehlen lasse. Zu den 52 Wissenschaftlern, die den Aufruf unterstützen, zählen der Kölner Professor Johannes Brosseder, die Regensburger Kirchengeschichtlerin Sabine Demel, der renommierte Sozialwissenschaftler Friedhelm Hengsbach, der Religionssoziologe Friedhelm Mennekes, der Ethiker Dietmar Mieth, der auch zum Ethikrat des Gesundheitsministeriums gehört, der Dortmunder Theologe Thomas Ruster, die an der Harvard Divinity School in Cambridge/ USA lehrende feministische Theologin Elisabeth Schüssler Fiorenza und der frühere Priester Eugen Drewermann. Zu den evangelischen Unterzeichnern zählen die frühere EKD-Synodale Adelheid von Guttenberg und der Hamburger Theologe und Kirchentagsredner Fulbert Steffensky.

Nach dem Theologen-Memorandum und dem Appell der acht CDU-Politiker ist dies der dritte große Reformvorschlag aus Deutschland an die Adresse der katholischen Kirche. Die neue Aktion findet zudem internationale Unterstützung. Initiativen kritischer Katholiken aus Schweden, Norwegen, der Schweiz, Österreich, Frankreich, Portugal, Spanien, Italien, den USA, Kanada und Peru haben sich angeschlossen. Romeros Heiligsprechung „durch das Volk" stellt ein konservatives Politikverständnis Roms infrage, das darauf zielt, zwischen dem Glauben und seinen politischen Konsequenzen genau zu unterscheiden.

ÖKUMENISCHER AUFRUF ZUM 1. MAI 2011:
„Gedenkt der Heiligsprechung des Märtyrers San Óscar Romero durch die Armen dieser Erde"

Liebe Schwestern und Brüder in der Ökumene,
mit diesem Aufruf bitten wir Euch, am 1. Mai 2011 der Heiligsprechung des Märtyrers San Óscar Romero durch die Armen Lateinamerikas und durch Freundinnen und Freunde Jesu auf dem ganzen Erdkreis zu gedenken. Dieses Gedenken soll uns

Ermutigung auf dem Weg des Evangeliums sein und zugleich als Umkehrruf in den Kirchen der Reichen gehört werden.

Sehr bald nach seiner Ernennung zum Erzbischof von San Salvador wurde der konservative Seelsorger Óscar Arnulfo Romero 1977 mit der blutigen Christenverfolgung in El Salvador konfrontiert. Die Tränen an den Särgen von ermordeten Katechetinnen, Messdienern und Priestern ließen ihn zum unerschrockenen Bischof an der Seite der Kleinen, Geschundenen und Verfolgten werden. Seit dieser Zeit hatte er das Regime seines Landes, den Sicherheitsberater des US-Präsidenten und mächtige Kardinäle der römischen Kurie gegen sich.

Im Frühjahr 1979 fand Bischof Romero bei Papst Johannes Paul II. weder Gehör noch Unterstützung in seinen Bedrängnissen. Mit tiefer Enttäuschung sagte er: „Ich glaube, ich werde nicht noch einmal nach Rom kommen. Der Papst versteht mich nicht." Johannes Paul II. hatte das Foto eines kurz zuvor ermordeten indigenen Priesters sowie andere Dokumente zur Christenverfolgung durch die Handlanger der Reichen gar nicht beachtet und stattdessen nur zur Harmonie mit der salvadorianischen Regierung ermahnt.

Im Wissen um die eigene Gefährdung hat San Romero de América seine Stimme gegen das Unrecht erhoben, Politiker des Regimes exkommuniziert und den Widerstand an die Gewaltlosigkeit Jesu von Nazareth erinnert. Nach einem der zahllosen Morde an Christen predigte er: „Fern sei uns Rache, lasst uns beten mit Jesus: Vater vergib ihnen, denn sie wissen nicht, was sie tun."

Da jeder Mensch ein Kind und lebendiges Gleichnis Gottes ist, war für San Óscar Romero Gottesdienst untrennbar verknüpft mit der unerschrockenen Verteidigung der menschlichen Würde. An die Auftragsmörder und Handlanger der Junta richtete er die Worte: „Ein Mörder ist auch der, der foltert … Niemand darf Hand anlegen an einen anderen Menschen, denn der Mensch ist Ebenbild Gottes." Einen Tag vor seiner eigenen Ermordung am 24. März 1980 forderte er die Soldaten öffentlich zur Befehlsverweigerung auf: „Im Namen Gottes und im Namen dieses gepeinigten Volkes bitte ich euch, befehle ich euch: Hört auf mit der Unterdrückung!" Die Kugel eines Auftragsmörders traf ihn während der Feier der Danksagung am Altar.

Die von unten erfolgte Heiligsprechung von San Óscar Romero ist keine Anmaßung. Wir wissen, dass nur Gott in das Herz eines Menschen schauen kann und es uns nur bruchstückhaft möglich ist, mit Gottes Augen neu sehen zu lernen. Doch diese „Beatifikation" ohne ein teures Verfahren von Kirchenbehörden verbreitet eine frohe Kunde unter dem Wehen des Gottesgeistes: „Das Beispiel unseres Bruders San Óscar Romero zeigt uns, wie schön und mutig wir Menschen werden können, wenn wir beginnen, der Botschaft Jesu zuzuhören."

Die Liste der Unterzeichner findet sich auf der Internetseite www.ci-romero.de[3]

---

[3] [Unter dieser Internetadresse ist die Liste nicht mehr abrufbar. Die Namen der unterzeichnenden Organisationen, Gruppen und Personen sind in dieser Publikation dokumentiert (→II.1); vgl. im Internet auch: https://www.lebenshaus-alb.de/magazin/006874.html]

2.
„Johannes Paul II.
hat die Armen verraten"

UNTERZEICHNER. Heiner Geißler unterstützt den Appell.
Rom erkläre die Falschen zum Vorbild, sagt er[4]

Christ & Welt: *Herr Geißler, warum unterzeichnen Sie diesen Aufruf?*
Heiner Geißler: Óscar Romero hätte es wie kaum ein anderer verdient, als Heiliger verehrt zu werden. Ich war mehrfach in El Salvador. Der Erzbischof hat das vertreten, was die überwiegende Mehrheit der Salvadorianer von der katholischen Kirche erwartet hat.
C & W: *Das begründet keine Heiligkeit. Joseph Ratzinger hat in vielen Schriften der Befreiungstheologie vorgeworfen, sie verweise Gott ins Reich des „Unpraktischen" und instrumentalisiere Jesus für politische Zwecke. Schwer zu bestreiten, oder?*
Geißler: Im Gegenteil, leicht zu bestreiten. Politik ist, laut Thomas von Aquin, das Bemühen um ein geordnetes Zusammenleben der Menschen. Nur Spiritualisten bestreiten, dass Jesus etwas über unser „geordnetes Zusammenleben" gesagt hat. Das Evangelium hat auch eine politische Dimension. Es ist Häresie, die Gottesliebe von der Nächstenliebe zu trennen. Der Nächste ist immer derjenige, der in Not ist. Im Johannesbrief steht: Wie kann jemand Gott lieben, den er nicht sieht, wenn er seinen Bruder hasst, den er sieht? Auf die Frage des Pharisäers

---

[4] FLORIN/GEIßLER 2011* [Darbietung in dieser Dokumentation mit freundlicher Genehmigung: Christ & Welt, Extraseiten der ZEIT für Glaube, Geist, Gesellschaft www.zeit.de/christundwelt]. – Vgl. in einer nachfolgenden Ausgabe von C&W die scharfe Entgegnung des – später zum Kardinal ernannten – damaligen Regensburger Bischofs G.L. Müller auf den Ökumenischen Aufruf und die Aussagen Geißlers: MÜLLER 2011*; zuvor bereits als Protest gegen Geißlers Sicht in der ‚Tagespost': SEIBEL 2011*.

nach den wichtigsten Geboten sagt Jesus ohne Abstufung: die Liebe zu Gott und die Liebe zum Nächsten. Das eine geht nicht ohne das andere. Die Spiritualisierung des Evangeliums durch den derzeitigen Papst ist eine Irrlehre.

C & W: *Waren Sie immer schon ein Anhänger der Theologie der Befreiung? Das wäre in der CDU der 1970er-Jahre karriereschädigend gewesen, da gab es Sympathie mit Militärdiktatoren.*

Geißler: Sie meinen vielleicht die damalige CSU. Als Generalsekretär der CDU habe ich die Theologie der Befreiung immer unterstützt. Richtig ist, dass der Antikommunismus damals für viele prägend war. Dass es einen Weg zwischen Kommunismus und Kapitalismus geben könne, war nicht vorstellbar. Aber es gibt einen Weg der Mitte, das Evangelium verpflichtet uns dazu, die Lebensbedingungen der Menschen zu verbessern und für mehr Gerechtigkeit zu kämpfen. Romero wurde aus denselben Gründen wie Jesus ermordet. Jesus stand immer auf der Seite der kleinen Leute, und zwar im Auftrag Gottes.

C & W: *Müsste man nicht auch die Theologie der Befreiung einer Ideologiekritik unterziehen? Im Kampf für Gerechtigkeit war viel Verblendung.*

Geißler: Natürlich war auf allen Seiten viel Ideologie im Spiel. Aber zwischen der faschistischen Ideologie lateinamerikanischer Diktatoren und dem „Kommunismus" der Guerilleros gab es einen entscheidenden Unterschied: Letztere wollten die Lebensbedingungen der Menschen verbessern, die Generäle die Produktionsbedingungen der Hazienderos, der United Fruit Company und der Minengesellschaften. Vom Vatikan, namentlich von Johannes Paul II., ist damals nur der Kommunismus als Übel eingestuft worden.

C & W: *Er hatte ja die kommunistische Diktatur erlebt. Was genau werfen Sie Johannes Paul II. vor?*

Geißler: Sein Antikommunismus war verständlich und berechtigt. Man musste als vernünftiger Mensch gegen den Sowjetkommunismus sein. Das war ich auch. Aber Johannes Paul II. war durch den Antikommunismus so verblendet, dass er nicht sehen wollte, dass die Befreiungstheologie keine marxistischen

Ziele formuliert hat, sondern urchristliche. Der Papst hat geglaubt, die Befreiungstheologen hätten von Marx abgeschrieben. Tatsächlich hatten die Marxisten vom Evangelium abgeschrieben.

C & W: *Hat Johannes Paul II. die Seligsprechung verdient?*

Geißler: Er hat mit Sicherheit nicht den Hokuspokus verdient, den der jetzige Papst mit der Wunderheilung der französischen Nonne veranstaltet. Aber er hat erheblich dazu beigetragen, dass die Unterdrückung der Menschen durch den Sowjetkommunismus beendet wurde. Seine Haltung zur Befreiungstheologie hat jedoch der Volkskirche Lateinamerikas sehr geschadet. Er hat die Armen regelrecht verraten, indem er Romero geraten hat, ein besseres Verhältnis zur Militärjunta und einem Verbrecher wie Oberst D'Aubuisson anzustreben.[5]

C & W: *Was wäre mit dem Heiligen Óscar Romero für die Armen gewonnen?*

Geißler: Es wäre ein wichtiges Signal. Wenn nicht nur Johannes Paul II. seliggesprochen, sondern auch Óscar Romero geehrt würde, dann zeigte dies die ganze Bandbreite der Kirche. Das Traurige ist doch, dass einer wie dieser Erzbischof von San Salvador gar keine Chance bei der Kurie hat.

C & W: *Wenn der Aufruf keine Chance hat, warum unterstützen Sie ihn?*

Geißler: Der Aufruf wirkt mittelfristig. Er gibt die Gelegenheit, noch einmal daran zu erinnern, wie der Vatikan mit der Befreiungstheologie umgegangen ist. Das hat Folgen bis heute. Die Glaubwürdigkeitskrise, in der die Kirche sich derzeit befindet,

---

[5] [Anm. d. Hg. dieser Dokumentation, 2018: In diesem Interviewtext kann jeder nachlesen, wie sachgerecht Heiner Geißler 2011 geschichtliche Kontexte auf kurzem Raum zusammenfasst; die nachfolgende Attacke des Regensburger Bischofs (MÜLLER 2011*) fiel weitaus polemischer aus. Zum Verhältnis des Erzbischofs von San Salvador zu Johannes Paul II. und Kurie vgl. die Selbstzeugnisse und die Darstellungen der Biographen: ROMERO 1983, S. 54, 110-128, 147, 167, 173, 193, 196, 276-281; VIGIL 1999, S. 183-187 und 238-241 (in dieser Dokumentation →S. 211-215); BROCKMAN 1990, S. 144-145, 171-179, 194-196, 222-228, 237, 281, 288, 297-298; MAIER 2005* (in dieser Dokumentation →S. 187-206); MAIER 2015a, S. 49, 59-75, 168.]

hat auch damit zu tun, dass viele engagierte, begeisterte junge Menschen sich lieber bei Attac, Greenpeace und Amnesty International engagieren, als bei der katholischen Kirche mitzumachen.

C & W: *Beim Weltjugendtag in Köln waren Hunderttausende begeistert ...*

Geißler: Aber welche Jugendlichen sind das denn? Berufsschüler und Lehrlinge waren kaum dabei, die Kinder normaler Leute können nicht teilnehmen, schon aus Kostengründen. Der Papst müsste sich an die Spitze einer neuen Gerechtigkeitsbewegung stellen. Man muss sich doch nur fragen: Wenn Jesus heute da wäre, was würde er tun? Würde der sich so verhalten wie die Kurie? Das glaubt ja wohl kein Mensch!

C & W: *Warum sind Sie überhaupt noch Mitglied der katholischen Kirche?*

Geißler: Weil ich vom Evangelium überzeugt bin. Ich bin ja nicht in der Kirche, weil der Papst Ratzinger heißt, sondern wegen Jesus. Die Führung der Kirche hat sich von ihm entfernt. Man muss drinbleiben, wenn man etwas verändern will. Verbitterung führt zu nichts.

C & W: *Haben Sie einen Lieblingsheiligen?*

Geißler: Nein. Die Idee des Heiligen als Vorbild ist an sich gut, wenn nur nicht wie bei Johannes Paul II. dauernd die Falschen wie Pius IX. und Opus-Dei-Gründer Josemaría Escrivá ernannt würden. Das einzige Vorbild, das ich gelten lasse, heißt Jesus.

Das Gespräch führte Christiane Florin.

3.

Das ganze Land hörte ihm zu

Biografie. Wie aus dem konservativen Bischof
ein Verfechter der Befreiungstheologie wurde[6]

Von Astrid Prange

Nur drei Jahre als Erzbischof von San Salvador waren Óscar
Romero vergönnt. Am 24. März 1980 wurde er im Alter von 63
Jahren während der Messe ermordet. Ein zwölfjähriger Bürgerkrieg begann, bei dem 80 000 Menschen starben und 8000 verschwanden. Papst Johannes Paul II. setzte Óscar Romero im Jahr
2000 auf die Liste der Märtyrer des 20. Jahrhundert. Die Seligsprechung steht jedoch bis heute aus.

Der Weihbischof von San Salvador, Gregorio Rosa Chávez,
erklärte in einem Interview für das bischöfliche Hilfswerk Adveniat: „Niemand hat daran gezweifelt, dass dieser Mann von Gott
geschickt war. Sonntags wurden seine Predigten im Kirchenra-
dio übertragen und ganz Salvador hörte zu." Romero war in El
Salvador jedoch nicht immer so beliebt. Seit seiner Ernennung
zum Generalsekretär der Bischofskonferenz von Salvador 1967
galt er als Wortführer der Konservativen und Gegner einer
Landreform. Auch als Erzbischof sympathisierte er zunächst mit
der kleinen vermögenden Oberschicht im Lande. Als im März
1977 sein enger Freund, der Jesuitenpater Rutilio Grande, erschossen wurde, vollzog Romero eine Kehrtwende. Er kündigte
die Zusammenarbeit mit der Militärregierung Salvadors auf und
wurde von nun an zur Stimme gegen Gewalt und Unterdrückung im Land.

---

[6] PRANGE 2011 [Darbietung in dieser Dokumentation mit freundlicher Genehmigung: Christ & Welt, Extraseiten der ZEIT für Glaube, Geist, Gesellschaft
www.zeit.de/christundwelt].

Weihbischof Chávez hörte nach Romeros Tod die Tonbänder ab, die der Erzbischof hinterlassen hatte. Romero hatte jeden Abend seine Eindrücke und Erinnerungen festgehalten. Aus den Aufzeichnungen geht hervor, dass er von seiner bevorstehenden Ermordung wusste. Offen räumte er die Angst ein, entführt und gefoltert zu werden. „Er hat mit seinem Schicksal gehadert, wie Jesus Christus mit seinem Schicksal gehadert hat", bezeugt er. „Als er akzeptiert hatte, dass er sterben würde, hat er mit ganz neuer Kraft weitergekämpft", so Chávez.

Romero setzte sich für die Armen ein und prangerte Gräueltaten gegen Priester, Ordensleuten und Laien an. Er zwang die Kirche, sich zu positionieren. „Eine Kirche, die sich nicht die Sache der Armen zu eigen macht, um aus ihrer Sicht das Unrecht anzuprangern, das man an den Armen begeht, ist nicht die wahre Kirche Jesu Christi", predigte er. Der Vatikan warf ihm vor, sich von der Linken instrumentalisieren zu lassen. In einer Audienz im Jahre 1979 riet Johannes Paul II. Romero, die Differenzen mit der salvadorianischen Regierung beizulegen und sich vor dem Kommunismus zu hüten.

Auch 31 Jahre nach seiner Ermordung sind die Wunden nicht verheilt. Als US-Präsident Barack Obama Ende März am Grab Romeros niederkniete und ihn als „Helden des Kontinents" würdigte, rief dies die politischen Gegner wieder auf den Plan. Ein Abgeordneter der ehemaligen Regierungspartei Arena ließ den US-Präsidenten in einem Interview wissen, dass die Hälfte der Bevölkerung gegen die Seligsprechung Romeros sei. Damit nicht genug: Er empfahl Obama, sich das Grab von Major Roberto D'Aubuisson Arrieta anzuschauen. D'Aubuisson war der Gründer der späteren Regierungspartei Arena und hatte den Mord an Romero in Auftrag gegeben, wie die Wahrheitskommission 1993 ans Licht brachte. Der linke Staatspräsident Mauricio Funes hat die Verantwortung des Staates für den Mord an Romero eingeräumt. Doch das Amnestiegesetz, das 1992 von der damaligen Regierungspartei Arena durchgesetzt wurde, tastet er nicht an. Der Mord an Romero bleibt weiterhin ungesühnt.

„Es gibt in El Salvador eine Polarisierung", erklärt Kardinal Óscar Rodríguez Maradiaga, Vorsitzender der Bischofskonferenz aus dem Nachbarland Honduras und Erzbischof der Hauptstadt Tegucigalpa, gegenüber Christ & Welt. „Einige sehen Romero als Heiligen, andere sagen, er ist verantwortlich für den Bürgerkrieg." Dies sei die Erklärung, die ihm die Bischöfe von Salvador gegeben hätten. „Er ist als Märtyrer gestorben", erklärt der Kardinal. „Er ist ermordet worden, als er die heilige Eucharistie feierte!" Der Kardinal glaubt, dass die offizielle Seligsprechung kommen wird. „Das hat Papst Johannes Paul II. gesagt", sagt Maradiaga und fügt voll Inbrunst hinzu: „Óscar Romero ist sowieso schon heilig!"

An der Kathedrale in San Salvador, 31. März 2005 –
Bildarchiv der Christliche Initiative Romero (CIR), Münster

IV.

Ermutigungsabend:

„Mit Oscar Romero die Welt neu sehen"

Veranstaltung im Rahmen des
Katholikentags 2012, Mannheim[1]

---

[1] Manuskript: Lese- und Impulstexte für die Abendveranstaltung „Mit Oscar Romeros Augen die Welt neu sehen" mit „Grupo Sal" (lateinamerikanische Musik) am 17. Mai 2012 in der Johanniskirche Mannheim (im Rahmen des „Alternativprogramms zum Katholikentag"; veranstaltet von: Initiative Kirche von unten; Leserinitiative Publik Forum, Wir sind Kirche) und für einen Ermutigungsabend am 27. Mai 2015 im Haus am Dom, Frankfurt. – Redaktion P. Bürger; die Auswahl der Romero-Zitate stammt überwiegend aus Vortrags-Folien von Martin Maier SJ.

Als die Armen Lateinamerikas Oscar Romero unmittelbar nach
seiner Ermordung heiliggesprochen hatten, ließ sich Bischof
Pedro Casaldáliga (Brasilien) davon zu einem Gedicht[2] inspirieren:

San Romero de América, pastor y mártir nuestro

Romero, du Blüte der ungebrochenen Hoffnung
des ganzen Erdteils.
Romero des lateinamerikanischen Osterfestes.
Armer glorreicher Hirte,
ermordet wie Jesus für Dollars, Devisen
auf Befehl des Imperiums.

Von Tischgenossen und Amtsbrüdern verraten.
(Die Kurien konnten dich nicht verstehen.
Keine Kirchenbehörde der Mächtigen kann Christus verstehen.)
Aber die Armen haben dich begleitet
in den Zeiten der Verzweiflung.
Die Armen lehrten dich, das Evangelium zu lesen.

Wie ein Bruder, verwundet durch den Tod so vieler Geschwister,
konntest du weinen, allein im Garten:
Du wusstest Angst zu empfinden, wie ein Mann im Kampf,
doch deinem freien Wort gabst du den Klang der Glocke!

Lateinamerika hat dich erhoben zum Rang der Altäre
– auf den Schaumkronen seiner Meere,
auf dem Altarbild der wachsamen Anden,
Auf dem beständigen Altar
der schlaflosen Herzen all seiner Kinder!

Heiliger Romero von Amerika, unser Hirte und Märtyrer:
Niemand wird deine letzte Predigt zum Schweigen bringen!

---

[2] Einige Passagen in sehr freier Übertragung; freie Textkürzung hier in Anlehnung an: FELDMANN 1985, S. 39. – Eine ungekürzte Fassung z.B. in: HAGEDORN 2006*, S. 33-34 (aus: P. Casaldáliga, Auf der Suche nach dem Reich Gottes. Eine Anthologie. Wien/Klagenfurt 1989). – Originaltext & weitere Übersetzungen abrufbar auf: http://servicioskoinonia.org/romero/

1.

Aufbruch:

Unsere Welt mit
Oscar Romeros Augen sehen

Musikalisches Thema: „Aufbruch"

Wer mit Jesus zu tun bekommt, der wird Zeuge, wie Gelähmte wieder auf eigenen Füßen stehen, wie Mundtotgemachte ihre Stimme erheben und Menschen die Kerker der Angst verlassen. Wer ihm nicht begegnet, muss sich auf unbedeutende ‚übersinnliche Wunderspektakel' verlegen.

Das Wunder, von dem wir heute Abend hören, beginnt mit einem neuen Sehen:

So sehr hat die Kirche Lateinamerikas das letzte Vatikanische Konzil beim Wort genommen, dass sie sich 1968 von ihrer Blindheit gegenüber dem Geschick der Armen heilen ließ. 1977 widerfuhr dieses Wunder des neuen Sehens in El Salvador auch dem Erzbischof Oscar Romero, der bis dahin ein ängstlicher Konservativer gewesen war.

Fast die Hälfte des bebaubaren Landes lag zur Zeit Romeros in den Händen von 1,5 Prozent der Bevölkerung. Die Campesinos hatten nicht einmal ein Stückchen Erde, das groß genug war für den häuslichen Maisanbau. Darf man da als Bischof unparteiisch bleiben und in den Häusern der Reichen nur milde Gaben einsammeln?

„Die Zeiten sind vorbei, meine Schwestern und Brüder, wo man sagte, das sei der Wille Gottes. Viele Dinge, die geschehen, sind nicht der Wille Gottes. Wenn der Mensch von seiner Seite etwas dazu beitragen kann, um die Verhältnisse zu verbessern und wenn er Gott um Mut bittet, das zu tun, dann handelt es sich um Gebet." [O.R.]

Ausdrücklich hat Oscar Romero das neue Sehen, das ihn zu solchen Klarstellungen gebracht hat, benannt:

> [Im Buch Exodus heißt es:] „Das Schreien meines Volkes ist zu mir gedrungen, und ich habe die Bedrängnis gesehen, mit der man es quält." – „Wir haben gelernt zu sehen, was das erste, fundamentale Unrecht in unserer Welt ist, und haben es als Seelsorger in Medellín verurteilt: ‚Dieses Elend als eine Massenerscheinung ist eine Ungerechtigkeit, die zum Himmel schreit.'" [O.R.: Vortrag in Löwen, 2. Februar 1980]

Eine Woche vor seiner Ermordung durch den Gewaltapparat der Reichen hat Oscar Romero gefragt:

> „Wie viel ist nötig, damit Menschen von heute, die ihr Kapital dem Menschen vorziehen, merken, dass der Mensch mehr wert ist als alle Millionen der Erde?" [16. März 1980]

*

Hierzulande geben wir Jesus nicht viel Gelegenheit zur Heilung unserer fast allgemeinen Blindheit. Deshalb schauen wir so gerne nach Lateinamerika, jenem Kontinent, in dem Tanzen und Leiden, Schreie und musikalische Klänge, Rhythmen und Gewehrkugeln oft noch immer nahe beieinanderliegen. Aber wir leben eben in einem ganz anderen Land, und mit Romeros Augen können wir das auch klar sehen:

- Wir sind Bündnispartner des reichen Nordamerikas, das unter den Bedingungen eines militärisch-industriellen Komplexes mit uns und anderen Zentren der kapitalistischen Welt im Verbund den ganzen Globus kontrollieren möchte.

- Wir gehören zu jenem Fünftel der Welt, das für sich Zweidrittel des globalen Konsums und Energieverbrauchs beansprucht.
- Wir profitieren von einer Weltwirtschaftsdiktatur, die Jahr für Jahr viele Millionen Hungernde ermordet und gleichzeitig dienstbare Medien vermelden lässt, es gehe aufwärts mit der Menschheit.
- Unsere tragende Ideologie und Politik haben mitgeholfen, dass wenige Milliardärs-Familien auf dem Globus über mehr Einkommen als die arme Hälfte der Menschheit verfügen.
- Unser Land wirkt kräftig daran mit, dass jährlich inzwischen wieder mehr als 1,7 Billionen US-Dollar für die Kriegsmaschine ausgegeben werden und die Bedürftigen nur ein paar Almosen erhalten.
- Beklagen müssen wir, dass maßgebliche Chefinquisitoren der Befreiungstheologie ausgerechnet aus unserem Land kamen.
- Zugeben müssen wir, trotz der wahnwitzigen Reichtumsverteilung im eigenen Land, dass wir in weltweiter Perspektive zur Oligarchie, zu den *Tätern* zählen.

Das Wunder des neuen Sehens kann sich auch bei uns ereignen. 2007 während des ‚G8-Gipfels' habe ich aus nächster Nähe erlebt, wie gepanzerte Polizisten in Rostock gewaltfreie Demonstranten brutal niedergeschlagen haben. Das hat mir nächtelang den Schlaf geraubt, aber mit den Verfolgungen in Lateinamerika darf man es immer noch nicht vergleichen. Es ist höchste Zeit, dass sich die Kirchen in unserem Land hinter den gewaltfreien Widerstand gegen den Hunger-Massenmord auf dem Globus und gegen den Export deutscher Qualitätsmordwaffen stellen.

GÜNTHER EICH:
[aus] Träume

Nein, schlaft nicht,
während die Ordner der Welt geschäftig sind!

Seid misstrauisch gegen ihre Macht,
die sie vorgeben, für euch erwerben zu müssen!

Wacht darüber, dass Eure Herzen nicht leer sind,
wenn mit der Leere eurer Herzen gerechnet wird!

Tut das Unnütze, singt die Lieder,
die man aus eurem Mund nicht erwartet!

Seid unbequem, seid Sand,
nicht das Öl im Getriebe der Welt!

2.
„Selig die Armen, Trauernden und Verfolgten"

Musikalisches Thema: „Trauer im Kampf"

„Angesichts eines falschen Zustands
,gut angepasst' zu sein,
ist absolut nicht wünschenswert.
Angesichts von Ungerechtigkeit
und Grausamkeit
nicht zornig zu werden,
ist absolut gefühllos.
Doch dieser Zorn muss genutzt werden,
sonst vergrößert er nur
die Gewalt und das Leiden."

EKNATH EASWARAN [1910-1999],
Meditationslehrer aus Südindien

Am 24. März 1980 wurde Oscar Romero am Altar während der Feier der Danksagung ermordet. Der Gefahr einer weiteren Gewalteskalation im Land hatte er Tag für Tag entgegengearbeitet. Zum Zeitpunkt seiner Ermordung hatte die systematische Terrorisierung der Armen schon unbeschreibliche Ausmaße angenommen. Der sogenannte „Bürgerkrieg" in El Salvador kostete dann in 12 Jahren auf Seiten des Volkes über 75.000 Menschen das Leben. Die Vereinigten Staaten finanzierten die Kriegsführung der Reichen und ihrer „Sicherheitskräfte" mit über drei Milliarden US-Dollar Militärhilfe. Romeros Bischofsnachfolger Rivera y Damas kommentierte dies so: „Die USA liefern die Waffen, und wir liefern die Toten."

Die Kirche der Armen in Lateinamerika blickt auf eine unüberschaubare Schar von Märtyrerinnen und Märtyrern. Die wenigsten davon sind Priester oder gar Bischöfe gewesen. Wer heute San Oscar Romero nennt, nennt einen Stellvertreter für sie alle. Das Wunder des neuen Sehens hat diese Christinnen und Christen in einen tödlichen Konflikt geführt, den Romero in seinen Predigten immer wieder beleuchtet:

- „Es ist, meine Schwestern und Brüder, durchaus keine Ehre für die Kirche, mit den Mächtigen auf gutem Fuß zu stehen. Die Ehre der Kirche besteht darin, dass sich die Armen in ihr heimisch fühlen [...]. Denn die Armen allein sind die Seliggepriesenen." [17. Februar 1980]
- „Solange die Kirche jenseitige Erlösung verkündet, ohne selbst in die realen Probleme dieser Welt einzutauchen, wird sie geachtet und gepriesen und sogar mit Privilegien überschüttet. Wenn sie aber ihrer Sendung treu ist [...], wenn sie die Hoffnung auf eine gerechtere und menschlichere Welt verkündet, dann wird sie verfolgt und verleumdet, wird subversiv und kommunistisch genannt." – „Umgebracht wird, wer stört."
- „Ich freue mich, Brüder und Schwestern, dass sie in diesem Land Priester ermordet haben. Denn es wäre traurig, wenn in einem Land, in welchem derart schreckliche Mordtaten verübt werden, sich nicht auch Priester unter den Opfern befänden. Sie geben Zeugnis von einer in den Leiden des Volkes inkarnierten Kirche."
- „In dieser Woche habe ich eine Nachricht bekommen, dass ich auf der Liste jener stehe, die in den nächsten Wochen umgebracht werden sollen. Ich möchte aber klarstellen, dass niemand die Stimme der Gerechtigkeit töten kann." [Februar 1980]

Nur selten hören wir am Karfreitag in verständlichen Worten, *wer* Jesus ans Kreuz geschlagen hat und *warum*. Die Menschen in El Salvador wussten 1980 auch ohne Predigt, warum die Auftragsmörder der Reichen Romero umgebracht hatten. – Das Martyrium ist für uns allerdings, da haben wir etwas gemeinsam mit dem Kardinalskollegium, eine ziemlich fremde Sache. Eine einzelne große Lichtgestalt, von der etwas Glanz auch auf uns abfällt, das lassen wir gerne gelten. Aber wie beunruhigend, dass es so viele Märtyrer in der Kirche der Armen gibt. – Wie beunruhigend auch der Blick in unsere nahe Kirchengeschichte: die Erinnerung an jene Kollaborateure in der notorisch staatstreuen Kirchenleitung, die sich feige von Laien und Priestern im Widerstand gegen den Nationalsozialismus distanziert haben; die Erinnerung an Bischöfe, die noch nach 1945 das wirkliche Schicksal der ermordeten „Laien" und gequälten KZ-Priester totschweigen wollten.

Kritik an jeglicher masochistischen *Leidensverherrlichung* im Christentum ist berechtigt. Aber sie trifft nicht die für uns so unbequemen Märtyrer Lateinamerikas. Der klarsehende und deshalb gefährdete Romero war ausgeglichener als der alte, ängstliche Romero. Er liebte das Leben und seine Geschwister, er fühlte sich beschenkt von allen Seiten. Wir sollten ihn und all seine Gefährtinnen und Gefährten im Licht der folgenden Seligpreisungen aus Chile verstehen lernen:

> Selig sind die arm sind ...
> nicht die Geldlosen,
> sondern die, deren Herzen frei sind.

> Selig sind die Trauernden ...
> nicht die, die jammern,
> sondern die, die ihre Stimme erheben.

> Selig sind die, die keine Gewalt anwenden ...
> nicht die Schwächlinge,
> sondern die, die geduldig und tolerant sind.

> Selig sind, die hungern und dürsten nach Gerechtigkeit ...
> nicht die, die heulen,
> sondern die, die kämpfen.

Selig die Barmherzigen...
nicht die, die vergessen,
sondern die, die vergeben.

Selig, die ein reines Herz haben ...
nicht die, die sich wie Engel verhalten,
sondern die, die ein ehrliches Leben führen.

Selig, die Frieden stiften ...
nicht die, die Konflikte vermeiden,
sondern die, die sich ihnen stellen.

Selig, die um der Gerechtigkeit willen verfolgt werden...
nicht, weil sie leiden, sondern weil sie lieben.

[P. Jacob, Chile[3]]

---

[3] ACK 2008, S. 276.

3.

Schönheit, Zärtlichkeit und Freude im Kampf für das Leben

Musikalisches Thema:
„Kraftquellen"

Wenn wir gegen das Hässliche, gegen Ungeheuer kämpfen, laufen wir immer Gefahr, den Sinn für das Schöne zu verlieren und am Ende vielleicht selbst zum Ungeheuer zu werden. Verbitterung, Zynismus und Depressionen bei nicht wenigen unserer linken Freunde sind auch ein Spiegel jener freudlosen Verhältnisse, mit denen wir uns nicht abfinden wollen. Altmeister Bertolt Brecht klagt es:

„Auch der Hass gegen die Niedrigkeit
Verzerrt die Züge.
Auch der Zorn über das Unrecht
Macht die Stimme heiser. Ach, wir
Die wir den Boden bereiten wollten
für Freundlichkeit
Konnten selber nicht freundlich sein."

[‚An die Nachgeborenen']

Unsere Kraftquellen und die Formen unseres Kampfes, sie müssen das andere „gute Leben" schon vorwegnehmen. Die Ursache der Gewalt in El Salvador sah Oscar Romero im militärischen Repressionsapparat der Reichen. Er wusste jedoch, dass man das Ungeheuer Gewalt nicht in den Dienst des Guten stellen kann. In unseren Gesichtern muss Schönheit aufleuchten, sonst bleibt alles vergeblich. Gewaltfreiheit ist gleichermaßen eine Sache des

Herzens *und* der praktischen Vernunft. So lehrt es uns auch der Argentinier Adolfo Pérez Esquivel, ein Folteropfer der Faschisten:

> Gewaltfreiheit ist nicht Passivität oder Anpassung.
> Es ist ein Geist und eine Methode.
>
> Es ist ein Geist,
> denn sie bildet menschliche Gemeinschaft
> und verkündet, dass Gemeinschaft
> nur aus der Liebe entstehen kann.
>
> Und Gewaltfreiheit ist eine Methode:
> eine organisierte Reihe von Störungen
> in der bürgerlichen Ordnung,
> um das System zu unterbrechen,
> das für soziale Ungleichheit verantwortlich ist.
> Hierin liegt die Kraft der Besitzlosen,
> die Waffe der Armen.

Die kommerzielle Massenkultur im Dienste der Geldvermehrungsmaschine, der Kriegsreligion und der Privilegien einer besitzenden Minderheit verbreitet Lethargie, Alternativlosigkeit, Fatalismus, innere Leere und Angst. Liebhaber des Lebens wie Oscar Romero schenken uns Einflüsterungen einer ganz anderen Art:

> „Es ist zwecklos, nur sich selbst zu lieben und sich vor den Gefahren des Lebens zu hüten. Die Geschichte stellt die Menschen in diese Gefahren, und wer ihnen ausweichen will, verliert sein Leben. […] Nur was sich auflöst, trägt Frucht." [O.R.: letzte Predigt, unmittelbar vor seiner Ermordung]
> „Wir haben kein Recht, traurig zu sein. Ein Christ kann nie pessimistisch sein. Ein Christ muss in seinem Herzen immer die Fülle der Freude bewahren." [20. Mai 1979]

„Was für ein wunderbarer Tag wird das sein, wenn es eine neue Gesellschaft gibt: statt egoistisch alles zu konservieren und zu verwahren, teilt sie lieber und freut sich, dass wir uns alle wie Kinder des selben Gottes fühlen."
[27. Januar 1980]

Dietrich Bonhoeffer ist einer der Märtyrer des 20. Jahrhunderts, die an Westminster Abbey neben Oscar Romero zu sehen sind. Bonhoeffer setzt uns mit dem gleichen Geist in Erstaunen – uns, die wir bisweilen anfällig sind für selbstverliebte Wehleidigkeit. Er schreibt an der Jahreswende 1943, schon im Wissen um eine drohende Verhaftung:

Optimismus ist in seinem Wesen keine Ansicht
über die gegenwärtige Situation,
sondern er ist eine Lebenskraft,
eine Kraft der Hoffnung, wo andere resignieren,
eine Kraft, Rückschläge zu ertragen, eine Kraft,
die die Zukunft niemals dem Gegner lässt, […]
Es gibt gewiss auch einen dummen,
feigen Optimismus, der verpönt werden muss.
Aber den Optimismus als Willen zur Zukunft
soll niemand verächtlich machen,
auch wenn er hundertmal irrt.
Er ist die Gesundheit des Lebens,
die der Kranke nicht anstecken soll.

Es gibt Menschen, die es für unernst,
Christen, die es für unfromm halten,
auf eine bessere irdische Zukunft zu hoffen
und sich auf sie vorzubereiten.
Sie glauben an […] die Katastrophe als den Sinn
des gegenwärtigen Geschehens und entziehen
sich in Resignation oder frommer Weltflucht
der Verantwortung für das Weiterleben,
für die kommenden Geschlechter.

Mag sein, dass der Jüngste Tag morgen anbricht,
dann wollen wir gern die Arbeit
für eine bessere Zukunft aus der Hand legen,
vorher aber nicht.

Widerstand braucht Schönheit und Freude. Eine Revolution ohne Träume und Leidenschaften, ohne Tanz und Lieder, ohne Lachen und Zärtlichkeit – das ist ein vergebliches Unterfangen. Auch hierin sind unsere Geschwister in Südamerika gute Lehrmeister. José Wasensteiner, Unterzeichner der ökumenischen Erklärung „San Oscar Romero", hat zu Ostern [2012] aus Brasilien geschrieben:

„Da sind unsere Basisgemeinden [...], arm wie die Kirchenmäuse, ständig bedroht von der Vertreibung, ungesichert. Wenn die Ernte ausfällt, hilft kein Staat und kein Großgrundbesitzer. Aber sie stehen auf, wissen was Würde ist und verteidigen, ja feiern das Leben, den Sieg des Guten. Sie lassen sich nicht unterkriegen, sondern gehen glaubend und vertrauend, unter Kreuzen, Leiden und Opfern mit Gott ihren Weg. Trotz aller Formen von Ungerechtigkeit und Gewalt, die sie tagtäglich erleiden, haben sie den Sinn für das Schöne, für Feiern und Freude, für die Gegenwart Gottes in ihrem Alltag nicht verloren."[4]

---

[4] [Sepp Wasensteiner SAC]

4.

Romero – ein Heiliger
für die Eine Welt
des dritten Jahrtausends

Musikalisches Thema:
„Vision: Eine Welt – Eine Menschheit"

San Oscar Romero ist nicht nur der moderne Kirchenvater Lateinamerikas, sondern weltweit unser Fürsprecher einer Globalisierung unter dem Vorzeichen von Mitgefühl, Solidarität und Gerechtigkeit. Menschen, Bewegungen und Gruppen aus mehr als 20 Ländern haben am 1. Mai 2011 einen ökumenischen Aufruf in die Welt geschickt:

> „Wir bitten Euch, der Heiligsprechung des Märtyrers San Oscar Romero durch die Armen Lateinamerikas und durch Freundinnen und Freunde Jesu auf dem ganzen Erdkreis zu gedenken. […] Diese ,Beatifikation' ohne ein teures Verfahren von Kirchenbehörden verbreitet eine frohe Kunde unter dem Wehen des Gottesgeistes: ,Das Beispiel unseres Bruders San Oscar Romero zeigt uns, wie schön und mutig wir Menschen werden können, wenn wir beginnen, der Botschaft Jesu zuzuhören'."

Auf der Erde brauchen wir keinen Kult von Halbgöttern, sondern wirkliche Menschen, die auf dem Weg der Selbstannahme von anderen lernen und das Wachstum der ganzen Menschenfamilie zum Blühen bringen. Wer die Romero-Biographie von Martin Maier liest, wird einem Bischof begegnen, der mit Hilfe anderer seine Schwächen kennenlernen möchte und überall aufrichtig bittet: „Helft mir!" Oscar Romero soll hier noch einmal selbst zu Wort kommen:

- „Wir können nicht autoritär reden, sondern wir müssen zum dialogischen Nachdenken im Licht des Evangeliums einladen."
- „Ich dachte immer, dass ich das Evangelium kenne, aber jetzt [als Zuhörer beim Bibelgespräch der Campesinos] lerne ich, es mit anderen Augen zu lesen."
- „Das Volk ist mein Prophet." „Ich muss darauf hören, was der Heilige Geist durch sein Volk sagt." „Der Bischof muss viel von seinem Volk lernen."
- „Ich habe Gott kennen gelernt, weil ich mein Volk kennen gelernt habe."
- „Wenn sie uns vielleicht eines Tages das Radio genommen haben, […] und sie uns nicht mehr reden lassen, wenn sie alle Priester und auch den Bischof getötet haben werden […], dann wird jeder unter euch ein Botschafter und ein Prophet sein müssen."

*

Für mich ist es im letzten Jahr eine Offenbarung gewesen, wie Frauen und Männer aus der Ökumene in wenigen Tagen den Oscar-Romero-Aufruf in sechs weitere Sprachen übersetzt haben. Hin und her ging es, z.B. von Schottland nach London, vom Südosten Brasiliens nach Portugal. Für Französisch, Englisch, Italienisch und Portugiesisch gab es sogar jeweils zwei Versionen. Die Geschwister aus Ländern der jeweiligen Sprachgemeinschaft mussten sich geduldig verständigen, denn vor Ort wurde entschieden, nicht in irgendeiner Zentrale.

Verstehen in einer globalisierten Welt wird es nur geben mit einer Achtung vor allen Sprachen und einer Dankbarkeit gegenüber allen Übersetzungskünstlern. Zentralistische Sprachdiktate von oben und zentralistische Übersetzungsbüros sind der sicherste Weg, dem heiligen Geist, der allen die Gaben der Ver-

ständigung und des Verstehen schenkt, das Handwerk zu legen.
Ich glaube deshalb, dass wir im Zeitalter der Globalisierung eine
neue „Theologie der Sprachenübersetzung" benötigen, und dies
sollte eine sehr erotische Theologie über Gottes Freude an aller
Vielfalt sein.

*

Noch nie haben wir auf diesem Planeten
in so monströsen Ausmaßen
die Gaben der Mutter Erde geplündert:
Gaben auf dem Altar des Lebens,
von denen doch alle, auch die nach uns Kommenden,
leben wollen und die uns gar nicht gehören.

Die Ratlosigkeit ist groß,
da sich am Kurs [der sogenannten ‚Zivilisation']
nichts ändert.
Der Ruf wird laut
nach starken Helden und unfehlbaren Führern,
die uns sagen, wo es lang geht.
Doch diese ‚Starken', das sind die inwendig Leeren,
für die Macht etwas Attraktives ist.
Diesen Scharlatanen wollen wir
nie wieder Gefolgschaft leisten,
denn sie haben unsere Geschichte
stets auf Krieg programmiert.

Die Erde ist in unseren Tagen rund geworden:
für eine Familie aus allen Kontinenten und Völkern.
Die Erde braucht
Keine Helden, sondern Geliebte,
Keine Führer, sondern Dien-Mutige,
Keine Unfehlbarkeit, sondern Nachfragende.
Das ‚Zuhören lernen' und das ‚Brücken bauen'
sind die Überlebenskünste der Stunde.

Das Handwerk der Übersetzer
soll goldenen Boden bekommen.

Die Tugend der Zerbrechlichkeit wollen wir achten
und gerne miteinander Bedürftige sein,
weil das Leben, das man nicht kaufen kann,
uns sonst nicht findet.
Ein spannendes Gewinnspiel wollen wir spielen,
bei dem es keine Verlierer gibt.

Nicht von einem Helden,
sondern von einem Beispiel haben wir euch erzählt.
Wenn du mit dem Namen Oscar Romeros anklopfst,
dann öffnen sich überall Türen in der Welt,
weil Menschen guten Willens sich
mit seiner Hilfe einander erkennen können.

5.

Gebet und Abendsegen

(Nach Dank, Vorstellung
der Musiker & Schlusslied)

Gott,
viele Namen, mit denen unsere
Vorfahren Dich angerufen haben,
sind uns heute fremd.
Aber wir können immer noch sehen,
dass in Jesus von Nazareth,
Deinem großen Geliebten,
für uns und für alle
das Bild des wahren Menschseins
leibhaftig und sichtbar geworden ist.

Die großen Systeme und Apparate
auf unserem Planeten
sind Teil einer Zivilisation
der Angst und des Ungeliebtseins. –
Sie produzieren Massenelend und Krieg.
Sie bedrohen das Leben auf der Erde. –
Doch gleichzeitig sind wir als
Menschenfamilie nahe zusammengerückt.
Wir erhoffen die Ökumene aller
Kontinente, Kulturen und Religionen:
eine Zivilisation der Verständigung
aller Menschen guten Willens,
die dem Wahnwitz Einhalt gebietet
und den nach uns Kommenden
eine Zukunft ohne Barbarei eröffnet.

Nur ein Wort sprichst Du,
und wir werden gesund.
Es bewahre uns hier und alle,
besonders auch alle Kirchen der Ökumene,
vor selbstverliebten, sektiererischen Irrwegen
und vor jeglichem Mauerbau.
Wir sind als Christen
nur ein kleiner Teil der Menschheit,
und wissen, dass dein Licht
jeden Menschen erleuchtet
und allen ein neues Sehen ermöglicht.

*

Segne uns und alle Menschengeschwister,
dreieiniger Gott:
Vater wie Mutter, ursprungslos liebend,
und Tochter wie Sohn, immer schon geliebt,
und heiliges Geistwehen der Liebe selbst.

Amen.

V.
Lesesaal:

Beiträge über
Oscar A. Romero
und seine Bedeutung
in einer Welt, die den
Armen nicht leben lässt

Bildarchiv der Christliche Initiative Romero (CIR), Münster

1.

Oscar Arnulfo Romero: Verteidiger der Armen

Von Paul Gerhard Schoenborn[1]

Oscar Arnulfo Romero, Erzbischof von San Salvador, wurde am 24. März 1980 um 18.30 Uhr in der Kapelle des Krankenhauses der „Göttlichen Vorsehung" während einer Eucharistiefeier von einem Scharfschützen erschossen. Der Mord wurde von der Justiz El Salvadors niemals aufgeklärt. Die Untersuchungen wurden verschleppt. Justizangehörige, die mit den offiziellen Nachforschungen betraut waren, wurden bedroht und eingeschüchtert. Zeugen wurden entführt und verschwanden für immer.

Nach Ende des Bürgerkrieges wurde von der UNO 1992 eine Wahrheitskommission zur Aufarbeitung der Menschenrechtsverletzungen in El Salvador zwischen 1980 und 1991 gebildet. Sie stellte zur Ermordung Romeros fest: Der Politiker und ehemalige Geheimdienstoffizier Roberto D'Aubuisson, Gründer der rechtsgerichteten Partei ARENA plante die Tat mit Hilfe hoher Polizeioffiziere, namentlich genannt wird Oberst Álvaro Rafael Savaria. Ein Exilkubaner, dessen Name mit Héctor Antonio Regalado angegeben wird, wurde von Savaria mit der Ausführung des Mordes beauftragt und von seinem persönlichen Chauffeur

---

[1] Bislang unveröffentlichter deutschsprachiger Entwurf zu dem auf Englisch gehaltenen Vortrags beim First Kaj Munk Seminar der Universiät Aalborg / Dänemark am 29. August 2006: „Resistance and Christianity in the 20th Century – from Kaj Munk and Bonhoeffer to Tutu" (hier gekürzt um den Schlussabschnitt „Korrelationen zwischen Kaj Munk und Oscar Arturo Romero" und die Zusammenstellung der grundlegenden Romero-Literatur). Die englische Version ist veröffentlicht in: Søren Dosenrode (Hrsg.): Christianity and Resistance in the 20th Century. From Kaj Munk and Dietrich Bonhoeffer to Desmond Tutu. Leiden / Boston (Brill) 2009, S. 233-260.

mit Namen Amando Antonio Garay zum Tatort gefahren und sogleich nach der Tat wieder wegtransportiert. Savaria war es auch, der den berufsmäßigen Killer entlohnte und D'Aubuisson den Vollzug der Tat meldete.

Wenige Tage nach Veröffentlichung des Berichtes der Wahrheitskommission wurde durch das Amnestiegesetz vom 20. März 1993 neben Tausenden von anderen anhängigen Verfahren auch die Untersuchungsakte des Mordes an Erzbischof Romero in El Salvador endgültig geschlossen. Mörder und Hintermänner blieben somit in El Salvador straffrei.

Aber am 3. September 2004 sprach ein Gericht in Fresno, Kalifornien, in einem Zivilprozess den ehemaligen Obersten Álvaro Rafael Savaria der Mitverantwortung an der Ermordung Romeros für schuldig und verurteilte ihn zu einer Geldstrafe von 10 Millionen Dollar. Familienangehörige Romeros und das Rechtsschutzbüro des Erzbistums von San Salvador hatten diesen Prozess angestrengt. D'Aubuisson war zu dem Zeitpunkt bereits verstorben, aber Savaria hielt sich seit 1987 in den USA auf. Er erschien nicht zur Gerichtsverhandlung, wohl aber sein persönlicher Chauffeur als Zeuge.

Wer war Oscar Romero?

Oscar Arnulfo Romero y Galdámez wurde am 15. August 1917 in der kleinen Stadt Ciudad Barios geboren. Er entstammte einfachen Verhältnissen und erlernte das Schreinerhandwerk. 1937 trat er in das Priesterseminar in San Salvador ein, das von Jesuiten geleitet wurde. Die Exerzitien des Ignatius von Loyola mit der Einübung in die radikale Jesusnachfolge sollten Zeit seines Lebens Romeros Lebenshaltung und Frömmigkeit prägen. Er hielt regelmäßig jährliche persönliche Exerzitien – meist unter der Anleitung seines Beichtvaters, eines Jesuiten – und prüfte, wie später sein Bischofstagebuch bezeugt, täglich und unbestechlich seinen Weg vor Christus, dem er in seinem Hirtenamt nachfolgen wollte. Einen Satz aus den Exerzitien wählte er zu seinem bischöflichen Leitwort: „Sentir con la Iglesia" – „Eines Sinnes mit der Kirche sein". Es entspricht dieser tiefen persönlichen Frömmigkeit, dass er gute Beziehungen zur Gruppe des Opus Dei in El Salvador unterhielt und deren Wirken durchaus schätzte.[2]

Noch im gleichen Jahre 1937 schickte ihn sein Bischof zur Fortsetzung des Theologiestudiums nach Rom. Dort erlebte er den Zweiten Weltkrieg, bis er 1943 – vor Abschluss seiner Promotion – wegen des herrschenden Priestermangels in die Heimat zurückbeordert wurde. Schon bald wurde er zum Sekretär der Diözese San Miguel ernannt. Er behielt diese Aufgabe neben seinem Pfarramt 23 Jahre lang. 1970 wurde er zum Weihbischof in der Diözese des Erzbischofs Luis Chávez von San Salvador und 1974 zum Bischof von Santiago de Maria berufen. Oscar Romero genoss das Ansehen eines tatkräftigen und frommen Dieners der römischen Kirche. Der Befreiungstheologie stand er skeptisch gegenüber.

Am 22. Februar 1977 wurde Oscar Romero als Erzbischof von San Salvador eingeführt. Zuvor hatte der apostolische Nuntius,

---

[2] [Anm. d. Hg. dieser Dokumentation, 2018: Zur Beziehung Romeros zum „Opus Dei" vgl. ROMERO 1983, S. 60, 101, 189-190; VIGIL 1999, S. 27, 78, 89, 125, 193; BROCKMAN 1990, S. 71-72, 84, 321. Trotz überlieferter kritischer Anmerkungen O. Romeros zum Opus Dei ist ein Bruch mit dem ‚Werk', dem er in der Zeit vor seiner Umkehr zur Kirche der Armen offenbar sehr eng verbunden war, nicht belegt. Hierbei ist jedoch zu berücksichtigen, dass Romero die heute greifbaren Arbeiten zur Rolle des ‚Werks' z.B. im Franco-Faschismus noch nicht kannte und als Erzbischof der Hauptstadt sich innerhalb ‚seiner' Priesterschaft extrem fair bzw. loyal auch zu allen Geistlichen verhielt, die seinen Standort nicht teilten (VIGIL 1999, S. 187). Offenkundig sind seit der Wende im Seligsprechungsverfahren unter Bischof Franziskus von Rom die Versuche, die Gestalt Oscar Romeros gleichsam für das Opus Dei zu vereinnahmen (OPUS DEI 2013*; OPUS DEI 2015*; NERSINGER 2015, S. 103-105). Die Kritik hieran (MODEHN 2015*) ist umso berechtigter, als ‚Parteigänger' (z.B. Alfonso Kardinal López Trujillo) und Mitglieder des Werkes (so Fernando Sáenz Lacalle, 1995-2008 Erzbischof von San Salvador) in Opposition standen zur Kirche der Armen im Sinne des ‚neuen Heiligen' und die – heute rehabilitierte – Befreiungstheologie regelrecht bekämpften. Ein prominenter Opus-Dei-„Ökonom" und Theologe wie der Schweizer Martin Rhonheimer hat sich sogar ‚von der Kapitalismus-Kritik, wie sie für die klassische – ‚orthodoxe' – katholische Soziallehre obligat ist, verabschiedet.]

Erzbischof Gerada, sich sorgfältig mit der Oligarchie abgestimmt. Die wünschte als obersten Repräsentanten der katholischen Kirche des Landes endlich wieder einen konservativen, „unpolitischen" Erzbischof. Oscar Romero schien dafür der geeignete Priester zu sein. Er sollte sich nicht so eindeutig wie sein Amtsvorgänger auf die Seite der Armen, der Kleinbauern und Landarbeiter stellen. Doch dieses Konzept ging nicht auf.

Romeros Bekehrung
zu den Armen

Als Neunundfünfzigjähriger erlebte Oscar Romero die entscheidende Wende in seinem Leben. Am Samstag, dem 12. März 1977, wurde der Jesuit Rutilio Grande, Pfarrer in der Landgemeinde Aguilares im Norden San Salvadors, zusammen mit seinem Küster und einem halbwüchsigen Jungen bei einer Dienstfahrt ermordet. Die Organisation der Großgrundbesitzer (FARO) übernahm die Verantwortung für die Bluttat. Rutilio Grande war mit Romero eng befreundet und arbeitete energisch für die Verbesserung der Lebensverhältnisse der Landarbeiter und Kleinbauern. Es kam andauernd zu Konflikten mit den Großgrundbesitzern die ihn marxistischer Agitation beschuldigten. Anonym wurde er mehrfach mit dem Tod bedroht.

Rutilio Grande war eine Symbolfigur der Hinwendung der katholischen Kirche El Salvadors zur Welt der Armen. Der gewaltsame Tod seines Mitpriesters öffnete Romero die Augen für die Machtstrukturen im Lande und die Interessen und Methoden der Machthaber. Er eilte sofort nach Aguilares und hielt noch in der Nacht inmitten der Gemeinde und mit ebenfalls herbeigeeilten Mitbrüdern eine Totenmesse. Der 12. März 1977 wurde der entscheidende Tag im Leben Romeros. Er hat später selbst oft davon gesprochen. War es eine „Bekehrung"? Der Anspruch, der sich damit verbindet, war ihm zu hoch. „Wäre ich doch bekehrt!" pflegte er dann zu sagen. Jedoch bestimmte die Erfahrung dieser Nacht sein weiteres Leben. Er stellte sich fortan konsequent an die Seite aller Opfer der Unterdrückung der Armen durch die reiche Oberschicht.

Zwei Tage später wurde in der Kathedrale von San Salvador eine Gedenkmesse für die drei Opfer des Meuchelmords gefeiert. Mehr als einhundert Priester konzelebrierten. Diese Messe hatte tiefe symbolische Bedeutung für die gesamte Kirche El Salvadors. Sie war, wie einer der Priester äußerte, Ausdruck der Auflehnung nicht nur gegen diese schreckliche Tat, sondern auch Protest wegen aller Opfer der Gewalttätigkeiten, die El Salvador seit Jahren erschütterten. In seiner Predigt, die auch über den Sender der Erzdiözese ausgestrahlt wurde, bezeichnete Romero das Engagement des ermordeten Rutilio Grande als völlig im Einklang mit der Lehre der Kirche. Die Befreiung, die der Ermordete verkündet habe, sei eine Befreiung auf dem Nährboden des Glaubens:

„Und weil dies oft missverstanden wird bis hin zur Tötung, ist Pater Grande gestorben. ... Wer weiß, ob seine Mörder in ihrem Versteck Radio hören ... Wir möchten euch sagen, ihr mörderischen Brüder, dass wir euch lieben und dass wir Gott für eure Herzen um Reue bitten; denn es ist der Kirche unmöglich zu hassen, sie kennt keine Feinde. Ihre einzigen Feinde sind jene, die sich selbst als solche bezeichnen. Die Kirche liebt sie und stirbt wie Christus: ‚Verzeih ihnen, Vater, denn sie wissen nicht, was sie tun'."

Ferner ordnete der Erzbischof an, dass am folgenden Sonntag sämtliche Gottesdienste im Erzbistum ausfielen. Stattdessen sollte eine einzige zentrale Messe aller Priester und Gläubigen in der Kathedrale der Hauptstadt stattfinden. Die Gläubigen, die nicht dorthin kommen konnten, wurden gebeten, den Gottesdienst am Radio mitzufeiern. Das war eine unerhörte Maßnahme, eine Protestdemonstration gegen die Gewalt und eine Aufforderung zur Änderung der Politik im Lande. Führende Persönlichkeiten der salvadorianischen Gesellschaft wie auch hohe kirchliche Würdenträger außerhalb der Erzdiözese protestierten dagegen. Sie werteten es als Einmischung in die Politik, als Aufwiegelung der Bevölkerung und als Kritik an den Repräsentanten der Macht.

Die Vorgänge dieser Tage wurden zur Wurzel eines bleibenden Zerwürfnisses zwischen Romero und dem apostolischen Nuntius und einigen Brüdern im Bischofsamt.

Die Verfolgung der Kirche ging weiter. Am 11. Mai 1977 wurde Pater Alfonso Navarro wegen seiner prophetischen Predigten und seiner Unterstützung von Protestgruppen ermordet. Eine Woche darauf wurde Aguilares im Zuge einer „Säuberungsaktion" von Militär umstellt, weil Campesinos eine Zuckerrohr-Hacienda besetzt hatten. Achtunddreißig Menschen wurden erschossen, Pfarrhaus und Kirche verwüstet, das Tabernakel aufgebrochen und das Allerheiligste entweiht. Romero wurde gewaltsam daran gehindert, die Kirche zu betreten und das geschändete Allerheiligste zu bergen.

Die politische Lage vor Romeros Amtsantritt

Romero wurde Erzbischof in der Hauptstadt eines Landes, das seit Jahrzehnten von schweren gesellschaftlichen und politischen Widersprüchen geprägt war. Seit der Loslösung von Spanien 1821 hatte sich eine Schicht von immer reicher werdenden Cafetaleros – Besitzern von Kaffeeplantagen – herausgebildet. Sie enteigneten Zug um Zug das Gemeinschaftsland der indianischen Urbevölkerung und verdrängten sie in die unfruchtbareren Gebiete. Um zu überleben, waren diese seit über hundert Jahren gezwungen, sich zu Hungerlöhnen auf den Fincas zu verdingen. Später setzte sich diese Entwicklung mit dem Großanbau von Baumwolle oder Zuckerrohr fort. Besitzer kleinerer Plantagen wurden durch einige wenige Großgrundbesitzer an die Wand gedrängt. Es bildete sich die Oligarchie der sprichwörtlichen „vierzehn Familien" heraus, die auch die Banken und die in den Städten entstehenden Industriebetriebe kontrollierten. Die Oligarchie – die „vierzehn Familien" – kontrollierte seither das Land in einer Weise, dass sie zwar gute Kontakte zu den USA hatte, aber stets dafür sorgte, dass sich keine der bekannten US-Fruit-Companies in El Salvador etablierte.

1932 wurde ein Aufstand der indianischen Landbevölkerung blutig niedergeschlagen; an die 30.000 Menschen wurden dabei getötet. Die Oligarchie lebte seitdem in dem Bewusstsein, die auf sie zugeschnittene Gesellschaftsordnung durch Terror gegen jede Veränderung schützen zu können. Die „vierzehn Familien" bestimmten die Richtlinien der Politik und ließen stets eine ihnen genehme Regierung wählen. Die Armee war ihr hörig.

Opposition und christliche Basisgemeinden

Unerwartet entstanden in den sechziger Jahren des letzten Jahrhunderts neue Organisationskerne des Widerstands in Gestalt der Bibelgruppen und Basisgemeinden. Und es kamen junge Theologen aufs Land, die – inspiriert durch die Theologie der Befreiung – eine auf soziale Gerechtigkeit ausgerichtete Gemeindearbeit betrieben, erst recht nach der Zweiten gesamtlateinamerikanischen Bischofssynode von Medellin 1968. Die Basisgemeinden hatten enge Beziehungen zur Campesino-Gewerkschaft „Christliche Föderation Salvadorianischer Campesinos" FECCAS. Die meisten Katecheten wurden auch zu Organisatoren lokaler FECCAS-Gruppen, die bald im ganzen Land bestanden, immer in enger Verbindung zu Basisgemeinden und der Gemeindepastoral der Theologie der Befreiung. Neben FECCAS bildete sich illegal die „Union der Landarbeiter" (UTC). 1975 schlossen sich beide Organisationen zusammen.

Die unerwartete Volksorganisierung stellte die traditionellen Mechanismen der Herrschaft auf dem Lande in Frage. Die Großgrundbesitzer schufen deshalb 1962 mit ORDEN eine Organisation, die durch ein Netz von Spitzeln, durch paramilitärische Gruppen und durch Geheimbünde – wie die „Union der Weißen Krieger" – die bestehenden Machtverhältnisse absichern sollte. Christliche Basisgemeinden und Landarbeitergewerkschaften wurden gleichermaßen von ORDEN terrorisiert. Immer häufiger wurden auch katholische Priester beschuldigt, Kommunisten zu sein und auf einen Umsturz der Verhältnisse hinzuarbeiten. Ausländische Geistliche wurden ausgewiesen. 1977 las man die Pa-

role „Sei ein Patriot, töte einen Priester!" auf Flugblättern oder
als Grafito auf Häuserwänden.

1977 war der Organisierungsgrad der Volksmassen erheblich
höher als in Nicaragua. Die Umwandlung der ökonomischen
und politischen Strukturen El Salvadors erschien damals reali-
sierbar.

Die politische Situation
seit Romeros Amtsantritt

In dieser Situation wurde Oscar Romero am 22. Februar 1977
zum Erzbischof eingesetzt. Fast zur gleichen Zeit fand die Präsi-
dentenwahl statt. Zu deren „Sieger" wurde mit Hilfe manipulier-
ter Wahlergebnisse der damalige Verteidigungsminister General
Carlos Humberto Romero erklärt. Er hatte der Oligarchie offiziell
versprochen, unter den „störenden Elementen der Kirche aufzu-
räumen".

Wie brisant die innenpolitische Lage wurde, kann man daraus ersehen, dass Oscar Romero in seiner dreijährigen Amtszeit
drei Regierungen erlebte, die nicht verhindern konnten, dass im
Land ein Bürgerkrieg ausbrach, genauer muss man sagen: ein
Krieg der Oligarchie gegen das Volk. Dabei wurden mit Hilfe
der USA die im Vietnamkrieg entwickelten Methoden von
„Counterinsurgency" [‚Aufstandsbekämpfung'] und „Low-
Intensity-Warfare" [‚Kriegsführung auf niedrigem Niveau'] angewandt. Nach Oscar Romeros Ermordung wütete der „Aufstandsbekämpfung" genannte staatliche Terror weiter. Ganze
Regionen wurden menschenleer gebombt und geschossen. Erst
am 16. Januar 1991 wurde der Bürgerkrieg, der insgesamt mehr
als 75.000 Menschen das Leben kostete und mehr als eine Million
Salvadorianer zu Flüchtlingen machte, durch einen Friedensver-
trag notdürftig beendet. Weite Teile des Landes waren verwüstet. In seiner wirtschaftlichen Entwicklung war es um mindes-
tens zwanzig Jahre zurückgeworfen.

Konsequenzen des Erzbischofs

In dieser politischen Wirklichkeit übte Oscar Romero ab 1977 sein Amt als Erzbischof aus. Er trug Verantwortung für die ganze Kirche seines Landes. Und er fühlte sich dem Wohl seines Vaterlandes El Salvador verpflichtet. Die Ermordung Rutilio Grandes war der entscheidende Anstoß für ihn gewesen, konsequent Partei für die Unterdrückten zu nehmen.

Oscar Romero analysierte die politischen Verhältnisse kompromisslos aus der Perspektive der Armen und bezeichnete die materialistische Interessenslage der Oligarchie als hauptverantwortlich für die strukturelle Gewalt im Staat. Das Vorgehen des Heeres und der Sicherheitskräfte, die behaupteten, sie wollten die staatliche Ordnung schützen und die nationale Sicherheit garantieren, demaskierte er als repressive Gewalt, um das verzweifelte Aufbegehren der Armen zu unterdrücken.

Der Erzbischof bejahte den Kurs seiner Kirche nach dem Zweiten Vatikanischen Konzil und die Beschlüsse der Zweiten lateinamerikanischen Bischofssynode von Medellin 1968. In gläubiger Radikalität setzte er seine organisatorischen Fähigkeiten und seine bischöflichen Mittel an Einfluss, Mitarbeitern, Geld und Räumen, aber auch seine Gaben als Seelsorger und Prediger ein, um diese Leitlinien der katholischen Weltkirche in seiner Diözese in die Tat umzusetzen. So wurde er zu einem markanten Vertreter der Befreiungstheologie. Er erhielt in seiner Diözese bereitwillige Unterstützung durch die überwiegende Mehrheit des Klerus und der Ordensfrauen, durch die Verantwortlichen in den Basisgemeinden und die engagierten Laien. Die meisten seiner bischöflichen Kollegen allerdings hielten Romeros Engagement für theologisch falsch, politisch inopportun, für subversiv, ja für das Ergebnis einer Infiltration durch kommunistisch verdorbene Priester.

Mit seiner einfachen Lebensführung zeigte Oscar Romero, wie die lateinamerikanische Kirche seit Medellin ihren Weg mit den Armen gehen will. Statt in einer bischöflichen Residenz wohnte er in einem drei kleine Räume umfassenden Anbau eines

Krankenhauses. Den Aktenraum seiner Kanzlei ließ er in eine Cafeteria umgestalten. Hier war er jederzeit für Hilfesuchende zu sprechen. Hier wurden zwischen Mitarbeitern und Besuchern beziehungsweise Hilfesuchenden Informationen ausgetauscht und Aktionen abgesprochen. Romero vermied einsame, autokratische Entscheidungen und praktizierte stattdessen einen konsensorientierten Leitungsstil. Den Weiterbau der Kathedrale in der Hauptstadt ließ er stoppen. Gelder aus dem Ausland, die er dafür erhielt, verwandte er für Zwecke, die ihm für den Dienst der Kirche am Volk wichtiger erschienen.

Oscar Romero hatte seit seiner Tätigkeit als Diözesansekretär den Einsatz von Medien im Dienst der Kirche organisieren gelernt. Deshalb lag ihm das Funktionieren einer Druckerei für die Bistumszeitung und vor allem der Ausbau der bischöflichen Rundfunkstation „YSAX" am Herzen. Die Übertragung seiner sonntäglichen Predigten, die in ganz Zentralamerika gehört wurden, hatte in El Salvador Einschaltquoten bis 75 Prozent. Aus dem ganzen Land ging Zuhörerpost ein wie diese: „I always listen to YSAX and each day my faith grows, because I had never felt that the church was so close to us poor people." [Ich höre immer das Bistumsradio und jeden Tag wächst mein Glaube; denn vorher habe ich es niemals gefühlt, dass die Kirche uns armen Leuten so verbunden ist.] – „We wish to tell you that your homilies and talks move us to continue stronger and more forceful in this struggle to build a more just order and beginning first with ourselves." [Wir möchten Ihnen sagen, dass Ihre Predigten und Ansprachen uns dazu bewegen, den Kampf im Aufbau einer gerechtere Ordnung intensiver und kraftvoller fortzusetzen – und bei uns selbst mit der Veränderung zu beginnen.]

Romero schuf somit eine kritische Gegenöffentlichkeit. Er machte unterdrückte Nachrichten bekannt. Sonntag für Sonntag informierte er in seinen Predigten über Massaker oder andere Übergriffe der staatlichen Ordnungskräfte oder der Privatmilizen der Oligarchie, konkret mit Angaben von Ort, Zeit und möglichen Verantwortlichen. Er verurteilte die Untaten, ganz im Gegensatz zu den übrigen Medien, die solche Ereignisse totschwiegen oder als notwendige Polizeimaßnahmen gegen kommunistische Umstürzler darstellten. Darüber hinaus analysierten Romero und seine Mitarbeiter innerhalb der Woche die Konflikte im Lande aus der Perspektive der Armen. Das schuf politisches Bewusstsein und bestärkte das Volk in seinem Überlebenskampf. Es blieb nicht aus, dass Redaktionsräume, Druckerei und Sendeanlage mehrfach durch Bomben rechtsterroristischer Gruppen zerstört wurden.

Weil die Ermordung Rutilio Grandes staatlicherseits nicht aufgeklärt und gesühnt wurde, lehnte Oscar Romero es ab, bei offiziellen staatlichen oder gesellschaftlichen Ereignissen zu erscheinen. Zuerst müsse die Gerechtigkeit wiederhergestellt werden. Weil die Aufklärung dieses Mordes weiter auf sich warten ließ, änderte auch Romero sein Verhalten bis zu seiner eigenen Ermordung nicht. Diese Geste des Protestes wurde ihm von der Oligarchie und auch vom Nuntius übelgenommen, im Lande aber wohl verstanden.

Trotz seiner konsequent eingehaltenen Distanz zur Regierung blieb der Erzbischof bis zuletzt der seelsorgerliche Berater mancher Politiker, hoher Offiziere und führender Männer aus Wirtschaft und Verwaltung. Darüber gibt sein Amtstagebuch an vielen Stellen Auskunft. Er gab seinen Rat, wenn er darum gefragt wurde, auch bei den weiteren Zuspitzungen der innenpolitischen Lage. Sein theologischer Berater Jon Sobrino S.J. bemerkt dazu, Oscar Romero habe regelrecht eine „Pastoral der Begleitung" von verantwortlichen Christen in gesellschaftlichen Organisationen und politischen Parteien entwickelt. Er blieb aber auch wie früher der Seelsorger von Angehörigen der Oberschicht, die sich in existentiellen Nöten an ihn wandten. Er stand ihnen bei, wenn auch sie unter der Brutalität des Bürgerkrieges litten, wenn Kräfte der Volksbewegungen ihnen die Angehörigen entführt oder ermordet hatten oder wenn sie zwischen den Fronten standen wie manche Vertreter der christdemokratischen Partei.

Oscar Romero – das Gewissen der Nation

Erzbischof Romero wollte die Gewissen der Menschen erreichen. Notwendige politische Veränderungen und Veränderungen der inneren Einstellung waren für ihn nicht voneinander zu trennen. Eine Erneuerung der Gesellschaft musste für ihn Hand in Hand gehen mit einer Umkehr der Menschen. Daher verlangte er unermüdlich die Beachtung christlicher Werte um des Wohles der Allgemeinheit in El Salvador willen. Er wurde damit zum öffentlichen Gewissen der Nation. Er forderte notwendige Reformprozesse, vor allem eine gerechtere Verteilung des Volkseinkommens, Rechtssicherheit für das einfache Volk, friedliche Konfliktlösungen. Für reformerisch gesonnene Politiker blieb er die Stimme des Ansporns und der Hoffnung.

Trotz seiner scharfen Kritik verdammte er die aktiven Verwalter der Macht im Staate nicht ein für alle Mal. Vielmehr konfrontierte er sie – außer mit Fakten und Analysen – mit den Weisungen des Wortes Gottes und mit Wegen zu einer friedenstiftenden Gerechtigkeit. Er appellierte an ihr christliches Gewissen und ihre Vernunft, denn er glaubte daran, dass Gott Menschen zur Umkehr bewegen kann: „Die Logik verlangt, dass die Mächtigen der Oligarchie womöglich in aller menschlichen und christlichen Gelassenheit über den Ruf nachdenken, den Jesus Christus im Evangelium an sie richtet: ‚Wehe euch, morgen werdet ihr weinen!‘ (vgl. Lukas 6, 24-26). Um ein bekanntes Bild zu wiederholen: Es ist besser, Ihr streift Eure Ringe vom Finger, noch bevor man Euch die Hand abhackt. Verfahrt nach der Logik Eurer menschlichen und christlichen Überzeugungen und gebt dem Volk die Chance, sich in Gerechtigkeit zu organisieren. Verteidigt nicht, was sich nicht verteidigen lässt!"

Umgekehrt fühlte er sich verpflichtet, auch bei den Mächtigen nach Ansätzen für eine gerechte und friedliche Lösung des bürgerkriegsähnlichen Konflikts zu suchen. In den Fällen, wo er sie wahrnahm, stellte er sie in seinen Ansprachen oder Kommentaren positiv heraus. Jon Sobrino spricht bei Oscar Romero vom Konzept einer „Pastoral der Umkehr" für jene Christen, die aufgrund der Strukturen zu den ökonomisch und politisch mächtigen Schichten gehören.

Oscar Romero – der Beistand
der demokratischen Volksbewegungen

Im Verlaufe der Auseinandersetzungen wurden den Campesinos das Organisations- und Versammlungsrecht abgesprochen und Gewerkschaften und kirchliche Basisgemeinden als kommunistische, subversive Gruppierungen denunziert. Damit waren ihre Mitglieder tödlicher Verfolgung im – wie es hieß – „Interesse der nationalen Sicherheit" ausgesetzt. Romero verteidigte das Organisationsrecht des Volkes von Anfang an als ein demokratisches Grundrecht, das nach seinen Worten zudem ein überlebenswichtiges Verteidigungsmittel der Armen gegen die ökonomische Ausbeutung durch die Reichen darstellt: „Wir verteidigen das Recht, legitime Forderungen zu stellen, und wehren uns dagegen, dass solche Forderungen auf gefährliche und böswillige Weise simplifiziert, verdreht und als Terrorismus und gesetzwidrige Subversion verurteilt werden. Niemand darf den Menschen, zumal den Armen, das Versammlungsrecht entziehen, denn der Schutz der Schwachen ist das Ziel der Gesetze und der sozialen Organisationen."

Er bejahte die entstehenden Volksorganisationen einschließlich ihrer militanten Flügel. Denn er erkannte das Selbstverteidigungsrecht des Volkes an. Oft traf er sich mit ihren Führern und beriet sie seelsorgerlich und politisch. Er hatte großes Verständnis für Protesthandlungen des Volkes, auch wenn sie seine eigene Arbeit behinderten, so durch Kirchenbesetzungen bis hin zur Besetzung der Kathedrale. Auf der anderen Seite kritisierte er Aktionen der Volksorganisationen und Protestgruppen, wenn er bei ihnen christliche Maßstäbe missachtet sah. Es bedrückte ihn, dass manche ihrer Vertreter nicht nur unversöhnlich hart auf Gewalt setzten, sondern auch immer wieder versuchten, ihn und die katholische Kirche zu einer totalen Identifikation mit ihnen zu zwingen. Dem widersetzte er sich mit großer Souveränität, versuchte aber zugleich, die bestehende Vertrauensbasis zu erhalten. Er verstand sich als Hirte auch der revolutionären Gruppen. Zu seiner Zeit erhielt die Kirche in El Salvador einen neuen, hohen Stellenwert beim einfachen Volk.

Märtyrer auf Romeros Lebensweg

Die Kirche Oscar Romeros wurde schließlich ebenso verfolgt wie das Volk. Die Parole „Sei ein Patriot, töte einen Pfarrer!" stand nicht nur an Häuserwänden und auf Flugblättern, sondern wurde Wirklichkeit. Außer Rutilio Grande wurden fünf Geistliche während der Amtszeit Oscar Romeros ermordet:

- Alfonso Navarro am 11. Mai 1977
- Ernesto Barrera am 28. November 1978
- Octavio Ortiz Luna am 20. Januar 1979
- Rafael Palacios am 20. Juni 1979
- Alirio Napoleon Macías am 20. August 1979

Von ihnen sagte Oscar Romero 1979 – und nach seiner Ermordung gilt das auch für ihn selber: „Für mich sind sie wirkliche Märtyrer … Dass sie nicht feige geflohen sind, sondern ausgeharrt haben in dieser Situation von Leid, Qual und Mord, hat für mich den Rang eines Blutzeugnisses. Wir müssen ihre Erinnerung bewahren. Gerade wenn man sie herabsetzen will und sagt, sie seien verfolgt worden, weil sich die Kirche in die Politik eingemischt habe, weil sie kommunistisch und subversiv geworden sei. Wir wissen schon, was diese Begriffe bedeuten; auch auf Christus hat man sie angewandt, um ihn ans Schafott zu bringen."

In dem Jahr nach der Ermordung Oscar Romeros wurden weitere neun Priester und Ordensfrauen umgebracht. Die Repression gegen die Kirche an der Seite der Armen wuchs ungeheuer. Während der Friedensverhandlungen wurden am 16. November 1989 sechs Jesuitenpatres, die Haushälterin der Jesuitenkommunität und deren Tochter in San Salvador von einer Heereseinheit ermordet. Insgesamt starben in diesen Jahren Zehntausende uns unbekannter christlicher Laien eines gewaltsamen Todes, Märtyrer Jesu Christi, die sich für Gerechtigkeit und ein menschenwürdiges Leben der Armen einsetzten – wie er.

Die Hirtenbriefe des Erzbischofs

In vier Hirtenbriefen nahm Oscar Romero kraft seines Lehramtes Stellung zur Lage El Salvadors. Sie sind bis heute Lehrstücke einer „politischen Diakonie", zugleich auch Dokumente dafür, dass der Erzbischof die Unabhängigkeit seines kirchlichen Amtes zu wahren wusste. Alle seine Hirtenbriefe sind das Ergebnis intensiver Gespräche mit Theologen und Laien und durchliefen oft langwierige Entwurfsstadien. Stets beteiligt waren die salvadorianischen Befreiungstheologen von der Jesuitenuniversität, unter ihnen Ignacio Ellacuría und Jon Sobrino.

„Kirche von Ostern her": Den ersten Hirtenbrief veröffentlichte Romero kurz nach seiner Einführung Ostern 1977. Es geht darin um das künftige Engagement der Erzdiözese. Der Brief zeigt, wie sehr sich Romero an der Enzyklika „Evangelii nuntiandi" Papst Pauls VI. vom 8. Dezember 1975 und an den pastoralen Leitlinien von Medellin 1968 orientiert. Die Kirche weigere sich, anstelle des Gottesreiches menschliche Befreiungskonzepte zu verkünden. Aber die im Evangelium verkündigte Liebe zu den Bedürftigen und Leidenden lege eine notwendige Verbindung zwischen der Verkündigung des Evangeliums und der Verkündigung der Befreiung auf Erden nahe. Glauben sei nicht vom praktischen Leben zu trennen. Alle müssten sich zu den grundlegenden Ansprüchen der Bergpredigt bekehren. Die Kirche sei bereit, auf alle Privilegien zu verzichten, die die Lauterkeit ihres Zeugnisses zu trüben drohten. Sie suche den Dialog mit allen, die auf dem politischen und sozialen Feld tätig sind und Veränderungen bewirken könnten.

Die weiteren drei Hirtenbriefe datierte Oscar Romero jeweils
auf den 6. August der Jahre 1977, 1978 und 1979, auf das Fest der
Verklärung Christi. Dieser Tag ist der Nationalfeiertag El Salva-
dors, des Landes, das den Namen des göttlichen Erlösers trägt.
Romero wollte damit die Politik seines Vaterlandes unter den
Anspruch seines Namenspatrons stellen.

„Die Kirche, Leib Christi in der Geschichte": Im zweiten Hirtenbrief geht es um die Realität der Kirche. Es sei ihre Pflicht,
„Christus durch die Geschichte hindurch ihre Stimme zu leihen,
damit Jesus sprechen kann; ihre Füße, damit er durch die heutige
Welt schreiten kann; ihre Hände, um am Aufbau des Himmel-
reichs in der heutigen Welt mitzuarbeiten; und alle ihre Glieder,
‚um zu ergänzen, was an den Leiden Christi noch fehlt' (Kolosser
1, 24)" ... Die Kirche werde verfolgt, „weil sie in Wahrheit die
Kirche Christi sein will. Solange die Kirche ewige Erlösung verkündet, ohne selbst in die realen Probleme dieser Welt einzutauchen, wird sie geachtet und gepriesen und sogar mit Privilegien
überschüttet. Wenn sie aber ihrer Sendung treu ist und auf die
Sünde hinweist, die so viele ins Elend stürzt, wenn sie die Hoffnung auf eine gerechtere und menschlichere Welt verkündet,
dann wird sie verfolgt und verleumdet, wird subversiv und
kommunistisch genannt."

„Die Kirche und die Organisationen des Volkes ": Im dritten Hirtenbrief, den Romero 1978 zusammen mit Arturo Rivera y Damas, dem Bischof von Santiago de Maria, veröffentlichte, verteidigen die beiden Bischöfe das Versammlungsrecht der Armen
und ihre Organisierung in Oppositionsgruppen: „Es ist ... eine
Tatsache, ... dass sich wirtschaftlich einflussreiche Minderheiten
organisieren dürfen und dies sehr oft zum Schaden für die Mehrheit des Volkes. Gruppen hingegen, die der Mehrheit des einfachen Volkes angehören, stoßen nur auf Repressionen, wenn sie
sich organisieren wollen, um die Interessen der Mehrheit zu verteidigen. ..." Selbst in Organisationen, die eine bewusste Distanz
zur Kirche und zum Christentum hätten, aber sich für die Befreiung des Volkes einsetzten, sei der Geist Christi am Werk, der
die Befreiung der Armen wolle.

Der andere Schwerpunkt dieses Hirtenbriefes ist die Gewalt-
problematik: Romero und Rivera y Damas verurteilen jegliche
Art von „institutionalisierter Gewalt". Diese erkennen sie in den
ökonomischen Ausbeutungsverhältnissen in El Salvador, ferner
in „repressiver Gewalt" der Staatsorgane zugunsten der Oligarchie. Ebenso verurteilen sie „aufrührerische, terroristische Gewalt".

„Spontane Gewalt von unten" erkennen sie als Notwehr gegen den „Terror von oben" an. Dabei erinnern beide Bischöfe an
die drei Kriterien, an denen schon Paul VI. Befreiungskämpfe
christlich gemessen hatte:

- alle anderen Wege zur Befreiung müssen zuvor beschrit-
  ten worden sein,
- die Gewaltmittel müssen verhältnismäßig sein und Aussicht auf Erfolg haben,
- es darf durch Gegengewalt kein größeres Übel als das
  bekämpfte entstehen.

Das sind die traditionellen Kriterien des „gerechten Krieges", in
dieser Situation formuliert im Hinblick auf eine „gerechte Revolution".

Dass einzelne revolutionäre Gruppen Gewalt als einzigen
Weg zur Änderung der Verhältnisse propagieren, nennen sie
„Vergötzung der Gewalt" und lehnen sie entschieden ab: „Gutes
lässt sich nicht durch Böses erreichen." Der den Christen von
Christus vorgegebene Weg heißt Gewaltlosigkeit und Kampf für
einen Frieden, dessen Grundbedingung Gerechtigkeit ist. Frieden in El Salvador ohne die permanente Bemühung um die Herstellung gerechterer Verhältnisse zu erreichen, halten sie für unmöglich.

„Auftrag der Kirche inmitten der Krise des Landes": Im vierten
Hirtenbrief vom 6. August 1979 wollte Romero die Beschlüsse
der dritten lateinamerikanischen Bischofssynode von Puebla
1979 für die Arbeit vor Ort in Kraft setzen. Was die Bischöfe über
die soziale Ungerechtigkeit und die Unterdrückung des Volkes
in ganz Lateinamerika feststellen, gelte auch für El Salvador:

„Man sieht mit bösen Augen die Organisierung der Fabrikarbei-
ter, Landarbeiter und anderer Sektoren des Volkes, und man ergreift repressive Maßnahmen, um sie zu verhindern. Diese Art
der Kontrolle wird nicht auf Gruppierungen der Arbeitgeber angewandt, die ihre ganze Macht ausüben können, um ihre Interessen zu sichern." Scharf verurteilt er mit Puebla die direkte
und die indirekte, institutionalisierte Gewalt, die gegen das Volk
ausgeübt wird, und nennt ausdrücklich auch die terroristische
Gewalt der extremen Rechten, durch die die ungerechten Verhältnisse zementiert werden: „Diese ‚strukturelle Gewalt' ... bewirkt, dass einige Wenige immer reicher und mächtiger werden,
während die Mehrheit immer ärmer und schwächer wird." Die
Gegengewalt revolutionärer linker Volksgruppen verurteilt er
nicht mehr absolut, er warnt nur vor Unverhältnismäßigkeit und
Auswüchsen: „Auch verurteilt die Kirche die Gewalt politisch-
militärischer Gruppen und Personen, wenn sie absichtlich un-
schuldige Opfer verursachen und die Gewalt, die sie einsetzen,
in keinem Verhältnis steht zu dem positiven Effekt, den sie mit
ihr kurz- oder mittelfristig erreichen wollen." Dabei beruft er
sich auf die Enzyklika „Populorum Progressio" Papst Pauls VI.
und deren Aufnahme in Medellin 1968, dass „‚ein Aufstand berechtigt ist im sehr außergewöhnlichen Fall einer offensichtli-
chen und andauernden Tyrannei', die schwerwiegend gegen die
Menschenrechte verstößt und dem allgemeinen Wohl des Landes gefährlich schadet, möge diese Tyrannei von einer Person
oder von offensichtlich ungerechten Strukturen" ausgehen.

Der Dienst der Kirche für die Befreiung der Armen kann nur
darin liegen, dass die Kirche konkret die wahren Verhältnisse im
Lande beim Namen nennt und zur Umkehr aufruft. Daher be-
nennt Romero die Felder, auf denen Korruption und Verfall der
Moral voranschreiten. Dem allen liege Götzenkult zugrunde: die
Ideologie des Privateigentums, das egoistische Streben nach
Reichtum, das Vertrauen auf repressive Gewalt aufgrund der
Doktrin der Nationalen Sicherheit.

Die Entlarvung der Götzen des Todes sollte bis zu seiner Ermordung das theologische Leitthema Oscar Romeros werden.

Oscar Romero – der Helfer und Tröster

„Es fällt mir zu, die Niedergetretenen, die Toten und alle bei der Kirchenverfolgung Übriggebliebenen zu sammeln," sagte Oscar Romero am 19. Juni 1977, noch fast zu Beginn seiner Wirksamkeit als Erzbischof, als er in Aguilares anstelle von Rutilio Grande einen neuen Pfarrer einsetzte und die bei dem Massaker verwüstete Kirche wieder weihte. Er wiederholte die Aussage oft, dass seine bischöfliche Aufgabe darin bestehe, die Opfer des Terrors zu bergen. Wenn irgendwo ein Massaker bekannt wurde, war er zur Stelle, tröstete und half. Trägt man alle Hinweise in den Berichten darüber zusammen, so ergibt sich ein riesiges seelsorgerliches Pensum, das sich Romero und seine Mitarbeiter in diesen Jahren abverlangten. Die einfachen Menschen dankten es ihm mit großer Liebe und Verehrung.

Der Erzbischof hielt unzählige Totenmessen für Ermordete, besuchte oder empfing die Trauernden und versuchte, sie aufzurichten. Als Mitbrüder ermordet wurden, führte er deren Angehörige zusammen, damit sie sich gemeinsam ihrer Märtyrer erinnerten und dabei Trost fanden. Er feierte mit den Gemeinden der ermordeten Pfarrer Gedächtnisgottesdienste. Er besuchte verhaftete Priester sogleich im Gefängnis, protestierte bei den Behörden und intervenierte, wenn sie ausgewiesen werden sollten. Er ging zu den Campesinos, die in ihrer Verzweiflung öffentliche Gebäude und sogar die Kathedrale besetzten, begrub ihre Toten und hielt mit ihnen Gottesdienst. Er verhandelte dann auch mit den Sicherheitskräften und verhinderte Polizeiaktionen.

Kirchliche Zentren erhielten zu seiner Zeit eine große Bedeutung als Stätten des Asyls. Am 22. Januar 1980 wurde zum Beispiel eine Großdemonstration zum Gedenken des Massakers von 1932 mit Schüssen auseinandergetrieben und die Demonstranten von der Polizei verfolgt. In seinem Diensttagebuch vermerkt Romero:

„22. Januar: ... Allein in der Kathedrale lagen abends elf Leichen. ... Wir haben versucht, bei dieser Tragödie zu helfen; an die dreihundert Flüchtlinge wurden ins Erzbischöfliche Ordinariat gebracht, wo sie zu essen bekamen und untergebracht wurden. Dabei halfen die Schwestern und andere katholische Organisationen, die zu dieser kirchlichen Hilfe beitrugen, sehr großzügig. Ein großer Teil der Leute flüchtete jedoch in die Universität, man schätzt an die vierzigtausend. Die Nacht verlief tragisch. Es explodierten Bomben ... eine wurde auch bei der Antenne unseres katholischen Senders YSAX gelegt ... 23. Januar: ... Nachmittags war der Park neben der Kathedrale voller Menschen, auch die Kathedrale selbst, in der ich im Kreise vieler Priester die Totenmesse feierte und zu der Menge sprach, die sich um die Särge mit den Toten geschart hatte."

Die körperlichen Strapazen, die seelische Anspannung, die dieses alles für den Erzbischof mit sich brachte, sind kaum zu ermessen.

Neben der persönlichen, seelsorgerlichen Hilfe richtete Oscar Romero ein Rechtshilfebüro ein, dessen Aufgabe es war, jedem einzelnen Fall von Menschenrechtsverletzung nachzugehen, insbesondere den Verschleppungen und Morden. Es war die einzige Stelle, an die sich Angehörige der Opfer wenden konnten, um Nachforschungen und gerichtliche Aufklärung in Gang zu setzen. Mit den Dokumentationen der Untaten protestierten Romero oder seine Mitarbeiter bei der Regierung. Sie traten damit auch an den Vatikan und an ökumenische Stellen heran. Manche Dossiers wurden von Romero in seinen Sonntagspredigten verlesen. So verbanden sich Seelsorge, Diakonie und prophetischer Protest.

Internationale Beachtung

Nicht nur in El Salvador, sondern auch im Ausland wurde Erzbischof Romero als Verteidiger der Menschenrechte bekannt. Damit wuchs auch in der ganzen Welt die Kenntnis der Leiden des Volkes von El Salvador. Zugleich entstand ein Bewusstsein davon, wie gefährdet Romero als Person war. Internationale Beachtung konnte ihn schützen. Zeichen der Solidarität aus dem

Ausland konnten die demokratischen Volksbewegungen stär-
ken. Ökumenische Delegationen kamen ins Land, Parlamentari-
ergruppen, engagierte Einzelpersonen, Journalisten.

Man vernahm Romeros Stimme nun auch in den USA und in
Europa. Die Jesuitenuniversität in Georgetown, Washington DC
– USA, verlieh ihm im Frühjahr 1978 die Ehrendoktorwürde.
Einhundertundachtzehn Abgeordnete des britischen Unterhau-
ses nominierten ihn im Dezember 1978 für den Friedensnobel-
preis.

Oscar Romeros Rede anlässlich der Verleihung der Ehrendoktorwürde in Löwen am 2. Februar 1980 über das Thema: „Die politische Dimension des Glaubens" gehört inzwischen zu den
Grundtexten der lateinamerikanischen Befreiungstheologie. Der
Erzbischof reflektiert darin den Weg der Kirche El Salvadors und
beschreibt, was für sie Nachfolge Jesu heute heißt, nämlich um-
zukehren, „sich in die Welt der Armen zu inkarnieren", selbst
arm zu werden, die Armen zu verteidigen, die Sünde zu entlarven, gegen die Götzen des Todes zu kämpfen, die politische Dimension des Glaubens zu erfahren, tieferen Glauben an Gott und
seinen Christus geschenkt zu bekommen:

„Mit größter Deutlichkeit sehen wir, dass es hier keine Möglichkeit gibt, neutral zu bleiben. Entweder wir dienen dem Leben
der Menschen in El Salvador, oder wir sind Komplizen ihres Todes. Hier muss die geschichtliche Vermittlung einer Grundent-
scheidung des Glaubens erfolgen: Entweder glauben wir an einen Gott des Lebens, oder wir dienen den Götzen des Todes. Im
Namen Jesu arbeiten wir für ein Leben in seiner ganzen Fülle,
das sich nicht erschöpft in der Befriedigung materieller Grund-
bedürfnisse und sich nicht auf den sozioökonomischen Bereich
beschränkt. Wir wissen sehr gut, dass wir volles Leben in Fülle
erst im endgültigen Reich des Vaters haben werden, und dass
diese Fülle sich geschichtlich realisiert im Dienst für dieses Reich
und in der Hingabe an den Vater. Aber ebenso wissen wir, dass
es im Namen Jesu eine reine Illusion, eine Ironie, ja eine Blas-
phemie wäre, zu vergessen, dass es Voraussetzungen zum Leben
geben muss wie Brot, ein Dach über dem Kopf, Arbeit. ... Um

den Armen Leben geben zu können, muss man vom eigenen Leben abgeben und manchmal auch das eigene Leben hingeben. ... Es gibt viele Menschen in El Salvador, die bereit sind ihr Leben zu geben, damit die Armen Leben haben. Darin folgen sie Christus und machen ihren Glauben an ihn sichtbar. ... Unter diesem Blickwinkel ist die Geschichte unserer Kirche sehr alt. Denn es ist die Geschichte Jesu, die wir in aller Bescheidenheit fortführen wollen."

Vierzehn Tage darauf schrieb Erzbischof Romero einen offenen Brief an den Präsidenten der Vereinigten Staaten Jimmy Carter. Er beschwor ihn darin, die Militärhilfe der USA an die Sicherheitskräfte El Salvadors sofort zu stoppen. Sie diene nicht der Sicherung der Menschenrechte, wofür Carter immer einträte, sondern trüge nur zu weiterem Blutvergießen bei. Oscar Romero verlas den Text am 17. Februar 1980 in seiner Sonntagspredigt und sagte anschließend: „Ich werde den Brief absenden, wenn ich weiß, was Ihr darüber denkt!" Wie der Applaus zeigte, fand er die Zustimmung des Volkes. In Washington wie im Vatikan dagegen wurde er mit äußerstem Befremden zur Kenntnis genommen.

Feindseligkeit
der Mitbischöfe

Was Oscar Romero während seiner ganzen Amtszeit sehr belastete, war das Zerwürfnis mit vier der fünf Bischöfe in El Salvador und mit dem apostolischen Nuntius. Die Feindseligkeit war vor allem darin begründet, dass Oscar Romero zum Befreiungstheologen auf der Grundlage von Medellin 1968 und Puebla 1979 geworden war, offene Kritik an Oligarchie und Regierung übte, von den Armen geliebt wurde, weil er sie verteidigte, und grundlegende Reformen forderte. Es war der Kampf um die Linie der Kirche in El Salvador. Romero wurde in Sitzungen der Bischofskonferenz persönlich und in seiner Amtsführung diffamiert. Er schade der Kirche, sympathisiere mit marxistischen

Priestern, erkenne nicht die marxistische Ausrichtung der Basisgemeinden, helfe subversiven Elementen.

Hinter seinem Rücken wurde er in Rom durch Eingaben
schwer beschuldigt. Mehrfach musste Romero nach Rom reisen,
um sich zu rechtfertigen. Im Vatikan wurde seine Abberufung
beziehungsweise die Einsetzung eines Apostolischen Administrators erwogen. Im Jahre 1978 wurde Bischof Antonio Quarracino aus Argentinien als Apostolischer Visitator, im Jahre 1979
Kardinal Aloisío Lorscheider aus Brasilien im Auftrag des Vatikans zu ihm geschickt. Letzterer ermutigte ihn, den Weg, den die
Erzdiözese unter seiner Leitung nahm, fortzusetzen, und stellte
sich schützend vor ihn. Romeros Diensttagebuch offenbart, wie
sehr er unter der Heimtücke seiner Mitbrüder litt, zeigt aber
auch, dass er zu streiten wusste und dass er immer wieder ver-
söhnlich sein wollte und die Hoffnung auf ein besseres Verhältnis zu den feindseligen Brüdern nicht aufgab.

In den Tagen vor der Beerdigung Romeros fastete eine Gruppe von Priestern, Ordensfrauen und Mitgliedern von Basisgemeinden in der Kathedrale. Sie hatten ein großes Spruchband
über dem Eingang befestigt mit der Forderung, die salvadorianischen Bischöfe, die Romero das Leben so schwer gemacht hätten,
die Mitglieder der Junta und der Botschafter der USA sollten der
Totenmesse, die gefeiert werden sollte, fernbleiben. Die Botschaft
wirkte. Als einziger salvadorianischer Bischof nahm Arturo Rivera y Damas, der Freund Oscar Romeros, an dem Gottesdienst
teil. Ein Mitarbeiter Romeros kommentierte später: „Sonst ex-
kommunizierten diese Bischöfe Menschen aus den Basisgemeinden. Diesmal haben Menschen aus den Basisgemeinden diese Bischöfe exkommuniziert!"

Polizeischikanen

Romeros Diensttagebuch vermerkt an mehreren Stellen, dass er
im letzten Lebensjahr vielen Polizeischikanen ausgesetzt war:
Sein Wagen wurde angehalten, seine Akten und Papiere wurden

durchsucht, oder er wurde an der Weiterfahrt zu einem Gottesdienst gehindert und zum Aussteigen gezwungen. Zweifellos war damit eine neue Stufe seiner Bekämpfung erreicht. Zuvor waren es „nur" Presseangriffe und diplomatische Interventionen beim Nuntius und bei päpstlichen Behörden in Rom gewesen. Die neuen Schikanen bedeuteten nichts anderes, als dass die Sicherheitskräfte nun sein geistliches Amt missachteten und in ihm eine Gefahr für die nationale Sicherheit meinten bekämpfen zu müssen. Es erging ihm nun nicht mehr anders als den Priestern und Ordensfrauen, den Laien aus den Basisgemeinden und dem ganzen Volk, das ständig durch Überwachungsmaßnahmen eingeschüchtert wurde.

Romero wehrte sich durch Beschwerden bei der Regierung und durch öffentlichen Protest über den Bistums-Sender YSAX. So berichtete er am 19. August 1979 in seiner Sonntagspredigt, neulich hätten im Gottesdienst in Chalatenango Offiziere Tonbandmitschnitte seiner Predigt gemacht. Am Ende habe er deshalb die Gemeinde gefragt: „Glaubt ihr, ich hätte irgendetwas Subversives gesagt? Wenn ja, sagt es mir, ich werde dann versuchen, es richtig zu stellen. Habt ihr aus meinen Worten irgendetwas Subversives herausgehört?" Alle Zuhörer hätten geklatscht und gerufen „Nein!". Da habe er den Offizieren gesagt: „Ihr, die Ihr diese Feier überwacht, seht her, wie es das Volk verstanden hat. Geht jetzt nicht hin und verdreht alles!"

Morddrohungen
und Todesahnungen

Morddrohungen begleiteten Romeros Weg als Erzbischof von dem Augenblick an, als er den Kampf gegen die Götzen des Todes in El Salvador aufnahm und sich für das Leben der armen Massen einsetzte. Am 4. Januar 1979 wurde ihm „von jemand Gutunterrichtetem persönlich" hinterbracht, dass es Mordpläne gegen ihn gäbe. Im Mai 1979 erhielt er in einem offiziellen Briefumschlag des „Verteidigungs"-Ministeriums die Androhung seines Todes durch die rechtsradikale Union Weißer Krieger. In seinem Diensttagebuch vermerkt er unter dem 1. Juni 1979, ihn hätten Telefonanrufe mit Morddrohungen erreicht, ebenso eine Postkarte mit Hakenkreuzen. Absender sei die Union Weißer Krieger gewesen. Sie habe ihm befohlen, seine Predigtweise zu ändern; den Kommunismus zu verdammen und der Toten der Sicherheitskräfte anerkennend zu gedenken, andernfalls werde er ausgeschaltet.

Am 11. September 1979 teilt ihm auch der Nuntius die Sorge des Präsidenten um seine Sicherheit mit: „Er sieht viele Gefahren und bietet mir Sicherheit an. Ich wiederholte dem Herrn Nuntius, dass ich bereit sei, mit denselben Risiken wie das Volk zu leben, dass es sehr schwer fiele, mich absichern zu lassen, während das Volk wehrlos leidet."

Je mehr der Erzbischof die Oligarchie zur Umkehr aufrief und sie als die Hauptverantwortliche für die Eskalation von Gewalt und Ungerechtigkeit mit dem Evangelium konfrontierte, desto direkter wurden die Drohungen und desto gewisser wurde ihm auch sein gewaltsamer Tod.

Am 24. Februar 1980 sagte er in einer Predigt, die YSAX übertrug: „In dieser Woche wurde mir mitgeteilt, dass ich auf der Liste derer stehe, die nächste Woche umgebracht werden sollen. Es soll aber kein Zweifel darüber bestehen, dass niemand die Stimme der Gerechtigkeit töten kann."

Romeros „Gethsemane"

Ende Februar 1980 hielt der Erzbischof seine jährliche geistliche Besinnungszeit zusammen mit sieben anderen Priestern im Exerzitienhaus in Planes de Renderos in den Bergen oberhalb von San Salvador. Sein Beichtvater, der Jesuit Segundo Azcue, bemerkte bei ihm Vorahnungen des Martyriums: „Ich wage es, diese seine letzten geistlichen Exerzitien als sein Gebet im Garten Gethsemane zu bezeichnen. Erzbischof Romero sah seinen möglichen und unmittelbar bevorstehenden Tod voraus. Er empfand einen Schrecken davor, wie Jesus im Garten. Aber er verließ weder seinen Posten noch seine Pflicht, er war bereit, den Kelch zu leeren, den der Vater für ihn bereithalten würde."

Den Höhepunkt der Exerzitien bildete eine Meditation über das Reich Gottes und die Nachfolge Christi. In sein Exerzitienheft schrieb Romero das Gebet der Hingabe aus den „Geistlichen Übungen" von Ignatius von Loyola: „Nimm hin, Herr, und empfange meine ganze Freiheit, mein Gedächtnis, meinen Verstand und meinen ganzen Willen, meine ganze Habe und meinen ganzen Besitz. Du hast es mir gegeben, dir, Herr, gebe ich es zurück; alles ist dein, verfüge nach deinem ganzen Willen; gib mir deine Gnade und Liebe, das ist mir genug."

Oscar Romero fügte dem folgendes persönliche Zeugnis hinzu: „Auf diese Weise drücke ich meine Weihe an das Herz Jesu aus, das immer eine Quelle der Begeisterung und Freude in meinem Leben war. Auf diese Weise unterstelle ich mein ganzes Leben seiner liebenden Fügung und nehme im Glauben an ihn meinen Tod an, wie schwer er auch sein möge. ... Damit ich glücklich und zuversichtlich sein kann, genügt das sichere Wissen, dass in ihm mein Leben und mein Tod sind, dass ich trotz meiner Sünden mein Vertrauen auf ihn gesetzt habe und dass ich nicht zugrunde gehe. Andere werden mit mehr Einsicht und Heiligkeit die Werke der Kirche und der Nation weiterführen."

Zwei Wochen vor seinem Tode sagte er José Calderón Salazar, dem Guatemala-Korrespondenten der mexikanischen Zeitung Excelsior, am Telefon: „Ich muss Ihnen sagen, dass ich als Christ nicht an einen Tod ohne Auferstehung glaube. Sollte ich umgebracht werden, so werde ich im salvadorianischen Volk wieder auferstehen. ... Als Hirte bin ich aufgrund des göttlichen Auftrags verpflichtet, mein Leben hinzugeben für jene, die ich liebe, sogar für die, welche mich vielleicht töten werden. ... Das Martyrium ist eine Gnade Gottes, die ich wohl nicht verdiene. Aber sofern Gott das Opfer meines Lebens annimmt, so sei mein Blut ein Same der Freiheit und ein Zeichen, dass Hoffnung zu Wirklichkeit wird. ... Wenn es ihnen gelingt, mich umzubringen, so sagen Sie, dass ich den Tätern verzeihe und sie segne. Wenn sie doch überzeugt würden, dass sie ihre Zeit verschwenden. Ein Bischof wird sterben, aber die Kirche Gottes, die das Volk ist, wird nie vergehen."

Die letzte Sonntagspredigt

Den letzten Anstoß zu Oscar Romeros Ermordung gab seine vom bischöflichen Sender YSAX auch über das ganze Land verbreitete Sonntagspredigt am 23. März 1980. In dieser Predigt wandte er sich mit dem Gebot „Du sollst nicht töten!" direkt an die Soldaten: „Brüder! Ihr gehört zu unserem Volk! Ihr tötet eure eigenen Brüder! Erinnert euch an die Worte Gottes: Du sollst nicht töten! Kein Soldat ist verpflichtet, einem Befehl zu gehorchen, der Gottes Gebot widerspricht; niemand braucht ein unmoralisches Gesetz zu erfüllen. Es ist Zeit, eurem Gewissen zu folgen und nicht sündigen Befehlen." Und dann wandte er sich direkt an die Machthaber: „Die Kirche kann beim Anblick der Gräuel nicht schweigen. Sähe die Regierung doch ein, dass Reformen nichts nützen, wenn sie so viel Blut fordern! Im Namen Gottes, im Namen dieses leidenden Volkes, dessen Klageschreie Tag für Tag lauter zum Himmel steigen, bitte ich euch, flehe ich euch an, befehle ich euch: Im Namen Gottes, hört auf mit der Unterdrückung!"

Fünfmal unterbrach Beifall diesen prophetischen Appell, und ebenso bekräftigten die Menschen im Gottesdienst mit einem langen Applaus die Predigt, als Oscar Romero sie beendet hatte. Am nächsten Tag traf ihn die Kugel des Mörders bei der Feier der Eucharistie.

Bei seinem Begräbnis versammelten sich Hunderttausende auf dem Platz zwischen Kathedrale und Präsidentenpalast. Plötzlich wurde vom Palast aus in die Menge geschossen. Es entstand ein großer Tumult, die Messe wurde abgebrochen, Romeros Sarg in die Kathedrale getragen und ein aller Eile in ein vorbereitetes Grab gesenkt. Dreißig Menschen starben bei diesem Ereignis, unzählige wurden verwundet.

„San Romero de America Latina"

Bis heute besuchen jeden Tag unzählige Menschen Romeros Grab. Im Volk nennt man den Erzbischof „San Romero de America Latina" – „Holy Romero of Latinamerica". Auch Papst Johannes Paul II. betete bei seinen zwei Pastoralbesuchen in El Salvador an seinem Grab.

In Rom aber tut man sich schwer, Oscar Romero selig zu sprechen und ihn damit offiziell als Märtyrer Jesu Christi „zur Ehre der Altäre" zu erheben. Das kanonische Verfahren dazu wurde vor vielen Jahren eingeleitet. Dass der Erzbischof ein vorbildlich treuer und frommer Diener seiner Kirche war, wird inzwischen von allen salvadorenischen Bischöfen anerkannt. Aber mit der offiziellen Seligsprechung würde auch Romeros undiplomatischer, eindeutiger politischer Widerstand gegen die sozioökonomischen „Götzen des Todes" in El Salvador und darüber hinaus als für alle Christen vorbildlich bestätigt. Das macht offenbar große Schwierigkeiten.

Das Volk von El Salvador aber hat Oscar Romero schon längst heiliggesprochen: „Moseñor Romero wurde von den Reichen ermordet, denn er sagte die Wahrheit und verteidigte die Armen."

Zum Verfasser: Paul Gerhard Schoenborn, Jahrgang 1934, studierte Theologie und Philosophie in Wuppertal, Tübingen, Göttingen und Bonn. Er arbeitete als Pfarrer in Rheinhausen-Friemersheim, danach als Studentenpfarrer und später als Pfarrer für Erwachsenenbildung in Wuppertal. Seit 1995 lebt er mit seiner Frau im Ruhestand in Wuppertal. Er ist Verfasser oder Herausgeber von Sachbüchern, Arbeitshilfen und Medienpaketen zur politischen Theologie, u.a. zu den Themen: Kirchenkampf und Bekennende Kirche, Barmer Theologische Erklärung, Dietrich Bonhoeffer, Reichspogromnacht, Friedensarbeit, lateinamerikanische Befreiungstheologie, Basisgemeinden in Lateinamerika. – 1996 erschien sein Buch ‚Alphabete der Nachfolge. Märtyrer des politischen Christus'.

2.

Politischer Protest und christliches Martyrium am Beispiel von Oscar Romero

Von Paul Gerhard Schoenborn[3]

„Es gibt hier keine Möglichkeit, neutral zu bleiben.
Entweder wir dienen dem Leben der Menschen in El Salvador,
oder wir sind Komplizen ihres Todes.
Entweder glauben wir an einen Gott des Lebens,
oder wir dienen den Götzen des Todes."

Der Erzbischof von San Salvador Oscar Arnulfo Romero wurde am 24. März 1980 am Altar, während eines Gottesdienstes, ermordet. Man muss mehr als 800 Jahre zurückgehen, um einer ähnlichen Bluttat inmitten eines christlichen Landes ansichtig zu werden. Am 29. Dezember 1170 wurde Erzbischof Thomas Beckett am Altar der Kathedrale von Canterbury erschlagen.

Es ist und bleibt ein Skandal: Romeros Mörder und dessen Auftraggeber sind bekannt. Ihre Namen wurden in einem Report eines ‚UN Committee of Truth' festgehalten. Und doch wurde der Mord in El Salvador niemals gerichtlich gesühnt, sondern er fiel – ebenso wie tausende andere Mordtaten – im Jahre 1993 unter eine allgemeine Amnestie der Greueltaten, die im Bürgerkrieg der Jahre 1977 bis 1991 begangen wurden. Ca 90 Prozent der Gewaltverbrechen waren Taten der Sicherheitskräfte und der Privatarmeen der Oligarchie, ca 10 Prozent waren Taten der Aufstandsbewegung.

---

[3] Textquelle: Manuskript für: „Abendgespräch zur Sache", Tersteegenhaus Köln, 20. März 2011 (bislang unveröffentlicht).

Dass die Amnestie erfolgte, wirft ein bezeichnendes Licht auf die wirklichen Machtverhältnisse in El Salvador auch nach dem Friedensschluss. Der mühsam hergestellte Frieden würde gefährdet, wenn die Brutalität der Armee und die Verteidigung der Wirtschaftsinteressen der Oligarchie um jeden Preis bei einer juristischen Aufarbeitung zur Sprache kämen.

Dass die römisch-katholische Kirche die Seligsprechung Romeros nur zögernd betreibt, hat ähnliche Gründe. Würde Romero seliggesprochen, so wäre das eine undiplomatische Brüskierung der Armee und der Oligarchie – und zudem auch eine Ohrfeige für die damaligen salvadorenischen Bischofskollegen, die ihren Kollegen bekämpft und als Kommunisten beschimpft haben.

Oscar Romero – ein tiefgläubiger Sohn
der römisch-katholischen Kirche

Oscar Romero war ein tiefgläubiger Mensch, ein Mann des Gebets. Mir ist wichtig, dass wir darüber hinaus die besondere, durch die Exerzitien des Heiligen Ignatius von Loyola geprägte Frömmigkeit Oscar Romeros sehen. Sie gehörte zu ihm und seiner theologischen Existenz von Beginn seines Studiums an bis zu seinem Tode. Unbedingter Gehorsam und hingebungsvolle Treue zu Jesus von Nazareth – dem Banner Christi folgen, wie es in den Exerzitien eingeübt wird – kennzeichnet diese besondere Form christlicher Spiritualität.

Romero war ein treuer Sohn der römisch-katholischen Kirche. Er verehrte die Gottesmutter Maria und unterstützte die Marienfrömmigkeit des einfachen Volkes. Er orientierte sich an den Weisungen des Papstes und bejahte die Öffnung seiner Kirche zur Welt, wie sie Vaticanum II propagierte.

Im Grunde seines Wesens war er ein scheuer und skrupulöser Mensch, peinlich genau darauf bedacht, nicht vom Evangelium und von der Tradition seiner Kirche abzuweichen.

Entsprechend gründlich und kritisch setzte er sich mit dem neuen Kurs der lateinamerikanischen Kirchen auseinander, die in Medellin 1968 das Vaticanum II auf ihren Subkontinent hin kontextuell interpretierten. Medellin klagte die überall sichtbare strukturelle Gewalt an, mit der eine kleine reiche Oberschicht die armen Volksmassen ausbeutete und unterdrückte. Medellin nahm die biblische Botschaft ernst, dass Gott den Schrei seines unterdrückten Volkes hört und dass darum der Platz der Kirche an der Seite der Armen ist. Und Medellin approbierte die christlichen Basisgemeinden, sich in vielen Ländern gebildet hatten und die in einem Bibel- und Gebetskreise, Selbsthilfegruppen und politische Protestgruppen waren. Es dauerte lange, bis Oscar Romero Medellin als auf der Linie Roms befindlich anerkannte. Ähnlich verhielt es sich mit seiner jahrelangen kämpferischen Bestreitung und dann endlich Bejahung der Theologie der Befreiung.

Warum Romero Erzbischof wurde

Oscar Romero erschien sowohl der salvadorenischen Oligarchie wie auch dem Nuntius der geeignete Kandidat für die Nachfolge von Erzbischof Chavez zu sein. Er war ein von Reich und Arm geschätzter Seelsorger, ein beliebter Prediger, ein guter Organisator kirchlicher Öffentlichkeitsarbeit und ein in politischen Fragen zurückhaltender Mann, als Bischof einer kleinen Diözese bewährt. Man versprach sich von ihm, er würde im Interesse der Oberschicht sozialpolitisch engagierte Priester und Laien in die Schranken weisen. Manchen auf sein exponiertes Amt eifersüchtigen Bischofskollegen kam auch gelegen, dass seine Gesundheit offenbar nicht die stabilste war.

Romeros „Bekehrung"

Dann kam die nicht vorhersehbare Wende in Oscar Romeros Leben. Er war zu der Zeit schon 59 Jahre alt. Erstaunlich: Wenn man auf die 60 Jahre zugeht, verändert man sich eigentlich nicht mehr viel. Man spricht immer wieder davon, dass der Erzbischof sich „zu den Armen bekehrt" hätte an der Bahre seines Freundes, des ermordeten Paters Rutillo Grande. Romero hat das stets relativiert. In einem persönlichen Gespräch sagte er dem Jesuiten César Jerez, eigentlich hätte er aufgrund seiner Herkunft aus einer armen Familie immer wissen müssen, was in El Salvador wirklich vor sich geht und wie er sich hätte verhalten müssen: „Als ich den toten Rutilio ansah, dachte ich: Wenn sie ihn für das umgebracht haben, was er getan hat, dann muss ich denselben Weg gehen wie er ... Ich habe mich geändert, ja, aber ich bin auch zurückgekehrt."

Die politische Lage in El Salvador war Ende der siebziger Jahre äußerst angespannt. Die Oligarchie setzte alle verfügbaren Machtmittel ein, um die Herrschaftsstrukturen und die ökonomischen Verhältnisse (Bodenbesitz, Produktionsmittel, Finanzen) wie bisher für sich zu sichern. Die immer dringender werdenden Forderungen der armen Unterschicht, ungefähr 80 Prozent der Bevölkerung, nach ausreichendem und gerechtem Lohn, nach einer Landreform, nach demokratischer Teilhabe an der Macht wurden als „kommunistisch" denunziert. Im Kontext des damaligen weltweiten Antagonismus zwischen Kapitalismus und Kommunismus rechtfertigte diese ideologische Überhöhung des Konflikts die Anwendung auch der brutalsten Gewalt gegen die, wie man fürchtete, „drohende Weltrevolution". Die „Doktrin der nationalen Sicherheit" lieferte dazu in El Salvador wie in ganz Lateinamerika die geostrategische und militärpolitische Theorie. Die sogenannten „Domino-Theorie" schürte die Angst davor, dass sehr bald weitere Staaten des Subkontinents folgen würden, wenn sich nach Kuba auch in einem anderen Staat der Sozialismus durchgesetzt habe.

Die Ermordung Rutillo Grandes wie auch die Ereignisse vor und nach der Ermordung Oscar Romeros legen offen, dass der Grundkonflikt zwischen Erhaltung des status quo und Forderung nach positiver Veränderung zugunsten der armen Mehrheit der Bevölkerung auch die große katholische Kirche und manche kleine protestantische Kirche erfasste. Wer sich für eine Veränderung einsetzte wurde mit allen Mitteln bekämpft, in vielen Fällen eliminiert. Dass nicht nur unzählige Mitglieder von Basisgemeinden, sondern auch zahlreiche Priester und Ordensfrauen umgebracht wurden, zeigt, mit welchem Fanatismus gegen „progressive Christen" vorgegangen wurde. Mich erschreckt noch heute die Tatsache, dass in einem christlich geprägten Land Christen von Christen verfolgt wurden.

Der sogenannte Bantzer-Plan und die Dokumente von Santa Fe belegen, dass die „Doktrin der nationalen Sicherheit", nach der damals alle lateinamerikanischen Regierungen vorgingen, auch die katholische Kirche im Visier hatte und zwei Linien in ihr unterschied. Die konservativen Unterstützer des status quo sollten gefördert, die Vertreter der Theologie der Befreiung – die sogenannten ‚fortschrittlichen Geistlichen' – aber diffamiert, isoliert und unschädlich gemacht werden. Schon 1969 hieß es im ‚Rockefeller-Bericht': „Wir müssen auf die lateinamerikanische Kirche aufpassen, denn wenn sie die Richtlinien von Medellin realisiert, geht das gegen unsere – der USA – Interessen."

Die Konflikte, die Romero mit den meisten seiner Bischofskollegen, mit dem Nuntius und maßgeblichen vatikanischen Behörden hatte, erweisen sich auf diesem Hintergrund als eminent politisch. Es handelte sich nicht nur um innerkirchliche Querelen, sondern um von außen, von Helfern und Nutznießern des status quo verschärfte Konflikte.

Romero – zwischen den Fronten,
und doch auf der Seite der Armen

Die Ermordung Rutillo Grandes war Oscar Romeros „disclosure event". Sie öffnete ihm die Augen für den sozioökonomischen Grundkonflikt in El Salvador. Die biblische Botschaft, dass Gott seit dem Exodus der Kinder Israels auf der Seite der Armen und Ausgebeuteten steht, die Soziallehre seiner Kirche, die aktuelle Wegweisung durch Vaticanum II und Medellin sowie durch die Enzykliken „Populorum Progressio" und „Evangelii Nuntiandi" verpflichteten ihn zu eindeutigem Reden und Handeln. Er hatte als Oberhirte eine klar vorgegebene theologische und ethische Richtung zu vertreten und durchzusetzen. Die konkrete Lage in El Salvador ließ keine spiritualisierende Abschwächung, erst recht keine Neutralität zu. Oscar Romero brachte es schließlich auf den Punkt: Wenn er dem Gott des Lebens dienen und Jesus Christus nachfolgen wollte, musste er die Götter des Todes demaskieren und bekämpfen: *Gloria Dei vivens pauper.* [Gottes Ehre besteht darin, dass der Arme lebt.]

Man kann bei einer Würdigung des Verhaltens und der dokumentierten Äußerungen Oscar Romeros nicht behaupten, dass er Teil der Protest- und später der Aufstandsbewegung wurde. Gerade das aber wurde ihm von der Oligarchie und ihren Unterstützern vorgeworfen. Romero war im Gegenteil peinlich darauf bedacht, die Unabhängigkeit seines bischöflichen Amtes zu wahren und sich von keiner Seite instrumentalisieren zu lassen. Er war weiterhin Seelsorger von Angehörigen der Oberschicht. Er blieb Berater von Menschen in hohen politischen Ämtern. Er war sogar mit seinem Rat beteiligt an der Bildung einer neuen Regierung [‚erste Reform-Junta'], die das Regime des Präsidenten Romero ablöste.

Aber: Der Erzbischof ergriff eindeutig Partei. Und zwar für die, die im Konflikt in der schwächeren Position waren, für die Armen, die Campesinos, deren Protest man brutal unterdrückte und deren Organisationen man als illegal verbot. Für sie klagte er die elementaren Menschenrechte ein. Vielfältig sind die Maßnahmen, die er dabei ergriff:

- Seelsorge und Trost durch Anwesenheit, Gespräche und Gottesdienste,
- Organisierung diakonischer Hilfe,
- Hilfe bei der Suche nach Verschleppten und Verschwundenen,
- Einrichtung eines Rechtshilfebüros,
- Interventionen bei Regierung und staatlichen Behörden,
- Öffentliche Anklage in seinen vom Rundfunk übertragenen sonntäglichen Homilien, bei denen er Zwischenfälle,

Akteure und Opfer mitteilte, Herstellung einer alternativen Öffentlichkeit,

- Konkrete Information des Auslands und vatikanischer Behörden bis hin zu persönlicher Unterrichtung des Papstes.

Priester, Ordensleute und Gemeinden, die schon zuvor auf dem Kurs von Medellin waren, wurden ermutigt und hielten solidarisch zu ihrem Erzbischof. Romero seinerseits hatte ein offenes Leiterverhalten und baute einen kompetenten Mitarbeiter- und Beraterstab auf. Darunter waren so hervorragende Theologieprofessoren der Jesuitenuniversität UCA wie Jon Sobrino und Ignacio Ellacuría. Es gab allerdings auch einige Pfarrer, die – wie Weihbischof Revelo – Romeros Kurs ablehnten. Diese wechselten hinüber in andere Diözesen.

Romero konfrontierte die Mächtigen mit dem Evangelium

Romero konfrontierte – auch das gehört zu seiner Parteinahme für die Armen – die Oligarchie und ihre bewaffneten Kräfte mit dem Evangelium und mit den Geboten Gottes. Er wies sie, die doch Menschen in einem christlich geprägten Land waren, mit Nachdruck auf die Forderungen des Evangeliums und die Soziallehre der katholischen Kirche hin. Sein Ruf zielte hin auf Frieden in Gerechtigkeit, seine unermüdlichen Mahnungen propagierten den christlichen Weg der Gewaltlosigkeit.

Als der Staatsterrorismus in El Salvador eskalierte, zeigte Oscar Romero in seinem dritten und vierten Hirtenbrief Verständnis für bewaffnete Selbstverteidigung der Unterdrückten. Er warnte sie aber vor einer, wie er sagte, Mystifizierung bzw. Vergötzung der Gewalt. Er verwies mit Nachdruck auf die Kriterien, die Papst Paul VI. in „Populorum Progressio" für Gegengewalt der Unterdrückten genannt hatte – analog zu den traditionellen Kriterien des „gerechten Krieges".

Oscar Romero war kein Revolutionär und auch kein Widerstandskämpfer. Er war ein prophetisch agierender Bischof, der treu zu seiner Berufung und zu seinem Amt stand. Sein Protest und seine politische Opposition zielten hin auf eine gerechtere und demokratische Gesellschaft in El Salvador. Er war ein warmherziger, mit den Menschen mitleidender Mensch und zugleich ein „Meister des lebendigen Wortes". Deswegen wurde er geliebt und deswegen wurde er gehasst. Der größte Teil der Edition „Monseñor Óscar A. Romero. Su pensamiento. Volumen I – VIII" besteht aus Transkriptionen seiner Homilien. „Monsenor Romero wurde von den Reichen ermordet, denn er sagte die Wahrheit und verteidigte die Armen." So deuten Campesinos in salvadorianischen Basisgemeinden den Märtyrertod Oscar Arnulfo Romeros.

Märtyrer des politischen Christus

Für mich als evangelischen Theologen haben christliche Märtyrer der ganzen Christenheit etwas zu sagen. Auffällig ist, dass viele von ihnen ermordet wurden und noch immer ermordet werden in Ländern, die vom Christentum geprägt sind. Ein Teil ihrer Mitbürger, ihrer Mitchristen in ihren Heimatländern verurteilt sie bis heute und lässt ihre Opposition nicht als christliches Engagement, und darum nicht als „echtes christliches Martyrium" gelten.

Warum ist das so? Ich möchte einige Fragen stellen und ihnen nachgehen. Dabei werde ich unseren Blick ausschließlich auf ein christliches Verständnis der Phänomene „Martyrium", „Märtyrertod", „Märtyrer" richten – mir ist dabei bewusst, dass im säkularen Bereich und wieder noch anders im Islam der Märtyrerbegriff anders geprägt ist. Für Christen bezeugen Märtyrer mit ihrem Leben die Glaubenswahrheit, dass Gottes Reich auf dieser Erde angebrochen ist. So hat es Jesus von Nazareth verkündigt. Dem Gott Israels, dem Vater Jesu Christi allein gebührt die Ehre und nicht den Göttern des Todes. Christliche Märtyrer heute engagieren sich für das Reich Gottes unter den Menschen und scheuten Konflikte nicht, auch wenn es ihr Leben kostete.

Das Blut der Märtyrer, so hat man in der Frühzeit des Christentums gesagt, ist der Same der Kirche. Leben und Sterben der Märtyrer enthalten ein Bekenntnis, eine Botschaft, die die anderen Christen hören und nicht ablehnen sollen. Insofern sind Märtyrer wichtige Glaubenszeugen und Glaubenshelfer der weltweiten Christenheit.

Dieses sind nun meine Fragen:

- *Erstens*: Warum werden Menschen, die als Christen politisch opponierten, in einer christlich geprägten Umwelt umgebracht?
- *Zweitens*: Warum wird die christliche Legitimation ihres Widerstands nicht anerkannt?
- *Drittens*: Welches Licht werfen diese Märtyrer auf die Kirchen, auf die westliche Christenheit?

Warum wurden diese Menschen,
die als Christen politisch opponierten,
in einer christlich geprägten Umwelt umgebracht?

Die Antwort ist einfach: Sie mussten sterben, weil sie sich mit den herrschenden Umständen, mit der aktuellen Politik nicht abfinden wollten. Sie brachten das erkennbar zum Ausdruck und opponierten. Viele ihrer Mitmenschen dachten genau so, aber sie schwiegen aus Vorsicht und passten sich lieber an die realen Machtverhältnisse an. Die Opposition in Wort und Tat der Wenigen, die sich nicht anpassten und schwiegen, zielte auf Verhältnisse, die besser, menschlicher und gerechter sein sollten. Ihr christlicher Glaube verpflichtete sie dazu und gab ihnen Mut zur Opposition. Sie hörten auf das Zeugnis der Bibel: Gott ist der Liebhaber des Lebens, er will Frieden in Gerechtigkeit. Deshalb wurden sie im politischen Bereich aktiv. Ihr öffentliches Engagement stellte jedoch eine Herausforderung, ja eine Bedrohung dar für den *status quo* und alle, die vom *status quo* profitierten. In deren Interesse wurden sie eliminiert.

Dahinter steht die uralte Opferlogik, mit der Kaiphas, der Hohepriester, zur Beseitigung Jesu rät: „Es ist besser, dass ein Mensch stirbt, als dass das ganze Volk verdirbt." (Johannes 11,50) Wenn es um die Verteidigung des status quo und der damit verbundenen materiellen Privilegien geht, sind religiöse Begründungen leicht zur Hand, gerade auch in einer christlich geprägten Kultur. Man muss der Obrigkeit nach Römer 13 gehorchen, heißt es dann, denn sie hat ihre Vollmacht von Gott, und man darf nicht gegen sie opponieren oder sie gar mit Gewalt beseitigen wollen.

Der Katholik Adolf Hitler berief sich auf eine Bevollmächtigung durch Gott und ließ die Männer und Frauen ermorden, die am 20. Juli 1944 den Aufstand gegen ihm gewagt hatten, so auch Pastor Bonhoeffer. Erzbischof Romeros Predigten gegen Ausbeutung und Staatsterrorismus ebenso wie Bischof Girardis Dokumentation der Massaker des Militärs in Guatemala waren eine prophetische Anklage des Missbrauchs der Macht. Derweil besuchten auch die verantwortlichen Politiker und Staatsmänner in Mittelamerika die Heilige Messe, sie hatten ihre Militärbischöfe und regimetreuen Seelsorger.

So müssen wir das erschreckende Phänomen anerkennen: christliche Märtyrer in unserer Zeit werden ermordet von Christen, jedenfalls von Menschen in einer vom Christentum geprägten Kultur. Christliche Märtyrer heute machen sichtbar, dass im Bereich der politischen Auseinandersetzung, im Bereich des Kampfes um Menschenrechte, um soziale Gerechtigkeit, um Frieden auch ein theologischer Grundkonflikt herrscht: der Krieg zwischen dem Gott des Lebens und den Götzen des Machterhalts um jeden Preis, auch um den Preis von Menschenleben.

Warum wird die christliche Legitimation
des Widerstands der christlichen Märtyrer nicht anerkannt,
sondern als in der Sache falsch verurteilt?

Oberflächlich kann man sagen, der Grund sei eine unbiblische, bürgerliche Ansicht, der christliche Glaube sei eine Sache der Innerlichkeit und habe mit Politik nichts zu tun. „Kümmern Sie sich um die Seele des deutschen Volkes, meine Herren," rief Hitler 1933 im Kanzleramt den deutschen evangelischen Bischöfen zu, „mir dagegen hat der Herrgott die Verantwortung für die irdische Wohlfahrt unseres Volkes auferlegt". Martin Niemöller, der als Sprecher des Pfarrernotbundes anwesend war, widersprach ihm direkt ins Angesicht hinein: „Auch wir haben eine Verantwortung vor Gott für das irdische Wohlergehen unseres Volkes, die können Sie uns nicht absprechen!"

Mit politisch agierenden Christen oder mit dem politischen Gebrauch von christlichen Bekenntnissen hat niemand ein Problem, solange das, was sie vertreten, dem entspricht, was man selbst denkt und will. „In God we trust" steht auf jedem „Greenback", auf jeder US-Dollarnote. Solange man genug „Greenbacks" in der Tasche hat, sieht man darin keinen Missbrauch des heiligen Namens Gottes oder eine Verbeugung vor dem Götzen Mammon. Ebenso störte es die nicht, die Hitlers Erfolge in den deutschen Eroberungsfeldzügen bejubelten, dass auf den Koppelschlössern der deutschen Soldaten zu lesen war: „Gott mit uns". Nur: Welcher Gott ist das? Oder welcher Götze?

Wenn christlicher Widerstand die eigenen, stets auch materiellen Interessen gefährdet, oder wenn er die eigene Feigheit entlarvt, dann grenzt man sich ab gegen die christlichen Dissenters, verdächtigt sie und spricht ihnen die Legitimation ab. Und wenn sich der Konflikt verschärft, schafft man sie aus dem Weg. Und noch lange nach ihrem Tod schweigt man sie tot, um das eigene Gewissen zu beruhigen.

Ein Beispiel: Der Bauer Franz Jägerstätter nahm die Gebote Gottes ernst und ließ sich auch sein selbständiges Denken nicht verbieten. Darum folgte er seinem Gewissen und sagte Nein zu

Hitlers Krieg gegen die Sowjetunion. Als Christ, der Hitlers Politik nicht gehorsam folgen wollte, verlor er sein Leben. Hunderttausende von Österreichern aber folgten Hitler und starben für seine imperialistischen Pläne. Jägerstätters Martyrium stellt den hunderttausendfachen Tod seiner Landsleute noch heute in Frage. Jägerstätters Martyrium abzulehnen, ihn menschlich als Querkopf und Dickschädel zu verdächtigen, der nicht an seine Familie gedacht hat, fällt offenbar leichter, als über die Fragwürdigkeit und Sinnlosigkeit des Todes der vielen anderen nachzudenken. Und weil die katholische Kirche nach 1945 die Kriegsteilnehmer und ihre Angehörigen nicht vor den Kopf stoßen und auch ehemalige Mitglieder der NSDAP wieder für sich gewinnen wollte, verbot sein Bischof Fließer damals, in der Bistumszeitung über ‚Jägerstätter als christliches Vorbild‘ zu schreiben.

Welches Licht werfen Märtyrer unserer Tage
auf die westliche Christenheit, auf die Kirchen?

Christliche Märtyrer machen die Sünden im öffentlichen, politischen Leben sichtbar. Zugleich fällt auch manches Fragwürdige auf, wenn man sieht, wie sich die christlichen Kirchen zu ihnen verhalten.

Grundsätzlich wird oft die Frage gestellt, ob es sich denn wirklich um christliche oder „nur um politische" Märtyrer handele. Man hat schnell die dogmatische Definition zur Hand, christlicher Märtyrer sei, wer wegen seines Christusbekenntnisses, und darum wegen seines Glaubens allein, verfolgt und umgebracht werde. Man blendet dabei jegliches politisches oder sozialethisches Engagement aufgrund des Glaubens aus. Der Glaube an Christus und das Martyrium um des Glaubens willen hat aber immer auch eine politische Dimension, von der Zeit der Christenverfolgungen im Römischen Reich bis heute.

Um sich vor der Provokation der beispielhaften Existenz der Märtyrer zu schützen, bezeichnet man sie als „Ausnahme", als „besonderen Einzelfall" und nimmt ihrem Tod den Zeugnischarakter. Märtyrer der heutigen Ökumene stören nicht nur die Politik im weltlichen Bereich. Sie stören auch die Politik der Kirchenleitungen, die es sich nicht mit dem Zeitgeist, mit den Mehrheiten des Volks und besonders mit den Führungseliten verderben wollen.

Die Erinnerung an heutige Märtyrer offenbart die Sünden von großen Teilen der christlichen Kirche: Anpassung an die politische Großwetterlage, Verharmlosung der Verhältnisse, Einsatz nur für sich selbst, Aufrechterhaltung einer Theologie, die weniger mit Jesus Christus als mit einer *civil religion* zu tun hat, die die jeweils Herrschenden brauchen.

„Politischer Widerstand und christliches Martyrium" – wir haben gesehen, es ist ein quälendes und unabgeschlossenes Kapitel der Gegenwartsgeschichte. Offenbar müssen wir neu darüber nachdenken, was christliches Martyrium heute bedeutet und welchen Dienst uns heutige Märtyrerinnen und Märtyrer erweisen.

Fest steht: Märtyrerinnen und Märtyrer unserer Gegenwart wollen Jesus von Nazareth nachfolgen und ihrem Glauben an das Evangelium treu bleiben. Darum mischen sie sich in die konkreten irdischen, politischen, ökonomischen Verhältnisse ein. Man kann sagen: Sie ziehen die ethischen Konsequenzen aus der Botschaft Jesu, dass das Reich Gottes mitten unter den Menschen ist. Und sie setzen ihr Leben dafür ein. Christlicher Glaube hat immer praktische Konsequenzen, sonst ist er lediglich eine Art Philosophie. Hätte Jesus nur eine neue Lehre aufgebracht, so wäre er nicht umgebracht worden. Er stellte aber mit seiner Botschaft vom Hereinbrechen des Reiches Gottes die sozioökonomischen Verhältnisse, also den status quo und die, die davon profitierten, in Frage. Das brachte ihn ans Kreuz. Ähnlich ist es bei Dietrich Bonhoeffer, Oscar Romero und all den anderen.

Die Erinnerung an die Märtyrerinnen und Märtyrer sensibilisiert uns für unsere Gegenwart. Das ist gut. Wir lernen, genauer hinzuschauen, was in unserer Zeit passiert. Wir verlieren Illusionen über unsere Welt als die ‚beste aller Welten'. Wir erkennen, dass das Leben dramatischer und grausamer ist, als es uns Massenmedien und Konsumwelt suggerieren. Wir werden veranlasst, den konfliktiven status quo, seine Machthaber und Nutznießer, Helfer und Mitläufer, Opfer und Verlierer wahrzunehmen. Wir ahnen, welche Herausforderung der christliche Glaube, der Ruf Jesu „Folge mir nach!" bis heute darstellt.

Die Erinnerung an die Märtyrerinnen und Märtyrer beschämt uns darum auch. Das sollten wir aushalten und nicht nach Gründen suchen, warum diese Frauen und Männer eben das Unheil über sich herabbeschworen haben. Wir sollten es aushalten, dass ihr Lebenszeugnis uns daran erinnert, dass christlicher Glaube immer etwas mit konkretem Leben und konkreten Kampf zu tun hat.

Der Jesuit José M. Tojeira, Rektor der Zentralamerikanischen Universität in San Salvador, hat in „Martirio en la Iglesia actual" – und damit möchte ich schließen – acht nachdenkenswerte Dimensionen des christlichen Martyriums herausgearbeitet:

- Die *mystische* Dimension: Märtyrer verkörpern die Nachfolge Jesu Christi.
- Die *kirchliche* Dimension: Märtyrer geben Orientierung, wofür sich Christen und Kirchen einsetzen sollen.
- Die *moralische* Dimension: Märtyrer bekräftigen die christlichen und humanen Werte.
- Die Dimension der *Verkündigung*: Märtyrer bezeugen in ihrem Leiden das Evangelium.
- Die Dimension der *prophetischen* Anklage: Märtyrer klagen eine Welt an, die ihren eigenen Göttern dient.
- Die *politische* Dimension: Märtyrer mühen sich ab, die Wirklichkeit zu verändern.
- Die *alltäglich-praktische* Dimension: Märtyrer arbeiten mit an dem Frieden, der uns verheißen ist.
- Die *gläubige* Dimension: Märtyrer leben und handeln in persönlicher Freiheit und im Widerstand.

Buchstaben im neuen Alphabet
des Märtyrers Oscar Romero[4]

Völliges Vertrauen zu Gott: Oscar Romero glaubte an Gott „von ganzem Herzen, von ganzer Seele und von ganzem Gemüte". Er ließ sich von den biblischen Aussagen und von der Lehre der Kirche leiten. Aber Gott war ihm unendlich viel mehr. Er glaubte und vertraute Gott als der ersten und der letzten Wirklichkeit der umkämpften irdischen Geschichte.

Gebet und Leben: Oscar Romero war ein Beter. Mitarbeiter berichten, dass er bei schwierigen Sitzungen manchmal zwischendurch die Kapelle aufsuchte, um im Gebet vor Gott zu bedenken, was man verhandelte. Seine große Ausstrahlung, seine Wirkung auf andere waren nicht nur darin begründet, dass er den Menschen zugewandt war, sondern dass er im Angesicht Gottes lebte.

Ignatianisch geprägte Nachfolge Jesu Christi: Seine eigentliche christliche Prägung erhielt Romero durch die Exerzitien des Ignatius von Loyola. Er wollte ohne irgendwelche Abstriche in seinem ganzen Leben Christus nachfolgen. Er stellte alle Kräfte Leibes und der Seele in den Dienst Jesu. Die Spiritualität der Nachfolge korrigierte sein alltägliches Verhalten und die persönlichen Fehler. Aus ihr bezog er seine Kraft.

Gläubiger Sohn der römischen Kirche: Romero identifizierte sich gänzlich mit der römisch-katholischen Kirche. Er praktizierte seinen Glauben in einer konservativen, volksverbundenen Form, von der Marienfrömmigkeit bis zur Wertschätzung besonderer Heiligtümer. Ihm war ein fast kindlich zu nennendes Vertrauen zu den Päpsten eigen. Alle Feindseligkeit, die er in seiner Kirche erfuhr, konnten seine Liebe zu ihr nicht erschüttern.

Sensibilität für die Zeichen der Zeit: Romero entwickelte große Sensibilität für die Zeichen der Zeit. Er bemerkte die positiven Veränderungsprozesse in seiner Kirche seit dem Zweiten Vatikanischen Konzil und Medellin und Puebla und verstärkte sie:

---

[4] Aus: SCHOENBORN 1996, S. 154-156.

Die Kirche ist Sakrament des Reiches Gottes in der Welt. Sie engagiert sich für ganzheitliche Entwicklung. Als politische Mittel für die Humanisierung der Gesellschaft und die Befreiung der Menschen schätzt sie Mündigkeit und Partizipation. Romeros Engagement war Handeln aufgrund der Zeichen der Zeit im Einklang mit der Gesamtkirche.

Konkretes Reagieren auf die politische Lage: Oscar Romero liebte sein Vaterland. Als Erzbischof oblag ihm auch politische Verantwortung für gerechte und menschenwürdige Verhältnisse. Dieses Wächteramt nahm er ernst. In theologischen und politischen Analysen des Konfliktes in El Salvador wollte er erfassen, wozu Gott in dieser Situation aufrief. Seine Reaktionen waren fest und bestimmt, wenn er zu einer klaren Einsicht gekommen war, demütig fragend, wenn er noch nicht alles übersah, aber begriffen hatte, dass er reagieren musste. Auf jeden Fall handelte er.

Parteinahme für die Armen: Romeros Skepsis gegenüber der Befreiungstheologie wich, als er begriff, mit welcher Unerbittlichkeit die Armen im Lande von der Oberschicht unterdrückt wurden. Nach der Ermordung Rutilio Grandes wurden ihm die Augen für die wirklichen politischen und theologischen Zusammenhänge geöffnet. Von da an konnten die Armen und alle, die sich an ihrer Seite für eine Veränderung der Verhältnisse einsetzten, auf ihn zählen.

Korrektur der Machthaber: Über die wirklichen Machtverhältnisse in El Salvador machte sich Oscar Romero keine Illusionen. Er sah die Eigensucht und Verstocktheit der Oligarchie und der von ihnen abhängigen Repräsentanten der Macht. Unerbittlich wies er sie immer wieder auf die bedrohliche Lage hin. Romero war davon überzeugt, dass der Friede in seinem Vaterland sich nur auf Wahrheit und Gerechtigkeit gründen könne. Deshalb appellierte er an das christliche Gewissen und die Vernunft der Mächtigen. Er traute ihnen trotz allem als Kindern des himmlischen Vaters die Möglichkeit einer Umkehr zu.

Widerstand mit dem Wort der Wahrheit: Oscar Romero war ein Mann des Friedens. Wenn auch kein radikaler Pazifist, so vertraute er doch dem Wort der Wahrheit mehr als Waffen. Darum informierte er über Mordtaten der Sicherheitskräfte. Er korrigierte falsche Informationen der Medien. Er prangerte die Untätigkeit der Justiz an. Er veröffentlichte Analysen, um die wahre Situation El Salvadors sichtbar zu machen. Und vor allem: Er beurteilte seine Informationen von der Botschaft der Bibel her, dass Gott den Schrei seines gequälten Volkes gehört habe und zu seiner Befreiung komme, und dazu den Dienst von Menschen brauche. Deshalb zeigte er politische Handlungsziele und die Schritte zu ihrer Realisierung auf. So leistete er Widerstand mit dem Wort der Wahrheit.

Entlarvung der Götzen des Todes: Oscar Romero brachte den Kampf zur Verteidigung der Armen theologisch auf den Punkt: „Kampf gegen die Götzen des Todes." In der Welt, besonders der des gegenwärtigen Kapitalismus, regieren Todesmächte. Sie versprechen Leben, Heil und Reichtum. Aber in Wahrheit werden ihnen unzählige Menschenleben geopfert. Damit erweisen sie sich als Lügengebilde. Statt Leben bringen sie Tod. Sie sind Götzen des Todes. Wer sie anerkennt und ihnen dient, beleidigt den lebendigen Gott, dem das Leben aller Menschen wichtig ist. Und er beleidigt Jesus Christus, der gekommen ist, damit alle Leben und volles Genüge hätten. Konkret sieht Romero in der Vergötzung des Reichtums, in der ideologischen Absolutsetzung und brutalen Verteidigung des Privateigentums und in der Doktrin der Nationalen Sicherheit gegenwärtige Götzen des Todes. Ihnen müssen Christen ohne Wenn und Aber widerstehen. So praktiziert Romero die „zweite Aufklärung", das heißt die Kritik der gegenwärtigen religiösen, ideologischen, gesellschaftlichen und politischen Verhältnisse durch eine von der biblischen Botschaft erleuchtete Vernunft.

Todesmutiges Christentum: Oscar Romero war sich bewusst, dass ihm ein gewaltsamer Tod drohte. Wer die todbringenden Strukturen eines ganzen Landes ändern will, die einer kleinen Schicht Reichtum und Vorherrschaft sichern, wer die Armen verteidigt und wie Jesus Partei gegen den Götzen Mammon nimmt, muss damit rechnen, beseitigt zu werden wie er. Romero besaß den Mut, nicht von dem Weg abzuweichen, den er nach dem Tod Rutilio Grandes eingeschlagen hatte. Dass die Kirche seines Landes verfolgt wurde, war ihm ein Beweis dafür, dass die Bekehrung der Kirche zu den Armen richtig war. Romero suchte das Martyrium nicht, aber er wich ihm auch nicht aus – so wie die vielen unbekannten armen Christen seiner Kirche, die zu Märtyrern der Gerechtigkeit des Reiches Gottes wurden.

„Monsenor Romero wurde von den Reichen ermordet, denn er sagte die Wahrheit und verteidigte die Armen." So deuten Campesinos in salvadorianischen Basisgemeinden den Märtyrertod von Oscar Arnulfo Romero.

3.
Erzbischof Oscar Romeros Kirchenkonflikte

Von *Martin Maier SJ*[1]

Am 24. März 1980 wurde Erzbischof Oscar Arnulfo Romero in San Salvador von einem gedungenen Scharfschützen während der Feier der heiligen Messe ermordet. Romero predigte in dieser Messe zum Gedenken an die verstorbene Mutter eines Freundes über das Evangelium vom Weizenkorn, das in die Erde fallen und sterben muss, um reiche Frucht zu bringen. Diese Predigt wurde zu seinem Testament:

> „Es ist zwecklos, nur sich selbst zu lieben und sich vor den Gefahren des Lebens zu hüten. Die Geschichte stellt die Menschen in diese Gefahren, und wer ihnen ausweichen will, verliert sein Leben. Wer sich hingegen aus Liebe zu Christus in den Dienst der anderen stellt, wird leben, wie das Weizenkorn das stirbt, aber nur dem Scheine nach. Stirbt es nicht, so bleibt es allein. Die Ernte setzt das Sterben voraus. Nur was sich auflöst, trägt Frucht" (VIII, 385)[2].

Diese Worte haben sich an ihm selbst erfüllt. Auch wenn man in El Salvador bis heute von offizieller Seite versucht, ihn totzuschweigen, ist er zum bekanntesten Salvadorianer aller Zeiten geworden. Weltweit wurde er zu einem Symbol für eine von der

---

[1] Erstveröffentlichung: MAIER 2005* (Stimmen der Zeit). – Ziffern der Anmerkungen in diesem Neuabdruck abweichend.

[2] Die Predigten werden im Text zitiert nach der Ausgabe COLECCIÓN HOMILÍAS Y DIARIO DE MONS. OSCAR ARNULFO ROMERO, 9 Bde. (San Salvador 2000). Dabei bezeichnet die römische Ziffer den Band und die arabische Ziffer die Seitenzahl. Eine neue kritische und korrigierte Ausgabe ist in Vorbereitung.

Theologie der Befreiung inspirierte und für die Armen engagierte Kirche. Angehörige anderer Konfessionen und selbst Nichtgläubige sehen in ihm ein Vorbild. Im Juli 1998 wurde über einem Portal der Westminster Abbey in London eine Statue Romeros enthüllt, wo er zusammen mit neun anderen Märtyrern des 20. Jahrhunderts dargestellt ist, unter ihnen Dietrich Bonhoeffer, Martin Luther King und Maximilian Kolbe.

Wenn es schon nicht gelingt, die Erinnerung an Romero auszulöschen, so versuchen politische und auch kirchliche Kreise, sein Bild zu verwässern und zu verfälschen, indem sein prophetisches und konfliktives Potential ausgeblendet wird[3]. Doch gerade in seinen Konflikten mit der offiziellen Kirche spiegelt sich die ganze Dramatik seiner Amtszeit als Erzbischof[4].

„Sentir con la iglesia" – „Mit der Kirche fühlen": Für diesen Wahlspruch aus den ignatianischen Exerzitien hatte sich Oscar Romero bei seiner Bischofsweihe am 21. Juni 1970 entschieden. Die Treue zur Kirche und zum Papst war eine Konstante in seinem Leben. Doch nach seiner grundlegenden Wandlung von einem eher ängstlichen und konservativen Kirchenmann zum prophetischen Verteidiger der Armen wurde sein „Fühlen mit der Kirche" schmerzlichen Prüfungen unterworfen. Widerstand und Verfolgung begegneten ihm nicht nur seitens der politisch und wirtschaftlich Mächtigen; auch im Vatikan, beim Nuntius und bei den anderen Bischöfen El Salvadors stieß er auf Unverständnis und erbitterte Gegnerschaft. Ricardo Urioste, der als Generalvikar Romero während seiner Zeit als Erzbischof sehr nahe stand, betont, dass er unter den Angriffen, die aus dem Inneren der Kirche kamen, sehr viel mehr gelitten habe, als unter denen von außen. Die Verdächtigungen und die ihm angedrohte Absetzung als Erzbischof setzten ihn einer existentiellen Zerreißprobe aus zwischen seiner Treue zur Kirchenleitung in Rom und seiner Treue zu den Armen und Unterdrückten seines Volkes.

---

[3] Vgl. J. Sobrino, Reflexiones sobre el proceso de canonización de Monseñor Romero, in: Revista Latinoamericana de Teología 15 (1998) S. 3-15.

[4] Vgl. M. Maier, Oscar Romero. Meister der Spiritualität (Freiburg 2001).

Romeros „Fühlen mit der Kirche" wandelte sich im Lauf seines Lebens grundlegend. Identifizierte er die Kirche lange – der vorkonziliaren Ekklesiologie entsprechend – mit Papst und Hierarchie, so zeigte sich ihm die Kirche mehr und mehr als das Volk Gottes unter den Armen. Mit der Kirche zu fühlen hieß für ihn, mit den Armen zu fühlen. Es kann nur als tragisch bezeichnet werden, dass seine Hinwendung zu jenen, die in einer bevorzugten Weise Jesus Christus in der Geschichte gegenwärtig machen, ihn in einen dramatischen Konflikt mit dem Nuntius und dem Vatikan brachte. Romero legte es in keiner Weise auf diesen Konflikt an. Doch die Treue zum Evangelium und zu seinem Gewissen ließen ihm keine andere Wahl, als der Kirchenleitung „ins Angesicht zu widerstehen".

Konflikte mit dem Nuntius

Zu einer ersten Konfrontation Romeros mit der amtlichen Kirchenleitung kam es im März 1977 im Zusammenhang mit seiner Entscheidung, bei der Beerdigung Rutilio Grandes SJ, des ersten ermordeten Priesters in El Salvador, nur eine einzige Messe in der Kathedrale zu feiern. So wollte er den Ausnahmezustand des Landes auf pastorale Weise aufzeigen. Lange hatte er sich darüber mit den Priestern der Erzdiözese beraten; am Ende stand eine überwältigende Mehrheit für diese „einzige Messe". Doch Romero hatte die Rechnung ohne den päpstlichen Nuntius Emanuele Gerada gemacht, der sich dieser Entscheidung mit allen Mitteln widersetzte. Er argumentierte mit pastoralen, kirchenrechtlichen und politischen Gründen. Pastoral sei es nicht vertretbar, die vielen Gemeinden an einem Sonntag ohne Messe zu lassen. Kirchenrechtlich versuchte der Sekretär des Nuntius, Romero von der Unerlaubtheit seiner Entscheidung zu überzeugen und behandelte ihn dabei wie einen Schuljungen. Politisch argumentierte der Nuntius mit dem Ausnahmezustand, der von der Regierung verhängt worden war und größere Versammlungen verbot. Romero hielt dem entgegen, dass trotz des Ausnah-

mezustands in den Stadien immer noch viel besuchte Fußball-
spiele veranstaltet würden und die Regierung dies ohne Weiteres toleriere. Es waren letztlich Scheingründe, die der Nuntius
und sein Sekretär ins Feld führten. Sie wollten keine Spannungen
im Verhältnis zur Regierung, auch wenn es eine repressive Regierung war.

Romero blieb bei seiner Entscheidung, die auch kirchenrechtlich gesehen ganz und gar seine Sache war. Die einzige Messe
fand mit mehr als 100.000 Teilnehmern statt. Allerdings störte
dies seine bis dahin gute Beziehung mit dem Nuntius nachhaltig.
Die Konfliktlinien waren abgesteckt. Romero wusste die große
Mehrheit seiner Priester und Gläubigen hinter sich. Dagegen vertraten der Nuntius und die Bischöfe Pedro Arnaldo Aparicio von
San Vicente, Benjamín Barrera von Santa Ana, dessen Weihbischof Marco René Revelo und Eduardo Alvarez von San Miguel
de facto die Position der Regierung und der reichen Oberschicht.
Romero musste davon ausgehen, dass über den Nuntius und die
Regierung entsprechend negative Berichte nach Rom über seine
unerwartete Amtsführung gingen. So beschloss er, am 26. März
nach Rom zu reisen, um gegenüber dem Papst und der Kurie direkt seine Position zu vertreten.

Sein erster Besuch im Vatikan galt der Bischofskongregation,
mit deren Präfekt Kardinal Sebastiano Baggio er ein schwieriges
Gespräch hatte. Offensichtlich war man sich auch in Rom bewusst geworden, dass die Rechnung mit der Ernennung
Romeros zum Erzbischof nicht aufgegangen war. Am 30. März
1977 hatte er ein Gespräch unter vier Augen mit Papst Paul VI.
Er überreichte ihm ein Photo von Rutilio Grande, das der Papst
segnete. Paul VI. ermutigte Romero und betonte ausdrücklich,
dass er in der Erzdiözese der mit der Führung Beauftragte sei.
Positiv verlief auch ein Gespräch im Staatssekretariat am letzten
Tag seines Romaufenthalts mit Erzbischof Agostino Casaroli,
dem damaligen Sekretär des Rates für die Öffentlichen Angele-
genheiten der Kirche. Romero schrieb von Rom aus einen ver-
söhnlichen Brief an den Nuntius, in dem er seiner Hoffnung

Ausdruck verlieh, wieder ein gutes Verhältnis mit ihm zu finden. Doch dem sollte nicht so sein.

Mit der Entführung und Ermordung des Außenministers Mauricio Borgonovo durch eine der linken Guerillagruppen spitzte sich die politische Situation in El Salvador zu. Am Tag der Beerdigung Borgonovos, dem 11. Mai 1977, wurde mit Alfonso Navarro der zweite Priester ermordet. Am 13. Mai fand eine außerordentliche Versammlung der Bischofskonferenz mit dem Nuntius statt. Hier ging es in erster Linie um die Frage der Einheit unter den Bischöfen in ihrer Haltung gegenüber der Regierung und „pro-marxistischen" Priestern. Auch waren einige Bischöfe nicht mit der einzigen Messe einverstanden gewesen. Die Spaltung in der Konferenz zeichnete sich hier schon ab.

Spaltung der Bischofskonferenz

Diese Spaltung wurde offensichtlich in der regulären halbjährlichen Sitzung der Bischofskonferenz vom 11. bis 13. Juli 1977. Die Bischöfe Alvarez und Barrera vertraten in den wachsenden sozialen und politischen Konflikten im wesentlich die Position der repressiven Regierung. Romero berief sich in seiner Pastoral auf das Zweite Vatikanische Konzil, die Enzyklika „Evangelii Nuntiandi" Papst Pauls VI. und die Dokumente der lateinamerikanischen Bischofsversammlung in Medellín (1968).

Trotzdem kam er unter einen wachsenden Rechtfertigungsdruck. Ende Juli 1977 schickte Romero einen vertraulichen Brief an Kardinal Baggio. Darin hieß es: „Ich glaube, meine Entscheide vor dem Herrn wohl überlegt und mich genügend darüber beraten zu haben."[5] Grundlage für sein Handeln war die persönliche Suche nach dem Willen Gottes, gleichzeitig aber auch das Bemühen, seine Entscheidungen im Dialog mit anderen zu überprüfen. Er berief sich hier auch auf die breite Solidarität, die ihm innerhalb und außerhalb des Landes und des Kontinents zuteil

---

[5] J. R. BROCKMAN, Oscar Romero. Eine Biographie (Fribourg 1990) S. 104. [Kurztitel: BROCKMAN 1990.]

wurde, als Zeichen der Zustimmung und der Bekräftigung für seinen pastoralen Kurs.

Für den Fall, dass trotz seines klaren Gewissens der Heilige Stuhl seine pastoralen Bewertungen als falsch verurteile, erklärte er sich bereit, den Tadel anzuhören oder sogar die Leitung der Erzdiözese in andere Hände zu legen. Zu seinen Schwierigkeiten mit Nuntius Gerada schrieb er:

„Traurig muss ich kundtun, dass mir unter diesen für mich so schmerzlichen und schwerwiegenden Bedingungen seine Unterstützung für mein Handeln fehlt. Statt dessen habe ich in gewissen Augenblicken gespürt, wie sehr er gegen meine Entscheidungen ankämpfte. Wenn ich diese seine befremdende Haltung genau untersuche, muss ich zum Schluss kommen, dass sein Leben sich weit entfernt von den Problemen unseres Klerus und unserer bescheidenen Leute abspielt. Für ihn haben die Berichte Kardinal Casariegos[6], der Politiker, der Diplomaten und der begüterten Schicht in den eleganten Stadtteilen das größte Gewicht. ... Es entspricht der Wahrheit zuzugeben, dass er sich gegenwärtig nicht der Zuneigung unseres Volkes erfreut, und dies auf Grund seiner Vorlieben."[7]

Romero zog daraus die Konsequenz, sein „pastorales Wirken von der diplomatischen Tätigkeit der Nuntiatur zu trennen"[8].

Welche Veränderung sich in Romero vollzogen hat, wird deutlich, wenn man diese Aussagen mit der Position vergleicht, wie er sie wenige Jahre zuvor noch als Sekretär der Bischofskonferenz vertreten hatte, als sich Priesterseminaristen aufgrund der regierungsfreundlichen Position des Nuntius weigerten, an der

---

[6] Kardinal Mario Casaregio (1909-1983) war Erzbischof von Guatemala und vertrat ebenso reaktionäre wie gefährliche Positionen im inneren Konflikt sowohl Guatemalas wie auch El Salvadors.
[7] BROCKMAN 1990, S. 105f.
[8] EBD., S. 106.

Festtagsliturgie zum Jahrestag der Krönung des Papstes teilzunehmen. Juan Hernández Pico erinnert sich daran so:

> „Es war der Weltuntergang. ... Jene Seminaristen hatten den Papst und den Nuntius angetastet und die Hierarchie der Kirche nicht mehr respektiert! Etwas Schlimmeres konnte es gar nicht geben."[9]

Die innerkirchliche Spaltung verschärfte sich im Oktober 1977. Weihbischof Marco René Revelo erklärte auf einer Bischofssynode in Rom unter anderem, die Katecheten auf dem Land in El Salvador würden von Marxisten indoktriniert. Die von der Oligarchie gesteuerten Medien in El Salvador griffen dies begierig auf. Romero schrieb an Revelo nach Rom:

> „Es ist für mich eine brüderliche Pflicht der Offenheit, Ihnen zu schreiben, dass Ihre Worte in der Bischofssynode, die hier mit dem üblichen Getöse veröffentlicht worden sind, Priester und Volk, die unsere Pastoralpolitik besser kennen, bestürzt haben."[10]

Die Beschuldigung, Marxist oder Kommunist zu sein, kam in El Salvador wie in vielen anderen Ländern Lateinamerikas unter den Militärdiktaturen fast schon einem Todesurteil gleich. Aus der Sicht der Oligarchie und der Armee war jedes Mittel erlaubt, die „Pest des Kommunismus" auszurotten. So war es verheerend, wenn der Marxismusvorwurf auch aus dem Innern der Kirche selbst erhoben wurde. Damit hatte sich Romero schon im August 1977 in seinem Tagebuch im Anschluss an eine Sitzung der Bischofskonferenz auseinandergesetzt:

> „Als es aber um die Frage nach den Ursachen ging, ließ die Versammlung sich von den Vorurteilen einer marxistischen Infiltration innerhalb der Kirche leiten. Dabei war es nicht möglich, alle Vorurteile auszuräumen, obwohl ich zu erklären

[9] María López Vigil, Oscar Romero. Ein Porträt aus tausend Bildern (Luzern 1999) S. 39 [Kurztitel: Vigil 1999]
[10] Brockman 1990, S. 131.

suchte, dass die Verfolgung dieser Priester daher rührt, dass sie dem Geist des Zweiten Vatikanums treu sein wollen, wie er durch Medellín und Puebla nach Lateinamerika herübergebracht worden ist. Sehr wenig versteht man das, lieber gibt man die Schuld einer Instrumentalisierung der Kirche seitens des Marxismus, dem die Kirche diene, wie sie meinen. Ich opferte Gott diese Geduldsprobe auf, denn zum großen Teil gab man mir die Schuld an allem Schlimmen, das im Lande und in unserer Kirche passiert."[11]

Ein konkretes Beispiel dafür, wie Bischöfe selbst ihre Priester im Stich ließen, lieferte Bischof Alvarez. Miguel Ventura war Pfarrer in dem Ort Osicala. Er wurde gefangen genommen und während mehrerer Tage in der Polizeistation von Gotera gefoltert. Bischof Alvarez hatte dafür nur die knappe Erklärung übrig: „Pater Miguel ist als Mensch und nicht als Priester gefoltert worden."[12] Deshalb sah er auch keinen Grund, öffentlich dagegen zu protestieren. Romero griff diesen Fall in seiner Predigt am 6. November 1977 als ein weiteres Beispiel für die Verfolgung der Kirche auf.

Die Auseinandersetzung mit dem Nuntius spitzte sich zu, als im März 1978 eine Gruppe von Priestern einen Brief an den Vatikan-Diplomaten verfasste, der von mehr als 300 der insgesamt 1125 Priester und Ordensleute im Land unterschrieben wurde. Er begann mit den Worten:

„Nachdem wir in Ruhe im Lichte des Evangeliums darüber nachgedacht haben, kommen wir zu der Überzeugung, dass Jesus, der Herr der Geschichte, uns alle drängt, auf jene Aspekte Ihres Tuns aufmerksam zu machen, die ein großer Skandal für das Volk Gottes sind und zerstörerisch auf die Kirche und ihren Auftrag zur Evangelisierung wirken."[13]

---

[11] OSCAR ROMERO, In meiner Bedrängnis. Tagebuch eines Märtyrerbischofs 1978-1980, hg. v. E. L. Stehle (Freiburg 1993) S. 182. [Kurztitel: ROMERO 1993]
[12] VIGIL 1999, S. 141.
[13] BROCKMAN 1990, S. 150.

Als „anti-evangelisch" wurden in seinem Handeln unter anderem seine Differenzen mit Romero und seine Unterstützung der „repressiven und ungerechten Regierung" aufgezählt. Der Brief wurde von der Presse veröffentlicht. Am 3. April traf sich die Bischofskonferenz zu einer Dringlichkeitssitzung. Unter Umgehung von Romero und Rivera hatten die anderen Bischöfe schon ein Dokument vorbereitet, in dem der Brief auf schärfste verurteilt wurde. Den Verfassern wurde eine Verfehlung gegenüber dem Heiligen Stuhl vorgeworfen. Romero forderte hier etwas für ein normales Rechtsempfinden Selbstverständliches: Man solle die Priester nicht anklagen, ohne sie vorher anzuhören. Dann nahm er eine interessante Differenzierung vor: „Ich unterschied zwischen dem Heiligen Stuhl, hauptsächlich der Figur des Papstes, mit dem diese Priester sich kraft des Glaubens vereint wissen, und der Figur des Nuntius, der den Papst repräsentiert und nicht immer einwandfrei repräsentiert."[14] Weiter schien ihm, „dass mit der Veröffentlichung eines solchen Dokuments eine Spaltung zwischen den Bischöfen gefördert werde", da er nicht bereit war, es zu unterschreiben. Über das Ergebnis der Sitzung notierte er in seinem Tagebuch:

„Das Dokument wurde beschlossen, und ich war Gegenstand vieler falscher Anklagen von seiten der Bischöfe. Man warf mir eine subversive, gewalttätige Predigtweise vor; meine Priester riefen unter den Campesinos ein Klima der Gewalt hervor, und wir sollten uns nicht darüber beklagen, dass die Obrigkeit Überfälle vornehmen lasse. Das Erzbistum wurde beschuldigt, sich in Dinge der anderen Bistümer einzumischen, indem es die Spaltung der Priester und pastorales Unbehagen provoziere. Man beschuldigte das Erzbistum, im Seminar Verwirrung zu stiften; auch sollte das Ordinariat von San Salvador doch dringend das Gebäude in San José de la Montaña verlassen. Und eine weitere Serie von verleumderischen und falschen Anklagen; ich zog vor, auf sie nicht zu

---

[14] ROMERO 1993, S. 15.

antworten. Ein unter solchen Umständen bitterer Tag; traurig, dass die Spaltung im Episkopat mit diesem unklugen Schritt zunimmt."[15]

Dieser Konflikt blieb natürlich im Vatikan nicht unbeachtet. Romero erhielt einen vom 16. Juni 1978 datierten Brief von Kardinal Baggio, in dem er zu einem „brüderlichen und freundschaftlichen Gespräch" eingeladen wurde. Zum zweiten Mal machte er sich als Erzbischof auf den Weg nach Rom. In der Bischofskongregation wurde er zuerst angewiesen, mit dem Sekretär der Kongregation Monsignore Miguel Buro zu sprechen, der ihn aber kaum zu Wort kommen ließ. Romero verzeichnet dazu in seinem Tagebuch: „Wir unterhielten uns lange mit ihm, doch bemerkten wir in seiner Mentalität eine Reihe von Konzepten und Vorurteilen, die uns recht wenig Hoffnung ließen, dass er die Pastoral versteht, die unser Erzbistum betreibt."[16] Das brüderliche und freundschaftliche Gespräch mit Kardinal Baggio am 20. Juni verlief sehr schwierig für Romero. Baggio äußerte seine Enttäuschung über den Kurs Romeros, die er mit vielen geachteten Personen und auch mit den anderen salvadorianischen Bischöfen teile. Die Konfrontation mit dem Nuntius bezeichnete er als „einen kaum wieder gut zu machenden Skandal"[17]. Der Kardinal kritisierte darüber hinaus, dass Romero selber seinen Wandel als eine „Bekehrung" beschreibe[18].

Romero verfasste im Anschluss an dieses Gespräch mit Baggio ein an den Kardinal adressiertes neunseitiges Memorandum. Zum „Vorwurf" seiner Bekehrung hieß es darin:

„Was in meinem priesterlichen Leben geschehen ist, habe ich mir selber als eine Entwicklung des schon immer gehegten Wunsches zu erklären versucht, dem treu zu sein, was Gott von mir verlangt. Wenn ich früher den Eindruck erweckt habe, ‚diskreter' und ‚spiritueller' zu sein, so deshalb, weil ich

---

[15] EBD., S. 16.
[16] EBD., S. 38.
[17] BROCKMAN 1990, S. 175.
[18] Vgl. EBD., S. 172.

ernsthaft glaubte, dass ich auf diese Weise dem Evangelium entspreche; denn die Umstände meines Amtes hatten damals nicht die pastorale Tapferkeit gefordert wie die Bedingungen, unter welchen ich Erzbischof wurde."[19]

Über das zerstörte Vertrauensverhältnis mit Weihbischof Marco René Revelo schrieb er:

„In brüderlicher Aufrichtigkeit muss ich Ihnen sagen, dass der Heilige Stuhl und meine bischöflichen Brüder die Grundlage dieses Vertrauens untergraben haben; denn Bischof Revelo gibt selber zu – und Sie haben es bestätigt –, dass er dazu ernannt worden sei, ‚mir die Zügel zu straffen'. Der Nuntius und die Bischöfe gebrauchen eben diesen Auftrag, um Zwietracht anzuzetteln, die jede herzliche Beziehung zerstört."[20]

Romero erwähnte auch die Gefahren, die von der Uneinigkeit unter den Bischöfen ausgingen. So behauptete etwa Major Roberto D'Aubuisson, der Hauptverantwortliche für die Verfolgung der Kirche und die Ermordung Romeros: „Diese Pfarrer haben etwas aufgebracht, was sie Volkskirche nennen und was nicht unsere Kirche ist, die Kirche des Vatikans, die der Papst leitet und deren Gläubige wir alle sind."[21] Diese Spaltung der Bischofskonferenz war ein Spiegelbild der Spaltung, die durch die ganze Gesellschaft El Salvadors und die Kirche selber ging. Sie schwächte die Position der Kirche, und sie verwirrte die Gläubigen. Romero ging in einem eigenen Abschnitt seines vierten und letzten Hirtenbriefs darauf ein. Er bezeichnete diese Spaltung als den sichtbarsten Ausdruck der Sünde in der Kirche. Als Erzbischof legte er dafür ein Schuldbekenntnis ab und bat die Gläubigen um Verzeihung[22].

---

[19] EBD., S. 173.
[20] EBD., S. 174.
[21] VIGIL 1999, S. 131.
[22] LA VOZ DE LOS SIN VOZ. LA PALABRA VIVA DE MONSEÑOR ROMERO, Introducción, comentarios y selección de textos de J. Sobrino, I. Martín-Baró y R. Cardenal (San

Nichts dergleichen war von den anderen Bischöfen zu hören. Im Gegenteil! Wenig später hielt Bischof Aparicio eine Predigt, in der er sich ganz die Sicht der extremen Rechten zur Verfolgung der Kirche zu eigen machte. Diese Predigt wurde auf einer ganzen Seite in den auflagestärksten Tageszeitungen veröffentlicht. Im Tagebuch Romeros findet sich dazu unter dem 13. September 1979 die Eintragung:

> „Es ist eine furchtbare Verurteilung der Priester; er könne sie, sagt er, nicht verteidigen, und klagt sie fast an, setzt sie einem Mord aus, indem er sagt, die getöteten Priester seien einer Säuberung der eigenen Linken zum Opfer gefallen; es gebe auch Priester, die sich mit der Linken eingelassen hätten und nicht zurückkönnten, ohne umgebracht zu werden. Ich habe mich mit anderen Priestern zusammengesetzt, die über diese gefährliche Anklage sehr empört sind."[23]

Der Riss, der durch die Kirche El Salvadors ging, spaltete auch die Kirche auf dem ganzen lateinamerikanischen Kontinent. Dies wurde auf der Dritten Generalversammlung des lateinamerikanischen Episkopats in Puebla Anfang 1979 deutlich. Romero nahm an der Versammlung nicht als Delegierter der salvadorianischen Bischofskonferenz teil, sondern als Mitglied der Päpstlichen Kommission für Lateinamerika. In Puebla begegnete er Bischöfen wie Leonidas Proaño aus Ecuador, Sergio Méndez Arceo aus Mexiko sowie den brasilianischen Kardinälen Aloísio Lorscheider und Paulo Evaristo Arns, die sich – so wie er – entschieden für die Armen einsetzten. Er begegnete aber auch der Feindseligkeit von Bischof Alfonso López Trujillo, dem damaligen Generalsekretär des lateinamerikanischen Bischofsrates. López Trujillo war der Wortführer jener Bischöfe, die in Puebla eine Verurteilung der Theologie der Befreiung, eine zentralistische Kontrolle der Basisgemeinden und eine Abschwächung der Option für die Armen erreichen wollten.

Salvador 1980) S. 136f. [Kurztitel: LA VOZ]
[23] ROMERO 1993, S. 194.

Insgesamt vier „apostolische Visitatoren", vatikanische Kontrolleure, wurden Romero während seiner drei Jahre als Erzbischof geschickt. Einer von ihnen war Ende 1978 der argentinische Bischof und spätere Kardinal Antonio Quarracino. Er empfahl, einen Apostolischen Administrator sede plena zu ernennen und damit Romero faktisch als Erzbischof zu entmachten[24]. Romero sagte im Anschluss an diese Visitation: „Wenn sie mich nicht wollen, wie ich bin, sollen sie mir doch das Erzbistum entziehen und mich zum Pfarrer in einer Pfarrei ernennen. Ich kann doch deshalb nicht meine Worte ändern, denn ich spreche, wie mein Gewissen es mir befiehlt."[25] Ähnlich hatte sich Romero schon in seinem erwähnten Memorandum an Kardinal Baggio geäußert: „Wenn es zum Wohl der Kirche gereicht, will ich mit größter Freude diese schwierige Führung der Erzdiözese in andere Hände legen. Aber solange diese in meiner Verantwortung liegt, will ich nur Gott und seiner Kirche zu gefallen und seinem Volk zu dienen suchen, gemäß meinem Gewissen im Lichte des Evangeliums und des Lehramtes."[26] Damit ist der heikelste Punkt im Konflikt Romeros mit der offiziellen Kirchenleitung angesprochen. Kann Rom von Bischöfen verlangen, dass sie „aus Gehorsam" gegen ihr Gewissen handeln?

Noch deutlicher äußerte er sich in einem Gespräch mit dem Jesuitenprovinzial Cesar Jérez: „Gegebenenfalls lasse ich mich lieber als Erzbischof absetzen und gehe mit hocherhobenem Haupt, als dass ich die Kirche den Mächten dieser Welt überlasse." Jérez lässt keine Zweifel aufkommen: mit den „Mächten dieser Welt" war nicht die Regierung von El Salvador, sondern die Regierung der Kirche gemeint, die Mächte Kardinal Sebastiano Baggios. „Romero schien entschlossen, vor ihnen nicht klein beizugeben."[27]

---

[24] Vgl. BROCKMAN 1990, S. 220.
[25] VIGIL 1999, S. 187.
[26] BROCKMAN 1990, S. 176.
[27] VIGIL 1999, S. 124.

Auf welcher Seite steht Rom?

Im Zusammenhang mit seinen Schwierigkeiten mit dem Nuntius und Weihbischof Revelo hatte Romero einen Brief an den Papst geschrieben. Auf diesen Brief wurde ein Priester von einem Angehörigen der Botschaft der USA in San Salvador angesprochen. Wie war eine Kopie dieses Briefes in die US-Botschaft gelangt? Diese Frage beunruhigte Romero zutiefst. Es gab zwei Möglichkeiten. Entweder gab es eine undichte Stelle in der erzbischöflichen Kurie: Dann konnte die Kopie des Briefes aber keine Unterschrift Romeros tragen; oder eine Kopie des unterschriebenen Originals war vom Vatikan an die Botschaft weitergeleitet worden. Die Nachforschungen des Priesters ergaben, dass es eine Kopie des unterschriebenen Briefes war, die damit aus dem Vatikan weitergeleitet worden sein musste. Romero fragte bedrückt: „Aber auf welcher Seite steht Rom dann ...?"[28]

Wie vatikanische Kreise Politik gegen Romero zu machen versuchten, wurde Anfang 1978 auch in folgender Angelegenheit deutlich: Die Georgetown-Universität der Jesuiten in Washington beschloss, Romero als Zeichen der internationalen Unterstützung seines Einsatzes für die Gerechtigkeit und die Menschenrechte ein Ehrendoktorat zu verleihen. Ordnungsgemäß informierte die Universität zwei Monate im Voraus darüber den Apostolischen Delegaten in Washington. Doch zwei Wochen vor dem bereits festgelegten Termin äußerte der Vatikan Bedenken. Kardinal Gabriel Garrone, der Präfekt der Kongregation für das Katholische Bildungswesen, schrieb an den Generaloberen des Jesuitenordens, er möge versuchen, die Ehrung zu unterbinden. Doch die Jesuiten waren sich mit der Georgetown-Universität einig, dass an den Plänen nichts mehr geändert werden sollte. Daraufhin unternahm der Vatikan keine weiteren Schritte. Am 14. Februar 1978 wurde Romero in der Kathedrale von San Salvador unter Anteilnahme vieler Menschen aus der einfachen Bevölkerung die Würde eines Doctor honoris causa verliehen. Der

---

[28] Vgl. EBD., S. 184ff.

Nuntius und drei Bischöfe waren bei der Feier abwesend. Kardinal Baggio bezeichnete dieses Ehrendoktorat später „als einen politischen Winkelzug"[29].

Anfang 1980 kündigte die US-Regierung verstärkte Militärhilfe für die salvadorianische Regierung an, was nur bedeutete, Öl ins Feuer des schon bürgerkriegsähnlichen Konflikts zu gießen. Romero entwarf einen Brief an den damaligen US-Präsidenten Jimmy Carter, den er während der Sonntagsmesse am 17. Februar 1980 vorlas. Darin hieß es: „Der Beitrag Ihrer Regierung wird zweifellos, statt Gerechtigkeit und Frieden in El Salvador zu fördern, die vom organisierten Volk erlittene Ungerechtigkeit und Unterdrückung noch verschärfen."[30] Er warnte Carter vor einer Einmischung der USA in die Verhältnisse El Salvadors und berief sich dabei auf das Selbstbestimmungsrecht, wie es die lateinamerikanischen Bischöfe auf ihrer Versammlung in Puebla ausdrücklich betont hatten. In weniger als 24 Stunden lag im vatikanischen Staatssekretariat schon eine Beschwerde des Washingtoner State Departments über den Brief vor. Über die Generalskurie der Jesuiten erfuhr Romero von dem „Wirbel", den seine Predigt und insbesondere sein Brief an Präsident Carter in Rom verursacht habe[31].

Romeros Verhältnis zu den Päpsten

Auch in den schwierigsten Phasen war Romero unerschütterlich in seiner Treue zum Papst. So erklärte er in seiner Predigt am 9. April 1978:

„Ich möchte in diesem Augenblick ein feierliches Glaubensbekenntnis meiner Verbundenheit mit dem heiligen Vater ablegen. Der Papst ist für mich immer eine Erleuchtung gewesen, und ich gedenke, in der Treue zu ihm zu sterben. Ich

---

[29] Vgl. BROCKMAN 1990, S. 177.
[30] EBD., S. 300.
[31] Vgl. ROMERO 1993, S. 301.

möchte auch meine Gemeinschaft mit dem Bischofskollegium der ganzen Welt bekennen" (IV, 124).

In einer anderen Predigt bezeichnete er den Papst als das „Herz der Kirche" (VI, 36ff.) und im Blick auf die Bischofsversammlung in Puebla ist ihm am wichtigsten seine Begegnung mit dem Nachfolger Petri (VI, 86). Er selbst habe den Papst am nötigsten; jede Woche verfolge er seine Verlautbarungen (VI, 238).

Ungemein wichtig war für ihn das bereits erwähnte persönliche Gespräch mit Papst Paul VI. bei seinem Rombesuch im Juni 1978. Aus dem Gedächtnis notiert er in seinem Tagebuch die folgenden Sätze des Papstes: „Ich verstehe Ihre schwierige Arbeit. Es ist eine Arbeit, die vielleicht nicht verstanden wird. Sie brauchen viel Geduld und Mut. Ich weiß wohl, nicht alle denken wie Sie, beim Zustand Ihres Landes fällt solche Einmütigkeit schwer, machen Sie trotzdem weiter mit Mut, Geduld, Kraft und Hoffnung." Er verlässt Rom bestärkt: „Es schmerzt mich, Rom zu verlassen. ... Es ist Heimat dem Glaubenden und mit der Kirche Fühlenden. Der Papst, der wahre Vater aller, ist dort. Ich habe mich ihm nahe gefühlt. Ich verlasse die Stadt voller Dankbarkeit ihm gegenüber ..."[32] Als er bei seiner nächsten Romreise das Grab Pauls VI. besuchte, verdeutlichte ihm dessen Schlichtheit „den neuen Stil der Einfachheit und Demut im Dienst an der Kirche", wie ihn Paul VI. geprägt hat[33]. Als am 16. Oktober 1978 Karol Wojtila zum Papst gewählt wurde, äußerte Romero Zweifel, ob der neue Papst auf dem Hintergrund seiner polnischen Herkunft die Realität der Länder Lateinamerikas verstehen würde: „Er kommt aus Polen, von der anderen Seite ... Und wer weiß, ob er nicht die Vereinigten Staaten unterstützt. Natürlich um den Kommunismus zu bekämpfen. Weil er meint, dass er so den Glauben verteidigt und dass es sich für die Kirche eben so gehört ..."[34] Deshalb sah es Romero als wichtig an, den neuen Papst möglichst schnell und gut über die Situation El Salvadors

---

[32] Brockman 1990, S. 179.
[33] Vgl. La voz, S. 127.
[34] Vigil 1999, S. 184.

zu informieren. Bereits am 7. November schickte er Johannes Paul II. einen sechsseitigen Brief über die Situation der Erzdiözese. Darin hieß es:

„Seit Beginn meines Amtes in der Erzdiözese habe ich aufrichtig geglaubt, Gott fordere von mir die Stärke eines Hirten und verleihe sie mir auch – eine Stärke, die zu meinen ‚konservativen' Neigungen und zu meinem Temperament im Gegensatz stand. Ich glaubte, es sei meine Aufgabe, eine tatkräftige Haltung in der Verteidigung meiner Kirche und als Repräsentant dieser Kirche an der Seite meines unterdrückten und geschundenen Volkes einzunehmen. In all meinen Handlungen habe ich zum Heiligen Geist um viel Licht gebetet, damit ich nicht vom Evangelium, den Weisungen des Zweiten Vatikanischen Konzils und der Dokumente von Medellín abweiche. Im Besonderen ist mir Evangelii Nuntiandi eine gottgewirkte Richtschnur gewesen."[35]

Im April 1979 machte er sich zu einem weiteren Besuch nach Rom auf, um sich dem neuen Papst persönlich vorzustellen. Obwohl er lange im Voraus schon um eine Audienz gebeten hatte, wurde er von der kurialen Bürokratie hingehalten und von einem Tag auf den nächsten vertröstet. Offensichtlich gab es Kräfte im Vatikan, die nicht wollten, dass er sich mit dem Papst treffe. In seinem Tagebuch spiegelt sich die wachsende Verzweiflung über diese Behandlung:

„Dieser Umgang mit einem Diözesanbischof bereitet mir Kummer und Ärger; immerhin habe ich die Audienz frühzeitig beantragt, aber man schiebt die Antwort hinaus. Ich fürchte sogar, dass man sie mir nicht gewährt ... Ich habe alles in Gottes Hände gelegt und sage ihm, dass ich von mir aus alles Mögliche getan habe und dass ich trotz allem an die heilige Kirche glaube und sie liebe und mit Gottes Gnade immer

---

[35] BROCKMAN 1990, S. 195.

dem Heiligen Stuhl, dem Lehramt des Papstes treu sein werde und dass ich die menschliche, fehlerhafte Seite seiner heiligen Kirche verstehe, die trotz allem das Werkzeug der Erlösung der Menschheit ist und der ich ohne jeden Vorbehalt dienen will."[36]

Schließlich bat er den Papst bei einer Generalaudienz persönlich um ein Gespräch. Der Papst willigte ein. Doch die Begegnung verlief unglücklich. Offensichtlich war Johannes Paul II. einseitig und negativ über Romero informiert worden. Sein wichtigster Auftrag an ihn lautete, er solle sich um ein besseres Verhältnis zur Regierung seines Landes bemühen. In seinem Tagebuch vermerkte er von der Begegnung vorsichtig, sein erster Eindruck sei nicht rundum zufriedenstellend. Einer guten Bekannten erzählte er bei einer Zwischenlandung in Madrid auf dem Rückflug mit Tränen in den Augen von dieser ersten, missglückten Begegnung[37].

Ermutigender verlief das zweite und letzte Treffen Romeros mit Papst Johannes Paul II. am 30. Januar 1980. Zuvor hatte sich der Generalobere des Jesuitenordens Pedro Arrupe positiv beim Papst über Romeros Pastoral und seine Predigten geäußert. Darüber schreibt er in seinem Tagebuch: „Das hat das Urteil des Heiligen Vaters anscheinend sehr beeinflusst. Man spürte auch seine Überraschung, als Pater Arrupe ihm mitteilte, dass bis jetzt schon sechs Priester im Land ermordet wurden. Man hatte den Eindruck, als würde der Papst keine objektiven Informationen über die Situation der Kirche in unserem Land erhalten."[38]

Johannes Paul II. ermutigte ihn, die „Verteidigung der sozialen Gerechtigkeit" fortzusetzen und auf der Linie der „vorrangigen Option für die Armen" weiterzugehen. Der Papst machte allerdings auch auf die „Gefahren einer ideologischen Infiltration durch den Marxismus" aufmerksam, wodurch der „christliche Glaube im Volk ausgehöhlt" werden könnte. Romero äußerte

---

[36] ROMERO 1993, S. 120.
[37] Vgl. VIGIL 1999, S. 238ff.
[38] ROMERO 1993, S. 193.

dazu seinerseits, dass er auf die nötige „Balance" bedacht sei. „Aber", so fügte er hinzu, „ich habe dem Papst auch gesagt: es gibt einen Antikommunismus, der nicht auf die Verteidigung der Religion, sondern des Kapitals aus ist: der Antikommunismus von rechts"[39].

Bemerkenswert ist, dass Papst Johannes Paul II. offensichtlich selber seine Meinung über Romero geändert hat. So bestand er bei seinem ersten Besuch in El Salvador 1983 entgegen den offiziellen Planungen darauf, am Grab Romeros zu beten. Öffentlich lobte er ihn als eifrigen Hirten, der sein Leben aus Liebe zu Gott und im Dienst an seinen Brüdern hingegeben habe. Auch bei einem weiteren Besuch in El Salvador 1996 suchte er sein Grab auf. Ausdrücklich bestand Papst Johannes Paul II. auf einer namentlichen Erwähnung Romeros bei dem Gedenken an die christlichen Märtyrer im Jubeljahr 2000 im römischen Kolosseum.

Verbindung von Charisma und Amt

Karl Rahner hat sich in seinem Aufsatz „Das Charismatische in der Kirche"[40] mit der notwendigen Spannung zwischen Charisma und Amt in der Kirche beschäftigt. Mit dem Charismatischen bezeichnet er das freie Wirken des Geistes Gottes in der Kirche auch außerhalb der institutionellen und hierarchischen Verfasstheit. Eine einfache Gleichsetzung von Amt und Charisma würde zu einer totalitären Auffassung von der Kirche führen. Der Amtsträger in der Kirche müsse nicht notwendig der höchste Geistträger sein. In der Kirchengeschichte gebe es genügend Beispiele dafür, dass im Nachhinein gesehen gottgewollte Erneuerungsbewegungen „von unten" sich gegen den Widerstand der Hierarchie durchsetzen mussten. Rahner spricht von einem „gottgewollten, unaufhebbaren Dualismus zwischen Charisma und Amt" in der Kirche, von einem „notwendigen Antagonis-

---

[39] Vgl. LUDWIG KAUFMANN, Erzbischof Romeros Zeugnis, in: Orientierung 44 (1980) S. 73-75.
[40] Vgl. K. RAHNER, Das Dynamische in der Kirche (Freiburg 1958) S. 38-73.

mus in der Kirche", der sich aus dem Pluralismus unterschiedlicher Antriebe ergibt: die einen über das Amt, die anderen „von unten"[41].

Erzbischof Oscar Romero ist ein besonderes Beispiel für ein solches Wirken des Geistes in der Kirche in Spannung, ja im Widerspruch zu ihrer amtlichen Leitung. Als Christ und Bischof war er ständig auf der Suche nach dem Willen Gottes, der sich für ihn nicht einfach aus amtlichen Dokumenten oder der allgemeinen Lehre der Kirche ableiten ließ. Dabei hat Romero in seiner Person in einer einzigartigen Weise Charisma und Amt miteinander in Einklang gebracht. Dass es Bischöfe wie Romero in der Kirche geben kann, ist ein lebendiger Beweis, dass in ihr der Geist, das Charisma Jesu lebendig ist. Er stellt ein Modell für die Ausübung des Bischofsamtes in unserer Zeit dar.

Diese Spannung zwischen dem Charismatischen und dem Amtlichen in der Kirche kennzeichnet auch das 1990 eingeleitete Seligsprechungsverfahren für Romero, das allerdings bis heute Gegner Romeros in El Salvador und auch im Vatikan zu verschleppen versuchen. Stand dieselbe institutionelle Kirche vor 26 Jahren kurz davor, Romero durch die Bestellung eines Apostolischen Administrators eine Art Misstrauensvotum auszustellen, so erkennt sie ihn heute als einen vorbildlichen Bischof an. Man kann dies als eine letztlich bewundernswerte Form von Selbstkorrektur sehen. Daraus müssen aber auch Schlussfolgerungen für das heutige Wirken der amtlichen Kirchenleitung gezogen werden. Sie muss sich verabschieden von Arroganz und einer falschen Selbstsicherheit, wie sie auch heute noch von vatikanischen Dikasterien an den Tag gelegt werden. Sie sollte ihre Irrtumsfähigkeit eingestehen und vorsichtiger im Urteilen und Verurteilen sein. Der Geist in der Kirche darf nicht ausgelöscht werden.

---

[41] EBD., S. 65.

4.

Selig sein
und seligsprechen

Von Martin Maier SJ[42]

Mit Seligsprechungen können sich kirchenpolitische Richtungs-anzeigen verbinden. In diesem Sinn wurde die in Rekordzeit er-folgte Selig- (1992) und Heiligsprechung (2002) des Opus Dei-Gründers Josemaría Escrivá (1902-1975) verstanden. Ein interes-santes Gegenbeispiel ist Erzbischof Oscar Arnulfo Romero, der während einer Eucharistiefeier am 24. März 1980 – also vor 30 Jahren – wegen seines entschiedenen Einsatzes für Glauben und Gerechtigkeit in El Salvador erschossen wurde. Dieses Engage-ment rückte den ursprünglich konservativen und dem Opus Dei nahestehenden Bischof in die Nähe der Theologie der Befreiung. Hinter seinem Mord stand Roberto D'Aubuisson, der den militä-rischen Geheimdienst und die Todesschwadronen dirigierte.

[42] Erstveröffentlichung: MAIER 2010b* (Stimmen der Zeit). – Abb.: CIR-Archiv.

Schon unmittelbar nach seiner Ermordung erfolgte so etwas wie eine spontane Heiligsprechung Romeros durch das Volk von El Salvador. Fragt man einfache Menschen, was er für sie bedeutet, so geht die Antwort immer in dieselbe Richtung: Wie Jesus hat er die Wahrheit gesagt und uns verteidigt – deswegen wurde er umgebracht. Der brasilianische Bischof Pedro Casáldaliga hat dem in seinem berühmten Gedicht „Heiliger Romero von Amerika" Ausdruck verliehen. Darin heißt es: „Armer Hirte und Märtyrer - niemand wird Deine letzte Predigt zum Verstummen bringen." Auch wenn man von regierungsoffizieller Seite bis vor kurzem versuchte, Romero totzuschweigen, so wurde er doch zu einer nationalen Identitätsgestalt: In vielen Hütten und Häusern hängt sein Bild. Auf einem zentralen Platz in der Hauptstadt San Salvador steht an hervorgehobener Stelle seine Büste. Jedes Jahr findet an seinem Todestag eine Gedenkprozession statt, an der Tausende teilnehmen und die in eine große Meßfeier auf dem Platz vor der Kathedrale mündet, wo die Armee bei seiner Beerdigung ein Blutbad angerichtet hat. Auch für junge Menschen in El Salvador ist Erzbischof Romero heute ein großes Vorbild.

Im Jahr 1990 wurde ein offizielles Seligsprechungsverfahren für Romero eingeleitet, das 1996 auf diözesaner Ebene abgeschlossen und nach Rom weitergeleitet wurde. Der damalige Erzbischof Arturo Rivera y Damas war zuversichtlich, dass sein Vorgänger im Jahr 2000 zu seinem zehnten Todestag seliggesprochen würde. Dies soll auch ein persönlicher Wunsch von Papst Johannes Paul II. gewesen sein. Doch aus verschiedenen Richtungen wurden und werden der Seligsprechung Romeros Hindernisse in den Weg gelegt. Noch leben in El Salvador die Mitglieder der Oberschicht, die auf die Nachricht seiner Ermordung mit Champagner angestoßen haben! Auch die Hintermänner aus dem Umkreis von D'Aubuisson, die für den Mord verantwortlich sind, leben noch.

Nachdem es den Gegnern Romeros nicht gelungen war, ein Seligsprechungsverfahren überhaupt zu verhindern, versuchten sie, sein Bild zu verfälschen. Dabei vermischte man seinen Einsatz und seine Stellungnahmen während seiner Zeit als Erzbischof mit denen vor seiner Bekehrung. Man erklärte ihn zu einem „frommen, heroisch fürsorglichen Bischof". Die offensichtliche Absicht dabei war, seine karitative Sorge für die Armen in den Mittelpunkt zu stellen und sein prophetisches Anprangern der Ungerechtigkeit zu ignorieren.

Von 1988 bis Juni 2009 stellte die von D'Aubuisson gegründete ultrarechte ARENA-Partei sämtliche Regierungen. Über deren Rolle in der Torpedierung der Seligsprechung äußerte sich Weihbischof Gregorio Rosa Chávez im August 2009 überraschend deutlich: Sie hätten „auf diskrete Weise mit allen Mitteln den Prozess der Seligsprechung Erzbischof Romeros blockiert". Doch mit dem Regierungswechsel unter dem neuen Präsidenten Mauricio Funes von der Partei FMLN, die aus der früheren Guerilla hervorgegangen ist, sei eine neue Situation gegeben: „Wir hoffen, dass sich die Dinge jetzt ändern, denn die ganze Welt weiß, wer Erzbischof Romero war; das Volk hat ihn schon heiliggesprochen, und es fehlt nur noch das Wort der Kirche."

Auch innerhalb von Kirche und Vatikan scheiden sich die Geister. Kurienkardinal Alfonso López Trujillo († 2008) soll sich bis zuletzt vehement gegen eine Seligsprechung Romeros ausgesprochen haben. Dagegen bestand Johannes Paul II. ausdrücklich darauf, dass Romero bei einer großen Gedenkfeier an die christlichen Märtyrer im Jubeljahr 2000 namentlich erwähnt wurde. Offensichtlich hatte sich beim Papst, der zu Beginn seines Pontifikats (1978) Romeros Engagement kritisch und skeptisch begegnete, eine Wandlung in der Einschätzung seiner Person vollzogen.

Wo steht Papst Benedikt XVI. in dieser Frage? Während seines Flugs nach Brasilien im Mai 2007 meinte er gegenüber Journalisten: „Ganz gewiss war Erzbischof Romero ein großer Zeuge des Glaubens, ein Mann großer christlicher Tugend, der sich zugunsten des Friedens und gegen die Diktatur eingesetzt hat, und der während der Feier der heiligen Messe ermordet wurde. Deshalb ist es ein wirklich ‚glaubwürdiger' Tod in der Bezeugung des Glaubens. Es gab das Problem, dass eine politische Richtung ihn unrechterweise für sich als Bannerfigur in Anspruch nehmen wollte. Wie kann man seine Gestalt angemessen darstellen und ihn vor diesen Versuchen einer Instrumentalisierung schützen? Das ist das Problem. Die Untersuchungen sind im Gang und ich warte mit Vertrauen auf das, was die Kongregation für die Heiligsprechungen dazu sagt."

Für seinen früheren Generalvikar Ricardo Urioste ist Oscar Arnulfo Romero bis heute der am meisten geliebte und am meisten gehasste Mensch in El Salvador: „Geliebt wird er von den Armen, den Bedürftigen, den Notleidenden, von jenen, die spüren, dass er ihnen diente; gehasst wird er von den Mächtigen, den wirtschaftlich, politisch und in anderer Hinsicht Mächtigen. Aus diesem Grund glaube ich, dass es noch dauern wird, bis er seliggesprochen wird. Man würde ihn vielleicht schneller seligsprechen, wenn es umgekehrt wäre: wenn die Armen ihn nicht lieben würden, sondern die Mächtigen." Gibt es in diesem Sinn vielleicht doch einen Unterschied zwischen selig sein und seligsprechen?

Zum Verfasser: Martin Maier SJ, Dr., geb. 1960 in Messkirch, lehrt u.a. an Universitäten in San Salvador und Paris. 1989 bis 1991 Pfarrer einer Landgemeinde in El Salvador. 1993 Promotion mit einer Arbeit über die Befreiungstheologie von Ignacio Ellacuría und Jon Sobrino. War Chefredakteur und Herausgeber der „Stimmen der Zeit". 2009 Rektor des Berchmanskollegs in München. Seit 2014 Mitarbeiter im *Jesuit European Social Centre* in Brüssel. Sein jüngstes Buch zum Erzbischof von San Salvador: „Oscar Romero. Prophet einer Kirche der Armen. Freiburg i.Br.: Herder 2015."

5.

Oscar Romero – beim Papst 1979

Von Willi Knecht, Ostern 2005

„Die Welt, der die Kirche dienen muss, ist die Welt der Armen und die Armen entscheiden, was es für die Kirche heißt, wirklich in dieser Welt zu leben. Die Kirche wird verfolgt, weil sie die Armen verteidigt. Was sie tut, ist nicht mehr und nicht weniger als das Unglück der Armen zu teilen. Die Armen sind der Körper Christi heute. Durch sie lebt er heute, in der Geschichte."
OSCAR ROMERO

Der 24. März erinnert nicht nur an die Geschichte des blutigen Militärputsches in Argentinien, der am 24. März 1976 begann. Dieser Tag ist auch der Jahrestag der Ermordung von Padre Oscar Arnulfo Romero in El Salvador im Auftrag des Mayors des Heeres, Roberto D'Aubuisson. Dieser Militär ist auch der Gründer der Partei ARENA, die bis heute [2005] das Land regiert. In der Folge wird – gemäß der Erinnerung von María López Vigil an die entsprechende Erzählung Romeros – der Dialog wiedergegeben, der zwischen dem im Oktober 1978 neu gewählten Papst Johannes Paul II. und Bischof Romero im Mai 1979 stattfand:

> „DIALOG" ZWISCHEN BISCHOF
> OSCAR ARNULFO ROMERO UND JOHANNES PAUL II.
> (Ein Zeugnis von María López Vigil, aus „Piezas para un retrato", UCA Editores, San Salvador 1993)[1]

> „Verstehen Sie mich doch, ich brauche eine Audienz beim Heiligen Vater!"

---

[1] Deutschsprachig und ungekürzt auch in der Übersetzung aus dem Spanischen von Michael Lauble: LÓPEZ VIGIL, María: Óscar Romero: ein Porträt aus tausend Bildern. Luzern: Edition Exodus 1999, S. 238-241.

„Und Sie verstehen bitte, dass Sie warten müssen, bis Sie an der Reihe sind, wie jeder andere auch!"

Wieder wurde eine Tür des Vatikans vor seiner Nase zugeschlagen. Von San Salvador aus hatte Bischof Romero rechtzeitig und unter Beachtung aller bürokratischen Hürden um eine persönliche Audienz beim Papst gebeten. Und er reiste mit der Gewissheit nach Rom, dass alles bereits im Vorfeld geregelt war. Nun aber schienen sich alle seine Vorsichtsmaßnahmen in Luft aufzulösen. Die Kurienbeamten sagen ihm, dass sie von all dem nicht wüssten. Und so bittet er um die Audienz, indem er in allen Büros und Amtszimmern seine Aufwartung macht.

„Das kann nicht sein, sagt er einem anderen, ich habe vor langer Zeit geschrieben und mein Brief muss doch hier irgendwo sein."

„Die italienische Post ist eine Katastrophe!"

„Aber den Brief habe ich persönlich dem … mitgegeben."

Wieder eine verschlossene Tür. Und am nächsten Tag wieder eine. Die Kurie will nicht, dass er sich mit dem Papst trifft. Und seine Zeit in Rom, wohin er von einigen Ordensfrauen eingeladen worden war, die die Seligsprechung ihres Gründers feierten, neigte sich dem Ende zu. Aber er kann nicht nach San Salvador zurückkehren, ohne den Papst gesehen zu haben, ohne ihm alles erzählt zu haben, was dort geschieht.

„Ich werde weiterhin um diese Audienz betteln", gibt sich Bischof Romero selbst Mut.

Es ist Sonntag. Der Papst steigt zum großen Empfangssaal hinunter, wo ihn die Massen zur großen traditionellen Generalaudienz erwarten. Bischof Romero ist früh aufgestanden, um einen Platz in der ersten Reihe zu erhalten. Und als der Papst grüßend vorbeigeht, ergreift er seine Hand und lässt sie nicht mehr los. Heiliger Vater, ruft er mit der Bestimmtheit eines Bettlers, ich bin der Erzbischof von San Salvador und ich bitte Sie um eine Audienz. Der Papst stimmt zu. Endlich hat er es erreicht, am nächsten

Tag soll sie sein. Es ist das erste Mal, dass sich der Erzbischof von San Salvador mit dem Papst Karol Wojtyla treffen wird, der seit knapp einem halben Jahr erst Papst ist. Er nimmt die sorgfältig vorbereiteten Unterlagen mit, Informationen über die Vorgänge in El Salvador, damit der Papst sich ein Bild machen kann. Und da so viel passiert ist, sind es sehr viele Unterlagen. Bischof Romero hat sie in einer Schachtel sorgfältig geordnet und er zeigt sie voller Spannung dem Papst vor Beginn der Unterredung.

„Heiliger Vater, hier können Sie lesen, wie alle Verleumdungen gegen die Kirche vom Präsidentenpalast selbst ausgehen."

Der Papst rührt nicht ein einziges Papier an und auch nicht seinen Notizblock. Er stellt auch keine Frage. Er beklagt sich lediglich über die vielen Papiere.

„Ich habe euch schon oft gesagt, dass ihr nicht mit einem solchen Haufen von Papieren kommen sollt! Hier haben wir keine Zeit, um so viel Zeug zu lesen!"

Bischof Romero erzittert, aber er versucht den Schlag wegzustecken. Und er hakt nach: es muss sich um ein Missverständnis handeln. In einem extra Umschlag hat er dem Papst ein Bild von Octavio Ortiz mitgebracht, dem Priester, den die Nationalgarde zusammen mit vier Jugendlichen vor einigen Monaten getötet hatte. Das Foto ist ein Bildausschnitt mit dem Gesicht des toten Octavio. In dem vom Panzer zermatschten Antlitz sind noch indianische Züge auszumachen und das Blut verzerrt diese noch mehr. Es ist deutlich der Schnitt einer Machete am Hals zu sehen.

„Ich kannte Padre Octavio sehr gut, Heiliger Vater, er war ein vollendeter Priester. Ich habe ihn geweiht und ich wusste von all dem, was er tat. An jenem Tag hat er den Jugendlichen des Armenviertels das Evangelium erklärt."

Er erzählt dem Papst alles – seine Version als Erzbischof und die Version, die die Regierung verbreitete.

„Sehen Sie, wie Sie sein Gesicht zertrümmert haben!"

Der Papst starrt auf das Foto und fragt nicht nach. Er schaut danach in die feuchten Augen des Erzbischofs und zieht die Hand zurück, als wollte er die Dramatik des vergossenen Blutes vergessen machen.

„Wie grausam sie ihn doch getötet haben und dann sagen sie auch noch, er war ein Guerrillero …"

„Und war er vielleicht keiner?" – antwortet kühl der Papst.

Monseñor Romero nimmt das Foto zu sich, von dem er so viel Mitgefühl erwartet hatte. Etwas lässt ihn die Hand zittern: es muss sich um ein Missverständnis handeln. Die Audienz geht weiter. Während sie sich gegenübersitzen, beharrt der Papst auf einer einzigen Idee:

„Sie, Herr Erzbischof, müssen sich um eine bessere Beziehung zur Regierung ihres Landes bemühen!"

Monseñor Romero hört ihm zu und seine Gedanken schweifen nach El Salvador und er denkt daran, was die Regierung seines Landes mit dem Volk seines Landes anstellt. Die Stimme des Papstes bringt ihn zur Wirklichkeit zurück. Eine Harmonie zwischen Ihnen und der Regierung von El Salvador ist das, was Christen in dieser Zeit der Krise am meisten befolgen müssen. Der Bischof hört weiter zu. Es sind Argumente, mit denen er bis zum Überdruss schon von anderen kirchlichen Würdenträgern angegriffen worden war.

„Wenn Sie die Differenzen mit der Regierung beheben könnten, wäre dies ein christlicher Beitrag zur Erlangung des Friedens."

Der Papst besteht so hartnäckig darauf, dass der Erzbischof beschließt, nicht mehr weiter zu zuhören und bittet um das Wort. Er spricht schüchtern, aber überzeugt:

„Aber, Heiliger Vater, Christus sagt uns im Evangelium, dass er nicht nur gekommen ist, um den Frieden zu bringen, sondern auch das Schwert."

„Der Papst fixiert Romero mit seinen Augen: Übertreiben Sie nicht, Herr Erzbischof!"

Es gab keine weiteren Argumente und die Audienz war zu Ende. All das hat mir Bischof Romero am 11. Mai 1979 in Madrid erzählt, er weinte dabei. Er kehrte gerade über Madrid überstürzt in sein Land zurück, konsterniert von der Nachricht eines Massakers in der Kathedrale von San Salvador.
(María López Vigil)

Nachtrag – Ergänzung:

In dem Film *„Romero – Tod eines Erzbischofs"*[2] ist das Foto des am 20. Januar 1979 getöteten Priesters Octavio Ortiz zu sehen. Dort ist auch die Begegnung während der Generalaudienz dokumentiert, als Romero die Hand des Papstes ergriff und sich vorstellte. Ehe er mehr sagen konnte, warnte ihn der Papst bei dieser *ersten* Begegnung: „Hüten Sie sich vor dem Kommunismus!" „Aber…" Und der Papst erneut: „Hüten sie sich vor dem Kommunismus!" Mehr nicht (Augenzeuge: Jesús Delgado). Am nächsten Tag kam es zur geschilderten Audienz.

Ein weiterer Höhepunkt des Krieges gegen die Armen El Salvadors, in dem bei den Milizen der Reichen die Parole galt „Wenn du etwas für dein Vaterland tun willst, dann töte einen Priester" und in dem der Besitz einer Bibel für den Besitzer den Tod bedeuten konnte, war die Ermordung von sechs Jesuiten in der Hauptstadt San Salvador (1989). Einer der Getöteten war ein Studienfreund von mir.

---

[2] OSCAR ROMERO – TOD EINES ERZBISCHOFS (Serie „Politische Morde" 6). Dokumentarfilm von Rena und Thomas Giefer. Produktion: Con.voi, im Auftrag des WDR 2003. [http://www.3sat.de/page/?source=/ard/sendung/71306/index.html] [Mit Berichten von Zeit- und Augenzeugen] [Vgl. in dieser Dokumentation auch die Anmerkung auf →S. 113.]

Armenviertel in Lima (Peru), 1975 – Foto: Pál Baross; commons.wikipedia.org

6.
Zum 30. Todestag von Oscar Romero

Predigt in Ulm am 21. März 2010

Von Willi Knecht

Liebe Gemeinde! Heute vor genau 30 Jahren lebte Erzbischof Oscar Romero noch, drei Tage später war er tot, am Altar von bezahlten Killern erschossen. Ich möchte mit Ihnen auf diese Zeit zurückschauen und fragen, was das mit uns hier und heute, mit unserem Glauben und unserer Kirche zu tun hat.

Von 1976 - 1980 habe ich in einer abgelegenen Indio-Gemeinde in den Anden Nordperus gelebt und gearbeitet – etwa im gleichen Zeitraum, in dem Oscar Romero als Erzbischof von San Salvador seine Bekehrung erlebte und in der Nachfolge Jesu sein Leben aufs Spiel setzte. Zu Beginn möchte ich an drei kleinen persönlichen Beispielen zeigen, worum es geht. In Lima wurde ich bei meiner Ankunft in Peru von sehr engagierten Ordensschwestern abgeholt, sie fuhren mit mir in die schlimmsten Elendsviertel von Lima. Hier sah ich, wie unzählige Menschen buchstäblich im Dreck lebten, in der Wüste, ohne Wasser, in Hütten aus Strohmatten, ohne jede Chance auf ein menschenwürdiges Leben. Einige Hundert Meter weiter, hinter einer großen Schutzmauer mit Stacheldraht, große Villen, üppige Gärten und herrliches Grün, das Tag und Nacht bewässert wurde. Auf der einen Seite Menschen, vor allem Kinder, die um ihr Leben gebracht werden, weil sie kein Wasser haben und keine Perspektiven – auf der anderen Seite unbeschreiblicher Luxus. Dies alles so gemacht, gerechtfertigt und mit Gewalt aufrechterhalten von Menschen, die sich Christen nennen. Ist dies nicht auch ein Symbol für unsere heutige Welt, und dafür, auf welcher Seite wir stehen – als eines der reichsten Länder und der reichsten Kirche?

Ein weiteres Beispiel nun aus der Indio-Gemeinde: in einem fruchtbaren Tal eine sehr große Hazienda, mit so viel Land, dass der Besitzer es sich leisten konnte, einige Randgebiete brach liegen zu lassen. Auf den Bergen ringsherum leben Tausende Indios mit einem winzigen, felsigen Stückchen Land, wo fast nichts wachsen kann. Überleben können die meisten nur als quasi Leibeigene des Großgrundbesitzers, oder sie wandern ab in die Elendsviertel der Großstädte. In dieser Situation besprachen wir – wie so oft – was man tun könnte, und wir hatten die Idee, auf einer kleinen Fläche (ca. 2 ha), die vom Großgrundbesitzer nicht genutzt wurde, Kartoffeln zu pflanzen. Es ging auch gut, doch kurz vor der Ernte wurde alles entdeckt: eine Militäreinheit kam im Hubschrauber, beschoss ohne Vorwarnung die Menschen, mit Brandbomben wurden ihre Hütten zerstört – zum Glück konnten sich viele Kinder gerade noch ins Freie retten – am Ende aber waren sechs Tote und etwa 20 Schwerverletzte zu beklagen. Trotz massiven Einsatzes unseres Bischofs zugunsten der Indios konnte er nichts erreichen, das Recht stand auf der Seite des Großgrundbesitzers; im Gegenteil: der Bischof erhielt massive Drohungen und er wurde von den Mächtigen als Kommunist diffamiert, als Feind der christlich-abendländischen Zivilisation. Sie sehen, das hat schon viel mit Oscar Romero zu tun: wie und zu wem er sich bekehrte und warum und von wem er daher zum Schweigen gebracht werden musste. Übrigens: solche Wirtschaftsstrukturen werden heute noch von der deutschen Bundesregierung gefördert.

Noch ein drittes Beispiel: Valico, ein junger Katechet und Gesundheitshelfer, von der Gemeinde ausgebildet und vom Bischof beauftragt, hat mich oft auf den langen Wegen und Fußmärschen begleitet. Eines Tages wurde er verhaftet (wie übrigens des Öfteren andere Aktive der Gemeinde auch), man fesselte ihn ans Kreuz, mit dem Kopf nach unten, brach ihm Arme und Beine und mehrere Male wurde er zum Schein erschossen und verhöhnt: „Wo bleibt denn nun dein guter Bischof? Er hat dich sicher schon längst vergessen." Nun, nach sechs Monaten wurde Valico entlassen, schwer gezeichnet. Wir rieten ihm, in eine ganz andere Gegend zu ziehen. Doch entrüstet lehnte er ab. „Wie könnte ich in dieser Situation meine Brüder und Schwestern im Stich lassen? Gott hat mich berufen. Ich kann nicht anders, als meinen Weg mit meiner Gemeinschaft weiterzugehen. Es gibt keine Alternative zu dem Einsatz für eine gerechtere Welt". Und er machte weiter und mit ihm viele andere junge Menschen …

Genau so war und ist es mit Oscar Romero: Es wurde ihm in den letzten Monaten seines Lebens immer klarer, dass sein Weg, sein Einsatz für das geschundene und schwer misshandelte Volk, ihn in den Tod führen wird. Er war zu einer zu großen Gefahr für die Mächtigen geworden, in El Salvador selbst, aber auch in den USA – und in der Kurie in Rom wurde beschlossen, ihn zum ‚freiwilligen Verzicht' zu zwingen. Doch wie hätte er ausgerechnet in dieser Zeit schwerster Prüfung sein Volk im Stich lassen und zudem seine Berufung und seinen Glauben an Jesus den Christus verleugnen können? Es war letztlich sein Glaube an Jesus Christus, der ihm keine Wahl ließ. Bei unseren vielen deutschen Theologen und Bischöfen, die ja solche Situationen nie erfahren, aber trotzdem viele Bücher und fromme Predigten darüber halten, ist die Frage nach dem *Warum* des Todes Jesu eine große Frage – habe ich diese Frage nicht gerade beantwortet? Auch Jesus musste zum Schweigen gebracht werden, er wurde zur Gefahr für die Mächtigen, für die Herren des Tempels. Doch wie hätte Jesus ausgerechnet in dieser Zeit schwerster Prüfung sein Volk im Stich lassen und zudem seine Berufung und seinen Glauben an den Gott der Väter verleugnen können? Indem er seinen Weg weiter geht, erweist er sich als der wahre Messias, der von Gott Gesandte, der gekommen ist, um sein Volk zu befreien und um eine neue Gemeinschaft mit Gott und unter den Menschen zu begründen.

Oscar Romero war als Gelehrter und anfangs als Bischof eher ein Vertreter der „alten Religion", Repräsentant einer eher kolonialen Kirche, die in El Salvador, in Peru oder sonst wo in Lateinamerika meist auf der Seite der Mächtigen stand. Das Volk, obwohl getauft, wusste praktisch nichts vom Evangelium und von Jesus. Die ungeheuerlichen sozialen Missstände wurden als Wille Gottes interpretiert. Der Arme war selbst schuld an seinem Elend, das irdische Leben war bestenfalls eine Bewährungsprobe für das ewige Leben und von daher war es auch egal, wenn jemand verhungerte – Hauptsache ist ja der Himmel; und wenn man alles geduldig und ohne Murren erträgt, desto größer die Aussicht auf baldige Erlösung. Auch Oscar Romero verstand seine priesterliche Berufung anfangs so, dass er sich um die „Seelenrettung" der Gläubigen kümmern, d.h. sie zum regelmäßigen Empfang der Sakramente und zu blindem Gehorsam gegenüber kirchlichen und weltlichen Autoritäten anleiten müsste. Er galt als Bücherwurm, der aber vom wirklichen Leben keine Ahnung hatte. Doch wie kam es dann zu seiner Bekehrung?

Er hatte Freunde, die als Priester mitten im Volk lebten und das Elend und die Sehnsüchte des Volkes kannten und teilten. Oscar Romero war zwar mit deren Tun nicht einverstanden, er meinte, das wäre zu wenig religiös, aber als neu ernannter Erzbischof besuchte er diese Priester auf dem Land und kam so auch immer mehr mit der Wirklichkeit in Kontakt. Am meisten verwunderte ihn, dass die Gemeinden dieser Priester so ganz anders waren: er sah ein äußerst lebendiges Gemeindeleben, viele engagierte und zutiefst motivierte Laien, die sogar ihre Priester liebten. Er entdeckte zum ersten Mal die Kirche als Volk Gottes. Er sah erstmals Kinder, die sterben, weil sie nicht genügend und kein sauberes Wasser haben, während einige Kilometer weiter auf den Gütern der Großgrundbesitzer Luxushunde sogar in Milch gebadet wurden. Und er begann nach den Gründen zu fragen. Es beeindruckte ihn, dass von diesen Menschen kein Hass z.B. auf ihre Unterdrücker ausging, sondern vielmehr eine für ihn unbegreifliche Zuversicht in die Verheißungen und in die Gerechtigkeit Gottes. Am meisten erschütterte ihn, dass einer dieser Priester, Rutilio Grande, in Erfüllung seiner priesterlichen Pflichten erschossen wurde. Nun erkannte auch er als Bischof seine Berufung und wusste, was er zu tun hatte. Wie er selbst sagte, haben ihn die Armen bekehrt und ihm die Augen geöffnet für die Botschaft Jesu, so z.B. für das, was das heutige Evangelium uns sagen will. Gott selbst ist Mensch geworden und alles, was einem Menschen angetan wird, erleidet Gott mit. Diese Botschaft ist so einfach – oder doch so schwer zu verstehen?

Von meiner Erfahrung vom Leben mit den Indios der Anden her weiß ich, dass es Menschen sind, die keine Kleider haben, die nichts zu essen und zu trinken haben, die ins Gefängnis geworfen werden, weil sie ihren Hunger nach Brot und Gerechtigkeit hinausschreien, die diese Botschaft sofort und richtig verstehen. Sie müssen diese befreiende Botschaft aber zuerst einmal hören. Denn auch die Indios der Anden gaben die Schuld an ihrem Elend sich selbst und sie glaubten, dass sie von Gott zur Armut verurteilt sind, weil sie ja nur Indios sind, und dass Gott auf Seiten der Mächtigen, der Sieger, der Weißen steht. Doch dann lernten sie – erstmals nach über 400jähriger angeblicher Christianisierung – Jesus kennen, sie erfuhren, dass er wie sie auf die Welt kam, dass er mitten unter ihnen geboren wurde und mit ihnen lebt und leidet. Aus dem Gott der Weißen und der Sieger wurde ein „Gott mit uns", ein Gott auf der Seite der Entrechteten. Vor diesem Gott brauchten sie keine Angst mehr zu haben: Dieser Gott, der unter ihnen Mensch wurde, ist auf ihrer Seite, er will nicht, dass ihre Kinder verhungern oder für immer von einem Leben in Würde ausgeschlossen sind. Und sie entdeckten, als zweiten Schritt, dass ihre Unterdrückung eine Sünde ist, die zum Himmel schreit, dass sie unveräußerliche Rechte haben und dass es Gottes Wille ist (so schon die Botschaft der Schöpfungsgeschichte), dass jeder Mensch einen gerechten Anteil an allen Gütern dieser Erde hat. Das ist göttliches Recht und nicht verhandelbar, und die Erde darf daher nie und nimmer zur bloßen Ware oder gar Spekulation werden. Ein Schlüsselbegriff für diese Menschen und ihren Glauben ist: wir alle sind Kinder Gottes und daher auch alle Brüder und Schwestern. Das mag in unseren Ohren vielleicht reichlich kindlich erscheinen – aber an was glauben wir eigentlich? Dieser Glaube gibt ihnen die Kraft, bestehende Missstände als unvereinbar mit der Botschaft Christi zu entlarven und einen neuen Himmel und eine neue Erde zu verkünden, denn sie wissen: das Reich Gottes ist bereits mitten unter uns.

Oscar Romero hat dies in sehr kurzer Zeit verstanden. Er konnte dies verstehen, weil er eine sehr tiefe Spiritualität hatte. Während wir mit ‚Spiritualität' oft nur die Erbauung der eigenen Seele meinen, bedeutet dies bei Menschen wie Oscar Romero oder Valico, dem Indiokatecheten, etwas anderes: zuerst nämlich im leidenden Mitmenschen, im Armen, Gott selbst bzw. den gekreuzigten Christus zu entdecken, den Ruf Gottes zu hören und ihm zu folgen. Der Arme ist das Sakrament Gottes, in ihm begegnen wir Gott. Und der Arme ist meist nicht zufällig arm; in der Bibel bedeutet arm sein, Opfer ungerechter Verhältnisse zu sein, man wird arm gemacht, zugespitzt: der unter die Räuber Gefallene ist arm, und mit ihm identifiziert sich Jesus Christus. Denn auch zu Zeiten Jesu gab es Menschen, Priester und Leviten, die den Tempeldienst, den *Kult* für allein selig machend hielten. Sie gingen achtlos am Opfer vorbei. Wer sich aber mit dem Opfer solidarisiert, wird schnell selbst zum Opfer. – So Bischof Romero, so auch Bischof José Antonio Dammert [geb. 1917] aus Peru, der Bischof, den ich 30 Jahre lang begleiten durfte. Als dieser bei seinem Amtsantritt 1963 von einem reichen Großgrundbesitzer eine große Spende bekam, um den Turm der Kathedrale zu vollenden, nahm er das Geld, um den Ärmsten eine Bleibe und ein Zuhause zu schaffen. Die Reichen verziehen ihm das nie. Doch der Mensch – so Bischof Dammert (und Paulus) – ist der wahre Tempel Gottes, er ist heilig. Und Gott will zu seiner Ehre nicht hohe Türme und goldene Altäre, sondern er will Gerechtigkeit für die Armen. Wahrer Gottesdienst heißt daher Gerechtigkeit schaffen. Und für uns: Könnte nicht der Schrei der Armen nach Gerechtigkeit, der Ruf Gottes an uns sein, hier und heute? Haben wir diese Spiritualität, diesen tiefen Glauben, um dies auch hören zu können?

Christlicher Glaube heißt, stets von den *Opfern* auszugehen, *sie* in die Mitte zu stellen und in das Zentrum unserer Überlegungen und unserer Praxis. Das ist einfach gesagt. Denn wenn wir aus ihrer Perspektive – und das ist, wie gesagt die Perspektive der Bibel, die Perspektive Jesu – z.B. unsere Art des Wirtschaftens und unseren Lebensstil analysieren würden, zu welchen Ergebnissen kämen wir dann? Die Option für die Armen, von der lateinamerikanischen Kirche zuerst so formuliert, will nichts anderes, als die zentralen Aussagen der Bibel für heute wieder neu entdecken. Im Evangelium von heute hörten wir die Botschaft vom Weltgericht, nicht für alle unbedingt eine Gute Nachricht. Warum aber können trotzdem so viele frommen Christen gut schlafen? Besser klingt schon: „Ich bin gekommen, damit ihr das Leben habt, das Leben in Fülle" [vgl. Johannes-Evangelium Vers 10,10]. Es wäre ein ungeheurer Schritt für uns als Kirche, wenn dies auch zu einer verbindlichen Leitlinie praktischen Handelns der Kirche werden würde. Denn es bedeutet umgekehrt, dass überall dort, wo Menschen um ihre Chancen gebracht werden, noch mehr: wo Menschen das zum Leben Notwendige vorenthalten oder gar geraubt wird, Gott ans Kreuz geschlagen wird.

Zu einem Leben in Würde gehören für uns so selbstverständliche Dinge wie sauberes Wasser, das Recht auf ausreichende Nahrung, Zugang zu Bildung, ein Dach über dem Kopf, Absicherung im Notfall usw. Das alles aber fehlt so vielen Menschen … Die kath. Kirche als globale Gemeinschaft derer, die an Jesus den Christus glauben – wenn nicht sie, wer sonst wäre dazu am ehesten aufgerufen und dazu in der Lage? Doch was tut sie, was sind ihre Prioritäten? Und was tun wir? Kleine Schritte fürwahr, aber besser zwei kleine Schritte vor und einen zurück als umgekehrt. Wir müssen aufpassen, dass nicht das passiert, was in Lateinamerika seit einiger Zeit passiert: fast nur noch Schritte zurück, große Schritte. Die Heilige Allianz zwischen Macht und Altar funktioniert wie vor hundert Jahren. Umso dankbarer bin ich dafür, dass Sie es als Gemeinde ermöglicht haben, dass hier in Erinnerung an Erzbischof Romero eine „Kirche der Befreiung", eine Kirche der Armen, zur Sprache kommen durfte – eine Kirche, die in der Nachfolge Jesu zu einem Zeichen der Hoffnung für diese Welt geworden ist. Wünschen wir uns insgeheim nicht alle so eine Kirche – also kämpfen wir dafür, denn *wir* sind diese Kirche … !

In jeder Eucharistiefeier gedenken wir der Worte und Taten Jesu Christi, wir sagen ihm Dank und nehmen in einer solchen Feier zeichenhaft vorweg, was uns allen verheißen ist: die Gemeinschaft mit Gott und der Menschen untereinander. Heute feiern wir noch zusätzlich das Gedächtnis an Oscar Romero, der das gleiche Schicksal wie Jesus erlitten hat, weil er an Jesus glaubte und ihm nachfolgte. Danken wir Gott, dass er uns solche Menschen wie Oscar Romero geschenkt hat. Denn Menschen wie Oscar Romero zeigen uns, was Jesus heute für uns bedeuten kann, sie helfen uns, die Botschaft Jesu besser zu verstehen und sie zeigen uns, dass das, was wir hier feiern, auch wirklich gelebt und praktiziert werden kann. In einer seiner letzten Ansprachen sagte er: „Ein Bischof wird sterben, aber die Kirche Gottes, das ist die Kirche des Volkes, wird nie verschwinden".

Ich bitte Sie, diese Eucharistiefeier nicht an den Kirchenmauern enden zu lassen. Die ersten Christen, die Jünger von Emmaus, erkannten den auferstandenen Christus, als er mit ihnen das Brot teilte. Die Welt wird uns als Christen erkennen, wenn wir das Brot teilen und all das, was wir zum Leben brauchen. Dann werden auch wir selbst zum Brot des Lebens werden für alle, die Hunger nach Gott und dem täglichen Brot haben. In diesem Sinne lasst uns nun gemeinsam die Eucharistie feiern!

Zum Verfasser: Dr. Willi Knecht (Jg. 1947) lebte und arbeitete 1976-1980 als Pastoralreferent in Peru in der Diözese Cajamarca. Er ist Mitverfasser einer Studie über die kirchlichen Aufbrüche in Peru (1997-2003) und tritt für die Option der Armen ein. Dissertation: „W. Knecht: Die Kirche von Cajamarca – Die Herausforderung einer Option für die Armen" (Tübinger Perspektiven zur Pastoraltheologie und Religionspädagogik Bd. 25, erschienen 2005). – Vgl. auch seine erschütternde Dokumentation für eine spätere Zeit in ‚imprimatur April 2006': „Die Kirche von Cajamarca –Herausforderung einer Option für die Armen in Peru" (http://cajamar ca.de/theol/imprimatur1-2006.pdf). Internetseiten des Verfassers: http:// cajamarca.de/ (bis 2012) und https://williknecht.de

7.
Endlich „Santo súbito!"

Romero als Kronzeuge
für die „Kirche der Armen" anerkannt[1]

Von Norbert Arntz

„Santo súbito!" – für den heute – am 4. Februar 2015 – vom Vatikan als Märtyrer anerkannten Bischof Romero hätte dieser Ruf bereits unmittelbar nach der Ermordung gelten müssen. Das salvadorianische Volk jedenfalls hatte damals (1980) bereits diese Erkenntnis. Dass erst jetzt – 35 Jahre nach dem Mord – der Vatikan Romero als Märtyrer anerkennt, ist nicht verwunderlich. Dafür hat wohl der lateinamerikanische Papst die entscheidenden Voraussetzungen geschaffen.

Bis vor kurzem war in den Augen der vatikanisch orientierten Hierarchie der katholischen Kirche Romero ein Besorgnis erregender Fall. Romero beunruhigte sie, weil er die kirchliche Lehre beim Wort nahm. Er redete nicht über die Sterne, wie er selbst einmal sarkastisch bemerkte, sondern von den realen und konkreten Problemen, unter denen er die Menschen leiden sah.

Romero betrachtete die Realität der Armen dialektisch: Es gibt Arme, weil es Reiche gibt; es gibt Unterdrückte, weil es Unterdrücker gibt. Romero trug den gesellschaftlichen Konflikt in die Kirche hinein. Man warf ihm vor, zu polarisieren, die Kirche zu spalten. Er provozierte Konflikte mitten in einer Hierarchie, die sich zumindest nach außen hin den Anschein der Einheit gab.

Mehrfach musste Romero nach Rom reisen, um seinen Widersachern zuvorzukommen oder um sich zu rechtfertigen. Er geriet in einen fundamentalen Gegensatz zu den Interessen jener in der Kirche, die mit Verweis auf die angeblich religiöse Aufgabe der Amtsträger strikte Neutralität vorgaben. Aber beim Streit

---

[1] Erstveröffentlichung: ARNTZ 2015*.

um den „Gott, der nur geehrt wird, wenn die Armen leben können" (Romero) ging es nicht um theologische Spitzfindigkeiten,
sondern um die Sache, die den Nerv der Kirche traf. Davon auf-
geschreckt beschlossen drei Kardinäle der Kurie in Rom am 20.
März 1980, also vier Tage vor dem Mord, dem damaligen Papst
Johannes Paul II. vorzuschlagen, Romero seines Amtes als Erzbischof von San Salvador zu entheben.

Und nach der Ermordung ging der Konflikt weiter. Dass ihn
das Volk heiliggesprochen hatte, stellte eine unerträgliche Provokation für seine Gegner dar. Noch schlimmer wäre ein kir-
chenamtlicher Akt der Heiligsprechung gewesen. Romero als
Märtyrer anzuerkennen, bedeutete eben, einerseits den Mord
nicht zu verschweigen und auf die Mörder zu verweisen und
andererseits den Ermordeten zu einem vorbildlichen nachah-
menswerten Menschen zu erklären. Das wollten die Gegner mit
allen Mitteln der Diffamierung verhindern.

Man erfand in Rom bis vor kurzem stets neue Mittel, den
Heiligsprechungs-Prozess auf die lange Bank zu schieben. Man
forderte wieder und wieder neue Untersuchungen. Erst musste
geprüft werden, ob die Bedingungen dafür hinreichten, dass der
ehemalige Erzbischof von San Salvador als Märtyrer der Kirche
bezeichnet werden konnte. Die Gegner unterstellten, es stehe
eben nicht zweifelsfrei fest, dass er sich in seinen Predigten und
seiner Praxis vom Glauben leiten ließ statt von politischen Motiven, dass er also „aus feindseligen Motiven gegen den Glauben"
(„odium fidei") umgebracht wurde. Die Predigten Romeros
wurden der Glaubenskongregation unter Leitung des damaligen
Kardinals Ratzinger und späteren Papstes Benedikt XVI. überge-
ben. Sie wollte prüfen, ob die Predigten mit der Glaubenslehre
der katholischen Kirche übereinstimmten. Das hat sieben Jahre
gedauert. Dann verlangten Kreise um den ehemaligen Kardinal
Lopez Trujillo, alle Äußerungen Romeros noch einmal daraufhin
zu überprüfen, ob sie auch mit der kirchlichen Soziallehre in
Übereinstimmung seien. Schließlich wurde auch noch einge-
wandt, eine Heiligsprechung könnte politisch missbraucht werden.

Seit heute weiß man endlich, welchen Romero der Vatikan heilig sprechen will. Jener Romero wird heilig gesprochen, dessen Ermordung „nicht einfach politisch motiviert (war), sondern vom Hass gegen einen Glauben, der von der Liebe durchdrungen, vor dem Unrecht nicht schwieg, das die Armen und alle, die sie beschützten, rücksichtslos und grausam überfiel ... Das war als schreckliche Warnung für alle gedacht, die diesem Weg folgen wollten!" – so Bischof Vincenzo Paglia, der Postulator des vatikanischen Verfahrens, heute vor der Presse.

Der Vatikan anerkennt, dass man Romero nicht umgebracht hat, weil er fromm gebetet, theologisch korrekt gepredigt und sich den Armen fürsorglich zugewendet hat, sondern weil er der Prophet einer „realistischen Kirche" war, einer Kirche, die sich nicht mehr als „Machtinstrument" missbrauchen lässt, nicht mehr als Schachfigur im Spiel der Mächtigen fungiert, sondern „Fleisch und Blut annimmt im Interesse der Armen". Für die Armen ist Romero deshalb immer schon „el santo completo", ein ganzer Heiliger gewesen. Das respektiert nun auch der Vatikan.

Nur wer wie Romero an Wunder glaubt, ist Realist. Wer in der organisierten Ausgrenzung der neoliberal globalisierten Welt an das Wunder jener Gesellschaft glaubt, in der alle Platz haben, ist zu politischem Realismus fähig. Der Kernsatz solcher Weitsicht lautet: So leben wollen, dass alle leben können. Dieses Glaubensbekenntnis ist nach Romero zugleich ein Gottesbekenntnis: „Denn Gott wird geehrt, wo und wenn die Armen leben können!"

Zum Verfasser: Norbert Arntz, emeritierter kath. Pfarrer, geb. 1943, studierte Theologie und Sozialwissenschaften in Münster, München, Lima und San José/Costa Rica. 1970 Priesterweihe in Münster. Von 1983 bis 1990 „weltkirchliche Lehrzeit" unter den Quechua-Indios im südlichen Andenhochland Perus. Zuletzt hat er mit dem Team des Instituts für Theologie und Politik in Münster an folgendem Projekt gearbeitet: „50-Jahr-Gedenken des II. Vaticanum 2012-2015" in der Perspektive des „Katakombenpaktes für eine dienende und arme Kirche". – Buchhinweis: Norbert Arntz: Der Katakombenpakt. Für eine dienende und arme Kirche. Kevelaer 2015.

Bilder von den Feiern zur Seligsprechung Oscar Romeros im Mai 2015
(*Oben*: Presidencia El Salvador, commons.wikimedia.org.
Unten: Cancillería Ecuador, www.commons.wikimedia.org)

8.

Papst Franziskus, Erzbischof Romero und der Katakombenpakt

Ausgewählte Texte[2]
Zusammengestellt von Norbert Arntz

(I.) AUS REDEN UND SCHRIFTEN VON PAPST FRANZISKUS
(geb. 17. Dezember 1936, Papst seit 13. März 2013)

[1] Der größte Teil der Bewohner des Planeten bezeichnet sich als Glaubende, und das müsste die Religionen veranlassen, einen Dialog miteinander aufzunehmen, der auf die Schonung der Natur, die Verteidigung der Armen und den Aufbau eines Netzes der gegenseitigen Achtung und der Geschwisterlichkeit ausgerichtet ist. [...] Die Schwere der ökologischen Krise verlangt von uns allen, an das Gemeinwohl zu denken und auf einem Weg des Dialogs voranzugehen, der Geduld, Askese und Großherzigkeit erfordert, immer eingedenk des Grundsatzes: „Die Wirklichkeit steht über der Idee." (LS 201)

[2] Die Kirche darf [den Schrei der Ausgesonderten, der Überflüssigen, der Armen] nicht ignorieren, und sie kann auch nicht das Spiel der ungerechten, hinterhältigen und eigennützigen Systeme mitspielen, die die Armen am liebsten unsichtbar machen würden. [... Als] samaritanische Kirche da sein. Das ist der Schlüssel. Das konkrete Zeugnis der Barmherzigkeit und der Zärtlichkeit, das in den existentiellen und armen Peripherien

---

[2] Text-Collage: Pfarrer Norbert Arntz, Institut für Theologie und Politik (ITPol), Friedrich-Ebert-Str.7, D-48153 Münster, httpi/www.itpol.de / www.pro-konzil.de

präsent sein will, [...] Initiativen, die das Reich Gottes gegenwärtig machen, indem sie es aufzeigen und ausweiten. (Ansprache an den Kongress über Großstadt-Pastoral vom 27. November 2014)

[3] Ebenso wie das Gebot „du sollst nicht töten" eine deutliche Grenze setzt, um den Wert des menschlichen Lebens zu sichern, müssen wir heute ein „Nein zu einer Wirtschaft der Ausschließung und der Disparität der Einkommen" sagen. Diese Wirtschaft tötet. Es ist unglaublich, dass es kein Aufsehen erregt, wenn ein alter Mann, der gezwungen ist, auf der Straße zu leben, erfriert, während eine Baisse um zwei Punkte in der Börse Schlagzeilen macht. Das ist Ausschließung. [...] Mit der Ausschließung ist die Zugehörigkeit zu der Gesellschaft, in der man lebt, an ihrer Wurzel getroffen, denn durch sie befindet man sich nicht in der Unterschicht, am Rande oder gehört zu den Machtlosen, sondern man steht draußen. Die Ausgeschlossenen sind nicht „Ausgebeutete", sondern Müll, „Abfall". (EG 53)

[4] [Die Finanzkrise] lässt uns vergessen, dass an ihrem Ursprung eine tiefe anthropologische Krise steht: die Leugnung des Vorrangs des Menschen! Wir haben neue Götzen geschaffen. Die Anbetung des antikengoldenen Kalbs (vgl. Ex 32,1-35) hat eine neue und erbarmungslose Form gefunden im Fetischismus des Geldes und in der Diktatur einer Wirtschaft ohne Gesicht und ohne ein wirklich menschliches Ziel. (EG 55)

[5] Jedes Mal wenn wir einem Menschen in Liebe begegnen, werden wir fähig, etwas Neues von Gott zu entdecken. Jedes Mal wenn wir unsere Augen öffnen, um den anderen zu erkennen, wird unser Glaube weiter erleuchtet, um Gott zu erkennen. (EG 272)

[6] Bischof Romero hat mit der Macht der Liebe für den Frieden gewirkt und diesen Glauben bezeugt, indem er sein Leben bis zum Letzten hingegeben hat. [...] Ich möchte aber noch etwas

hinzufügen, über das wir möglicherweise bisher hinweggegangen sind. Das Martyrium von Erzbischof Romero geschah nicht nur im Augenblick seines Todes. Es war ein Martyrium und Zeugnis, Leid und Verfolgung bereits vor dem Tod. Aber auch nach dem Tode, – ich war damals ein junger Priester und kann das bezeugen. Denn nachdem er gestorben war, wurde er diffamiert, verleumdet, in den Schmutz gezogen, das heißt sein Martyrium wurde sogar durch seine Mitbrüder im priesterlichen und bischöflichen Dienst weiter betrieben. Ich weiß das nicht vom Hörensagen, ich habe diese Dinge mit eigenen Ohren gehört. Das heißt, es ist schön, ihn auch so zu sehen: Er ist immer noch ein Märtyrer. Nun ja, ich glaube, dass es heute kaum einer noch wagt. Aber nachdem er bereits sein Leben hingegeben hatte, gab er es weiter hin, weil er sich von all dieser Ignoranz und Verleumdung weiter geißeln lassen musste. Das gibt auch mir Kraft, nur Gott weiß es. Nur Gott weiß, was die Menschen erleben, und wie oft werden Menschen, die bereits ihr Leben hingegeben haben oder gestorben sind, weiter gesteinigt mit dem härtesten Stein, den es auf der Welt gibt: mit der Zunge. (Ansprache an eine Pilgergruppe aus El Salvador, Rom 30. Oktober 2015)

[7] (Aus der Weihnachtsansprache an die Römische Kurie, 21. Dezember 2015:) So möge also die Barmherzigkeit unsere Schritte lenken, unsere Reformen inspirieren und unsere Entscheidungen erleuchten. Möge sie es sein, die uns die Geringfügigkeit unserer Handlungen im großen Heilsplan Gottes und in der Erhabenheit und geheimnisvollen Wirklichkeit seines Werkes verstehen lässt. Um das zu begreifen, wollen wir uns von dem wunderschönen Gebet innerlich anrühren lassen, das gewöhnlich dem seligen Oscar Arnulfo Romero zugeschrieben wird, jedoch erstmalig von Kardinal John Dearden gesprochen wurde:

Es hilft, dann und wann zurückzutreten
und die Dinge aus der Entfernung zu betrachten.
Das Reich Gottes ist nicht nur jenseits unserer Bemühungen.
Es ist auch jenseits unseres Sehvermögens.

Wir vollbringen in unserer Lebenszeit
lediglich einen winzigen Bruchteil
jenes großartigen Unternehmens, das Gottes Werk ist.
Nichts, was wir tun, ist vollkommen.
Dies ist eine andere Weise zu sagen,
dass das Reich Gottes je über uns hinausgeht.
Kein Vortrag sagt alles, was gesagt werden könnte.
Kein Gebet drückt vollständig unseren Glauben aus.
Kein Pastoralbesuch bringt die Ganzheit.
Kein Programm führt die Sendung der Kirche zu Ende.
Keine Zielsetzung beinhaltet alles und jedes.
Dies ist unsere Situation.
Wir bringen das Saatgut in die Erde,
das eines Tages aufbrechen und wachsen wird.
Wir begießen die Keime, die schon gepflanzt sind
in der Gewissheit, dass sie
eine weitere Verheißung in sich bergen.
Wir bauen Fundamente, die auf weiteren Ausbau angelegt sind.
Wir können nicht alles tun.
Es ist ein befreiendes Gefühl,
wenn uns dies zu Bewusstsein kommt.
Es macht uns fähig, etwas zu tun
und es sehr gut zu tun.
Es mag unvollkommen sein,
aber es ist ein Beginn,
ein Schritt auf dem Weg,
eine Gelegenheit für Gottes Gnade,
ins Spiel zu kommen und den Rest zu tun.
Wir mögen nie das Endergebnis zu sehen bekommen,
doch das ist der Unterschied zwischen Baumeister und Arbeiter.
Wir sind Arbeiter, keine Baumeister.
Wir sind Diener, keine Erlöser.
Wir sind Propheten einer Zukunft,
die nicht uns allein gehört.

(II.) Aus den Predigten des Märtyrers
Erzbischof Oscar Arnulfo Romero
(geb. 15. August 1917; ermordet 24. März 1980)

[1] Transzendenz bedeutet nicht, zum Himmel zu gehen, an das ewige Leben zu denken und über die Probleme der Erde hinwegzusehen. [...] Es handelt sich vielmehr um eine Transzendenz, die für das menschliche Herz gilt. Sie bedeutet, sich auf das Kind, auf den Armen, auf den in Lumpen Gekleideten, auf den Kranken einzulassen, in die Elendshütten und Häuser zu gehen und mit ihnen zu teilen. Transzendenz bedeutet, aus der Mitte des Elends selbst diese Lage zu überschreiten, den Menschen zu erheben, ihn voranzubringen und ihm zu sagen: „Du bist kein Abfall, du gehörst nicht an den Rand. Vielmehr das Gegenteil: Du hast eine große Bedeutung." [23. September 1979, In: Su Pensamiento Bd. VII, S. 286, Eigene Übersetzung]

[2] Jeder Mensch, der sich für Gerechtigkeit einsetzt, jeder Mensch, der nach Gerechtigkeit in einer ungerechten Umgebung ruft, arbeitet zugunsten des Reiches Gottes, selbst wenn er kein Christ ist. [3. Dezember 1978, In: Su Pensamiento Bd. VI, S. 13, Eigene Übersetzung]

[3] Wenn sich viele bereits von der Kirche entfernt haben, ist das genau darauf zurückzuführen, dass die Kirche sich ein wenig von der Menschheit entfernt hat. Aber eine Kirche, die alle menschlichen Erfahrungen als ihre eigenen verspürt, die den Schmerz, die Hoffnung, die Angst aller, die sich freuen oder leiden, am eigenen Leib verspürt, diese Kirche wird zum gegenwärtigen Christus und sie wird wie er erwartet und geliebt. Dabei kommt es auf uns an. [3. Dezember 1978, In: Su Pensamiento Bd. VI, S. 16, Eigene Übersetzung]

[4] Unter uns sind die schrecklichen Worte der Propheten Israels Realität. Denn unter uns leben jene, ‚die den Unschuldigen für Geld und den Armen für ein Paar Sandalen verkaufen' (Amos

2,6), jene, ‚die Schätze von Frevel und Raub in ihren Palästen sammeln' (Amos 3,10), jene, ‚die die Armen schinden' (Amos 4,2), jene, ‚die immer nach Frevelregiment trachten und auf elfenbeingeschmückten Lagern schlafen' (Amos 6,3), jene, ‚die ein Haus zum anderen bringen und einen Acker an den anderen rücken, bis kein Raum mehr da ist und sie allein das Land besitzen' (Jesaja 5,8). Diese Worte der Propheten Amos und Jesaja sind nicht ferne Stimmen, die uns über Jahrhunderte hinweg erreichen, das sind keine Texte, die wir ehrerbietig in der Liturgie verlesen. Das sind Realitäten, deren Grausamkeit und Intensität wir täglich erleben. Wir erleben sie, wenn zu uns die Ehefrauen und Mütter derer kommen, die entführt wurden und verschwunden sind, wenn unkenntlich gemachte Leichen auf geheimen Friedhöfen auftauchen, wenn die ermordet wurden, die für Gerechtigkeit und Frieden kämpfen."
[Oscar A. Romero, Die politische Dimension des Glaubens – Erfahrungen der Kirche in El Salvador. In: Basisgemeinden und Befreiung. Lesebuch zur Theologie und christlichen Praxis in Lateinamerika. Hrsg. Antonio Reiser und Paul G. Schoenborn. Jugenddienst-Verlag. Wuppertal 1981, S. 158.]

(III.) AUS DEN VERPFLICHTUNGEN DES KATAKOMBENPAKTES[3]
(16. November 1965)

2. Wir verzichten ein für allemal darauf, als Reiche zu erscheinen wie auch wirklich reich zu sein, insbesondere in unserer Amtskleidung (teure Stoffe, auffallende Farben) und in unseren Amtsinsignien, die nicht aus kostbarem Metall – weder Gold noch Sil-

---

[3] Am 16. November 1965 – drei Wochen vor dem Abschluss des II. Vatikanischen Konzils – trafen sich in den Domitilla-Katakomben außerhalb Roms 40 Bischöfe der ganzen Welt. Sie griffen ein Leitwort auf, das Johannes XXIII. einige Jahre vorher ausgegeben hatte, und unterzeichneten den „Katakombenpakt" für eine dienende und arme Kirche, dem sich später noch ca. 500 weitere Bischöfe anschlossen. Vgl. dazu Einleitung und vollständige Textdokumentation im Internet: http://www.pro-konzil.de/katakombenpakt-fur-eine-dienende-und-arme-kirche/

ber – gemacht sein dürfen, sondern wahrhaft und wirklich dem Evangelium entsprechen müssen.

10. Wir werden alles dafür tun, dass die Verantwortlichen unserer Regierung und unserer öffentlichen Dienste solche Gesetze, Strukturen und gesellschaftlichen Institutionen schaffen und wirksam werden lassen, die für Gerechtigkeit, Gleichheit und gesamtmenschliche harmonische Entwicklung jedes Menschen und aller Menschen notwendig sind. Dadurch soll eine neue Gesellschaftsordnung entstehen, die der Würde der Menschen- und Gotteskinder entspricht.

11. Auch auf der Ebene der internationalen Organisationen das Evangelium bezeugen, wie es Papst Paul VI. vor den Vereinten Nationen tat, und gemeinsam dafür einzutreten, dass wirtschaftliche und kulturelle Strukturen geschaffen werden, die der verarmten Mehrheit der Menschen einen Ausweg aus dem Elend ermöglichen, statt in einer immer reicher werdenden Welt ganze Nationen verarmen zu lassen.

Quellen:

ENZYKLIKA LAUDATO SI (LS) Über die Sorge für das gemeinsame Haus, 24. Mai 2015, in: Verlautbarungen des Apostolischen Stuhls Nr. 202, hrsg. vom Sekretariat der Deutschen Bischofskonferenz. Bonn 2015.

Apostolisches Schreiben EVANGELII GAUDIUM (EG), 24. November 2013, in: Verlautbarungen des Apostolischen Stuhls Nr. 194, hrsg. vom Sekretariat der Deutschen Bischofskonferenz. Bonn 2013.

DER HEILIGE STUHL: http://w2.vatican.va/content/vatican/de.html

Der von vielen als Heiliger verehrte brasilianische Bischof Hélder Câmara (1909-1999) erklärte schon 1967 in einer Versammlung lateinamerikanischer Bischöfe in Montevideo, auf das Massenelend müsse mit einer *Theologie der Befreiung* geantwortet werden (Fotos: Hans Peters & Marcel Antonisse, Niederländisches Nationalarchiv; commons. wikimedia.org).

9.

Medellín (1968) weist Erzbischof Romero den Weg

Romero's Beziehungen zur Befreiungstheologie
in Predigten 1977-1980

Ausgewählte Texte[4]
Zusammengestellt von Norbert Arntz

(I) DER GOTT DER BEFREIUNG IST GEGENWÄRTIG
MITTEN IM ELEND – DIE INSTITUTIONALISIERTE GEWALT

[1] Die Massen der Armen sind eine Sünde, sagten die Bischöfe in Medellin, ein Unrecht, das zum Himmel schreit. Marginalisierung, Hunger, Analphabetismus, Unterernährung und andere miserable Zustände, die alle Poren unseres Seins durchdringen, sind Folgen der Sünde, der Sünde jener, die alles für sich anhäufen und für die anderen nichts haben; sind Folgen der Sünde allerdings auch jener, die nichts haben, aber auch nichts zur Veränderung ihrer Lage tun. Sie passen sich einfach an, raffen sich nicht auf für eine würdige Existenz kämpfen. Aber häufig sind sie nicht einmal daran schuld, dass sie nicht kämpfen. Eine ganze Reihe von Bedingungen, von Strukturen lassen einfach nicht zu, dass sie voran kommen. Daraus bildet sich ein Geflecht gegenseitiger Sünde. Diese Sünde bezeichnet Medellin als „institutionalisierte Gewalt", ein Umfeld von Unrecht, aus denen solche Lagen entstehen, wie jene, die uns die heutigen Lesungen so plastisch

---

[4] Text-Collage: Pfarrer Norbert Arntz, Institut für Theologie und Politik (ITPol), Friedrich-Ebert-Str.7, D-48153 Münster, httpi/www.itpol.de / www.pro-konzil.de – [Die Beschlüsse der lateinamerikanischen Bischofskonferenzen von 1968, 1979 und 2007 sind über das Internet in deutschsprachigen Übersetzungen abrufbar: MEDELLIN 1968*; PUEBLA 1979*; APARECIDA 2007*].

in der Gestalt des Leprakranken von Samarien vorgestellt haben, der beim Propheten Gottes nach Erlösung schreit, oder in der Angst der zehn Leprakranken, die Jesus anflehen: „Jesus, Meister, hab Erbarmen mit uns" [Lk 11,13]. In diesen Kranken erkennen wir heute die ausgezehrte Masse von Menschen, die von ihrem Dasein am Rande aus nach einer Befreiung schreit, die ihr von keiner Seite gewährt wird, sagen „die Dokumente von Medellin. [9. Oktober 1977: Su Pensamiento Bd I-II, S. 266-267.]

[2] Der Gott der Christen darf kein anderer sein als der Gott jenes Jesus Christus, der sich mit den Armen identifizierte und sein Leben für die anderen dahingab. Es ist der Gott, der seinen Sohn Jesus Christus sandte, unzweideutig den Armen den Vorzug zu geben, ohne die anderen zu verachten. Alle rief er auf, sich zu den Armen zu gesellen, um ihm gleich zu werden. Niemand wird im Leben verurteilt; nur jener Mensch, der den Aufruf des bescheidenen, armen Christus zurückweist und stattdessen vor seinem Reichtum und seiner Macht Götzendienste feiert. [27. Mai 1979: Su Pensamiento Bd. VI, S. 365.]

[3] Ich weiß sehr wohl, dass viele sich über diese Worte empören und ihnen vorwerfen, dass sie den Pfad des Evangeliums verlassen hätten, um sich in Politik einzumischen. Aber einen solchen Vorwurf lasse ich nicht gelten. Vielmehr verwende ich alle Mühe darauf, dass wir alles, was das II. Vatikanische Konzil sowie die Versammlungen von Medellin und Puebla angeregt haben, nicht nur auf dem Papier zur Verfügung haben und als Theorie studieren, sondern persönlich leben und in die konfliktive Realität übersetzen, in der wir das Evangelium für unser Volk zu verkünden haben. Wenn ich während der Woche den Klageschrei des Volkes und seinen Schmerz über solche Verbrechen, sein Leiden unter so viel Gewalt aufsammle, dann bitte ich den Herrn darum, mir das rechte Wort zu geben, um aufzurichten, anzuklagen und zur Umkehr aufzurufen. Selbst wenn das die Stimme eines Rufers in der Wüste bleibt, weiß ich doch, dass sich die

Kirche auf diese Weise bemüht, ihrer Sendung gerecht zu werden. [Am 23. März 1980: Su Pensamiento Bd. VIII, S. 359.]

[4] Die Kirche ist niemals Hasspredigerin. Die Kirche predigt stets die Liebe. Und wenn die Kirche aufsteht gegen das, was die Bischofsversammlung von Medellin „institutionalisierte Gewalt" nennt, dann muss sie lauthals rufen, wie die Propheten, die zu ihrer Zeit kraftvoll gegen die Unrechtsordnung aufstanden. Nicht die Kirche ist es die Gewalt predigt, sondern andere haben die Gewalt provoziert, Hass, Folter, Leid, gesellschaftliche Ungleichheit. Und die Kirche muss eine entschiedene, eindeutige Sprache sprechen, weil sie wie Christus reden muss, der ohne Rache und Hass die Seelen dem Reich der Sünde entreißen will, um sie in das Reich Gottes zu führen. [6. August 1977: Su Pensamiento Bd I-II, S. 155-156.]

(II.) UMKEHR VON STRUKTUREN UND MENSCHEN

[5] Und, Schwestern und Brüder, denkt gut darüber nach: Wer soll die tiefgreifenden und wagemutigen Veränderungen, die wir brauchen, die gesellschaftlichen und politischen Ansprüche die zu Recht erhoben werden, in die Tat umsetzen? Medellin hat darauf eine klare Antwort: „Neue Menschen". Menschen, die durch Umkehr erneuert sind. Alle, die sich in die alten, morsch gewordenen Systeme verriegelt haben, alle, die an Repression, Verbrechen und Sünde festhalten, und das in einer Lage, die unerträglich ist, werden die Welt nicht erneuern. So kann nichts Neues entstehen. Politiker und Nicht-Politiker, Leute mit Macht und Leute aus dem einfachen Volk – wir alle sollten versuchen uns durch die innere Umkehr zu erneuern. Deshalb also vor der Erneuerung der Strukturen, oder besser zusammen mit der Erneuerung der Strukturen die Erneuerung der Herzen. [20. August 1978: Su Pensamiento Bd. V, S. 139-140.]

[6] Eine Befreiung, die Gott vergessen würde, den man suchen muss; eine Befreiung, die nicht daran denkt, sich von der Sünde zu befreien, wäre keine Befreiung durch Gott. Es nützte gar nichts, sagen die Bischöfe von Medellin – damit ihr merkt, wir sind keine Kommunisten – Strukturen, Regierungen, Situationen zu ändern nützte überhaupt nicht, solange sich das Herz des Menschen nicht ändert. Was nützt es, neue Strukturen mit einem egoistischen Herzen zu verwalten? [24. September 1978: Su Pensamiento Bd. V, S. 209.]

[7] Es gibt ein Kriterium, mit dessen Hilfe man wissen kann, ob Gott uns nahe oder fern ist. Es handelt sich um jenes Kriterium, das uns das Wort Gottes heute anbietet: Wer sich um den Hungernden, den Nackten, den Armen, den Verschwundenen, den Gefolterten, den Gefangenen, also um alles Fleisch und Blut kümmert, das leidet – wer das tut, dem ist Gott nahe. Dann rufst du zum Herrn, und er erhört dich. Glaube heißt nicht, viel beten. Der Glaube bedeutet die Sicherheit, dass Gott mir nahe ist, wenn ich meinen Schwestern oder Brüdern Gutes tue. Die Sicherheit des Gebetes stellt sich nicht ein, wenn man viele Worte macht. Die Sicherheit des Gebetes kann man leicht erkennen: Wie verhalte ich mich gegenüber dem Armen? Denn da ist Gott. Und je nachdem, wie du dich dem Armen näherst, mit Liebe oder mit Geringschätzung, dementsprechend näherst du dich auch Gott. Was du dem Armen tust, das tust du Gott. Wie du den Armen anschaust, so schaust du Gott an. Gott hat sich soweit mit dem Armen identifizieren wollen, dass die Verdienste jedes einzelnen und der gesamten Zivilisation gemessen werden an dem Verhalten, das wir dem Bedürftigen und Armen zukommen lassen. [5. Februar 1978: Su Pensamiento Bd. III, S. 189.]

(III.) Die Option *wegen* der Armen („Opción *por* los pobres") und die Kirche der Armen

[8] Die Armen haben den Weg der Kirche wahrhaft geprägt. Eine Kirche, die sich nicht mit den Armen zusammentut, um von den Armen aus das Unrecht anzuprangern, das man ihnen antut, ist nicht die wahre Kirche Jesu Christi. [17. Februar 1980: Su Pensamiento Bd. VIII, S. 233.]

[9] Kommen wir noch einmal auf die Option für die Armen zu sprechen. Da ist keine Demagogie, sondern Evangelium pur. Wenn wir uns nicht um die Interessen des Armen, der kleinen Leute kümmern, und zwar nicht auf irgendeine beliebige Art, sondern weil er [, der Arme,] Stellvertreter Jesu ist, und in dem Glauben, für den uns der Gedemütigte, an den Rand Gedrängte, Arme und Kranke Sinn und Verstand öffnet. In diesem Menschen Jesus zu erkennen, das ist Transzendenz. Wenn man in ihm nur den Rivalen sieht, den Dummen, der mir meine Feststimmung vermiest, dann ist der Arme natürlich ein Störenfried. Aber wenn man ihn umarmt, wie Christus den Leprakranken umarmt, wenn der barmherzige Samariter den Verletzten aufhebt; wenn er das, was er an ihm tut, Christus tut, dann ist das Transzendenz, ohne die eine angemessene Perspektive für soziale Gerechtigkeit nicht gefunden werden kann: der in den kleinen Leuten anwesende Christus. [30. September 1979: Su Pensamiento Bd. VII, S. 314.]

[10] Transzendenz bedeutet nicht, zum Himmel zu gehen, an das ewige Leben zu denken und über die Probleme der Erde hinwegzusehen. [...] Es handelt sich vielmehr um eine Transzendenz, die für das menschliche Herz gilt. Sie bedeutet, sich auf das Kind, auf den Armen, auf den in Lampen Gekleideten, auf den Kranken einzulassen, in die Elendshütten und Häuser zu gehen und mit ihnen zu teilen. Transzendenz bedeutet, aus der Mitte des Elends selbst diese Lage zu überschreiten, den Menschen zu erheben, ihn voranzubringen und ihm zu sagen: Du

bist kein Abfall, du gehörst nicht an den Rand. Vielmehr das Gegenteil: Du hast eine große Bedeutung." [23. September 1979: Su Pensamiento Bd. VII, S. 286.]

[11] Heutzutage stützt sich die Kirche auf keine Macht, auf kein Geld mehr. Heute ist die Kirche arm. Heute weiß die Kirche, dass die Mächtigen sie verachten, dass sie aber geliebt wird von denen, die ihr Vertrauen auf Gott setzen. Eine solche Kirche will ich. Eine Kirche, die nicht mit Privilegien rechnet und nicht mit irdischem Ansehen. Eine Kirche, die sich immer stärker frei macht von irdischen, menschlichen Interessen, um diese mit größerer Freiheit aus der Perspektive des Evangeliums und aus der Perspektive ihrer Armut zu bewerten. [28. August 1977: Su Pensamiento Bd. I-II, S. 200.]

[12] Die wahre Armut der Kirche, die ich in meinen Predigten behandeln wollte, liebe Brüder und Schwestern, besteht darin, ihre Kraft in ihrer eigenen Schwachheit, in ihrer eigenen Sündhaftigkeit zu finden, die aber ihre Stütze hat in der Barmherzigkeit Christi, in der Macht des Herrn. Diese Kirche will ihre Stärke nicht auf die Mächtigen stützen oder auf die Politik, sondern sich mit Selbstachtung davon lösen, um allein gehalten von den Armen des Gekreuzigten, der wirklichen Stärke, ihren Weg zu gehen. [9. Juli 1978: Su Pensamiento Bd. V, S. 62.]

[13] Deshalb, meine Schwestern und Brüder, ist es durchaus keine Ehre für die Kirche, mit den Mächtigen auf gutem Fuß zu stehen. Die Ehre der Kirche besteht darin, dass sich die Armen in ihr heimisch fühlen, dass sie ihre Sendung auf Erden erfüllt, indem sie alle, auch die Reichen aufruft, sich zu bekehren und ihr Heil zu wirken, und zwar von der Welt der Armen aus: Denn die Armen allein sind die Seliggepriesenen. [17. Februar 1980: Su Pensamiento Bd. VIII, S. 239.]

[14] Ich denke in diesem Augenblick an die Kirche in unserer Erzdiözese, die in diesen vier Departments als Pilgerin unter-

wegs ist, so attraktiv und schön wegen der Basisgemeinden, in
denen Männer, Jugendliche, Frauen sich immer besser kennenlernen und erfahren, dass ihre Herzen zusammengeführt werden
durch die Liebe des Vaters, die Gnade des Sohnes und die Gemeinschaft des Heiligen Geistes. Darum bestehe ich so nachdrücklich darauf, liebe Schwestern und Brüder, dass es immer
mehr Basisgemeinden gebe. Das ist keine Erfindung unserer Tage, vielmehr unbedingt notwendig, dass die Christen sich kennen, sich gern haben und zusammen leben, um sich durch diese
göttliche Energie ihrer Lage immer bewusster zu werden. [21.
Mai 1978: Su Pensamiento Bd. IV, S. 259.]

[15] Wenn die Kirche sich als „Kirche der Armen" bezeichnet,
hat das nichts damit zu tun, dass sie mit der sündhaften Armut
einverstanden sein will. Die Kirche kommt den Armen nahe, um
ihnen zu sagen: kehrt um, bringt euch voran, lasst euch nicht fallen. Eben diese Aufgabe, die die Kirche wahrnimmt, stört. Denn
viele haben ein Interesse an eingeschläferten Massen, an Menschen, die nicht aufwachen, an Menschen, die sich anpassen, an
Menschen, die sich mit den Futterschoten der Schweine zufrie-
dengeben. Mit dieser sündhaften Armut ist die Kirche nicht ein
verstanden. Die Kirche entscheidet sich zwar für die Armut.
Aber für eine Armut in Würde, für eine Armut, die aus dem Einsatz gegen das Unrecht und zur Überwindung der sündhaften
Armut entsteht, die würdige Armut des Hauses in Nazareth. [11.
September 1977: Su Pensamiento Bd I-II, S. 216.]

[16] Wenn wir von der Kirche der Armen sprechen, betreiben
wir keine marxistische Dialektik, als ob es daneben noch eine
Kirche der Reichen gebe. Wir wiederholen vielmehr, was Christus vom Heiligen Geist inspiriert, selbst gesagt hat: „Der Herr
hat mich gesandt, den Armen die gute Nachricht zu bringen!"
Das heißt: wer Christus hören will, muss arm werden. [3. De-
zember1978: Su Pensamiento Bd. VI, S. 11.]

[17] Hier gibt Christus uns die Antwort auf die Verleumdung, die oft zu hören ist: Warum predigt die Kirche nur den Armen? Warum das Leitwort „Kirche der Armen"? Haben die Reichen etwa keine Seele? Aber natürlich, und wir lieben sie von Herzen und wünschen sehr, dass sie gerettet werden, dass sie nicht durch die Verwicklung in ihren eigenen Götzendienst zugrunde gehen. Deshalb bitten wir sie, sich zum Geist des Evangeliums zu bekehren, sich mit den Armen in der Seele verwandt zu fühlen, die Not und die Angst der Bedürftigen selbst zu empfinden [15. Oktober 1978: Su Pensamiento Bd. V, S. 250.]

Quellen

Mons. Oscar A. Romero: Su Pensamiento, Hrsg. Erzdiözese San Salvador, Bd. I-VIII, 1989. Eigene Übersetzungen N.A.

10.
Zur Seligsprechung von Oscar A. Romero

Von Stefan Silber[1]

Die Seligsprechung Oscar Romeros hat in Lateinamerika und auf der ganzen Welt große Begeisterung, aber auch Kritik ausgelöst. Mit der Großveranstaltung, an der etwa eine halbe Million Menschen teilnahmen, wurde 35 Jahre nach seiner Ermordung ein Mann geehrt, der wegen seines kompromisslosen Eintretens für die Rechte der Armen in seinem Land und in seiner Kirche mächtige Feinde gegen sich hatte.

Viele lateinamerikanische TheologInnen zeigten sich erfreut, dass mit der Seligsprechung Romeros auch eine späte Anerkennung der Befreiungstheologie erfolge. Victor Codina schreibt, dass nun bestätigt würde, dass „die pastorale Linie Lateinamerikas von Medellín bis Aparecida dem Evangelium entspricht" und „dass die Option für die Armen und Indigenen, die Bischöfe wie Romero, Proaño, Samuel Ruiz, Arns, Casaldáliga, Larraín, Silva Henríquez, Mendes de Almeida, Méndez Arceo, Pironio, Jorge Manrique, Landázuri … getroffen haben, in der Nachfolge Jesu geschah".

Kritik gab es nicht nur an der verspäteten Einsicht der vatikanischen Behörden, die den Seligsprechungsprozess bis zur Wahl von Papst Franziskus blockiert hielten, während Romero in Lateinamerika längst als Heiliger verehrt wurde, sondern auch an den konkreten Umständen der Feier.

Basisgemeinden, Menschenrechtsorganisationen (Tutela Legal) und andere salvadorianische Organisationen kritisierten die Anwesenheit der Gegner Romeros (aus Politik, Medien und Kirche) bei der Feier, ohne dass eine Vergebungsbitte bekannt ge-

---

[1] Erstveröffentlichung: SILBER 2015.

worden sei. Auch das Motto „Märtyrer aus Liebe" wurde kritisiert, da mit diesem Motto nicht deutlich werde, dass es Romeros
Liebe zu den *Armen* und zur *Gerechtigkeit* gewesen sei, die zu
seiner Ermordung geführt hätte. Jon Sobrino warnte davor, dass
ein „verwässerter Romero" seliggesprochen werden könnte, dessen prophetische Parteinahme für die Armen keine Konsequenzen für die Praxis der Kirche heute hätte. Auch Francisco de
Aquino Júnior spricht von „Anstrengungen, das Bild und die Erinnerung an Romero in und außerhalb der Kirche zu domestizie-
ren".

In Deutschland mahnt die Christlichen Initiative Romero:
„Wenn der liturgische Akt der Seligsprechung dazu führt, dass
sich mehr Gläubige weltweit verstärkt für die Einhaltung von
Menschenrechten engagieren, begrüßen wir [...] dies sehr. [...]
Die potenzielle Vereinnahmung des Bischofs seitens konservativer Kreise in Kirche und Politik mit der Absicht, die Figur Romero zu verwässern, sehen wir jedoch sehr kritisch."

Trotz aller Kritik sind die Reaktionen in Kirche und Gesell-
schaften Lateinamerikas vorwiegend positiv gewesen. Die Seligsprechung Romeros ermutigt und bestärkt in Lateinamerika alle,
die sich aus ihrem Glauben heraus für Menschenrechte und Gerechtigkeit einsetzen.

Einige deutschsprachige Quellen im Internet:
https://amerika21.de/analyse/122718/romero-seligsprechung
http://religionsphilosophischer-salon.de/6490_kritik-an-seligsprechung-
oscar-romeros-stellungnahme-der-basisgemeinden_befreiung
Zahlreiche deutschsprachige Informationen, Stellungnahmen und Medien finden sich in den Dossiers von Adveniat und von katholisch.de:
http://www.blickpunkt-lateinamerika.de/oscar-romero.html
http://weltkirche.katholisch.de/Themen/Oscar-Romero

Zum Verfasser: Stefan Silber, Dr. theol., geb. 1966, Professor mit dem
Schwerpunkt Systematische Theologie an der Katholischen Hochschule
Nordrhein-Westfalen. Zuvor Pastoralreferent in der Diözese Würzburg;
von 1997 bis 2002 Leitung des Diözesanen Katechistenzentrums in Po-
tosí (Bolivien). Ehrenamtlich in Pax Christi und in der Verbreitung der
Befreiungstheologie engagiert.

VI.
Im Jahr 2018:

Weltkirchliche Anerkennung
der Heiligsprechung
durch die Armen

El Salvador-Bildarchiv der Christliche Initiative Romero (CIR), Münster

1.

Romero, die gelebte Nähe zu den Menschen

Seit vielen Jahren schon verehren viele Menschen Volk
in El Salvador den ehemaligen Erzbischof Oscar Romero
als Heiligen. Der salvadorianische „Anwalt der Armen" wurde
vor 38 Jahren während einer Eucharistiefeier am Altar von
rechtsextremen Todesschwandronen erschossen.
Papst Franziskus gab nun bekannt, dass Romero am
14. Oktober 2018 in Rom offiziell heiliggesprochen werden soll.

Von Andreas Hugentobler, El Salvador[1]

BITTE KEINE MAHNWACHE

Traditionsgemäss findet in San Salvador am Samstag vor dem
24. März, Romeros Todestag, eine Prozession zur Kathedrale
statt. Organisiert wird sie von der Fundación Monseñor Romero.
Der Geist und die Gedanken Oscar Romeros sollen in Erinnerung bleiben. Der Umzug bekam dieses Jahr eine spezielle Note:
Besammlung war wie üblich auf der Plaza Salvador del Mundo,
danach Marsch ins Zentrum mit anschliessender Eucharistie-
Feier auf einer Bühne vor der Kathedrale. Nach Beendigung des
Gottesdienstes wurde mit dem Abbau der beachtlichen Bühne
begonnen, das war quasi der offizielle Teil. Auf der anderen
Platzseite rief gleichzeitig ein Moderator die vergleichsweise
wenigen Versammelten zu einer Mahnwache zusammen. Diese
wird seit 38 Jahren vor der Kathedrale abgehalten, aus Liebe
zum Romero des Volkes. Künstler und Musiker spielen zur Erinnerung und Widerstand im Sinne des „Heiligen Romeros" oh-

---

[1] Erstveröffentlichung: HUGENTOBLER 2018* (pfarrblatt – Bern).

ne Entgelt. Eigentlich aber, ginge es nach der Fundación Monseñor Romero, hätte die Mahnwache in diesem Jahr nicht mehr stattfinden sollen.

Ich frage mich: Ist dies eine erste Auswirkung der Heiligsprechung Romeros? Gehören die grossen Mobilisierungen für Romero in Verbindung mit zentralen Volksanliegen der Vergangenheit an? Wer entscheidet darüber, welche Tradition offiziell kirchentauglich ist und welche nicht mehr zum Heiligen passen?

Kardinal Rosa Chavez: Das Wunder des Heiligen

Gregorio Rosa Chavez, der „Kardinal Romeros", kommentierte Anfang März voller Freude die vatikanische Anerkennung des Wunders Romeros und schilderte, wie es unter Anrufung von Bischof Romero zur wundervollen Heiligung einer von den Ärzten als totgeweihten, schwangeren Frau kam. Der Kardinal rief im letzten Jahr zu einer aufsehenerregenden Pilgerreise (Fussmarsch) zum 100 km entfernten Geburtsort Romeros auf, als Dank für seine Kardinalsernennung und Feier des 100. Geburtstags des künftigen Heiligen.

Mit Nachdruck empfahl Kardinal Chavez das Fürbittgebet an Romero und bezeichnete die bevorstehende Heiligsprechung als *„Geschenk für das Land"* und als *„Hoffnung, um Gewalt und Leiden zu überwinden und endlich in Frieden zu leben".* Romero werde das Volk wieder vereinen.

Ich frage mich: Warum ruft Kardinal Rosa Chavez neben dem Pilgermarsch zum Romero-Geburtsort nicht auf zu einer breiten sozialen Bewegung in der Nachfolge Romeros. Es scheint mir wertvoll, für das „kleine" Wunder zu danken, doch wer generiert Bewegung, um für das „grosse" Wunder des Zugangs zu grundlegenden Menschenrechten zu kämpfen?

Wunder-Heiliger oder Kämpfer für Gerechtigkeit?

Der brasilianische Befreiungstheologe, Bischof und Dichter Pedro Casaldaliga bezeichnete Romero kurz nach seiner Ermordung als „San Romero de América, pastor y mártir nuestro" (Heiliger Romero von Amerika, unser Pastor und Märtyrer). Er meinte jenen Romero, der für alle Verdächtigten, Unbeachteten, Ausgebeuteten eingetreten ist; den Romero an den Rändern, den diese Leute schon längst heiliggesprochen haben. Er ist ihr Santo, weil sie ihn als ihren „goél" (Anwalt oder Fürsprecher im Volksgericht) im biblischen Sinne des Wortes anerkennen. Ein soziologischer Sachverhalt, den Casaldáliga durch seine Nähe zur basiskirchlichen Bewegung hautnah erlebt und deshalb verstanden hatte.

Mit der Heiligsprechung Romeros wird ein anderes Konzept der Heiligkeit propagiert, für deren Abschluss kein „sensus fidei", *kein Glaubenssinn des einfachen Menschen*, sondern die Erfüllung administrativer Vorgaben – (ein wissenschaftlich nachweisbares Wunder) – bestimmende Instanz sind. Romeros Heiligsprechung ist die Angelegenheit einer Institution, deren Prozesse bürokratischen Vorgaben folgen – Romeros Heiligkeit dagegen ist eine Wahrheit im einfachen Volk.

Ich frage mich: Werden sich die beiden Konzepte – der Wunder-Heilige und der Gerechtigkeits-Fordernde – nebeneinander aushalten? Was, wenn Romero im Interesse der Mächtigen in Kirche und Politik in Rekordtempo zu einem klassischen Heiligen verkommt, zu dem viel gebetet wird, der aber kaum mehr Befreiungsprozesse auslöst? Was, wenn San Romero mehr Nationalstolz beflügelt („wir haben nun endlich auch einen Heiligen") statt Widerspruch übt und sozialen Konflikt anklagt?

Romero der Peripherien – „¡Ser su propia voz!"
(Sei deine eigene Stimme)

Der offizielle Romero ist bereits jetzt zu einer Marke geworden, mit viel Form, Effekt und Marketing, jedoch wenig Inhalt. In zunehmendem Abstand zu diesem Markenprodukt steht der andere, unscheinbare Romero, der Romero an den Peripherien, der als Resonanzkasten der einfachen Leute am Rande ihre Hoffnungen und Forderungen verstärkt. Die Funktion des Resonanzkörpers ist die Übermittlung. Sein Ort: die Peripherie. Seine akkustische Bandbreite: ultra-schwach – einzig hörbar für jene, die sich auf das schwache Signal seiner Bandbreite einlassen.

Die 2017 zum 100. Geburtstag Romeros gegründete Plattform Generación Romero (www.generacionromero.wordpress.com) ist ein Beispiel, das versucht, auf dieser Bandbreite Übermittlungsarbeit zu leisten, um eine soziale Bewegung im Geiste Romeros auszulösen. Derzeit gehören der Plattform über 30 Gruppierungen und Institutionen verschiedenster Couleur an, darunter Jugendgruppen, Bildungsbewegungen, Basisgemeinden, Selbsthilfegruppen von Sex-Arbeiter*innen, Theatergruppen, Radioteams, Sozial-Präventionsequipen und Landwirtschaftskooperativen – sie sehen in Romero eine Figur, die ihre eigene Stimme verstärkt und ihre Würde achtet. „Ser su propia voz", sie wollen ihre eigene Stimme hörbar machen und nicht warten, bis jemand sich ihrer Stimme annimt („voz de los sin voz" – die Stimme der Stimmlosen).

Selbstverständlich setzt sich mit der Heiligsprechung auch das Rösschenspiel von Institutionen in Bewegung, die sich unter Berufung auf ihre Autorität zu Romero äussern: Kirchliche Leistungsträger werden von Gegnern zu Anhängern Romeros; in Pfarreien, wo über dem Opferstock früher das Bild einer Maria oder eines frommen Heiligen hing, zeigt San Romero nun mit seinem Zeigefinger in Richtung Himmel und animiert zur Spende; Bildungsinstitutionen, deren Theologie bislang hinterfragt wurde, betreiben eine beinahe „offizielle" Theologie und NGOs, welche einst aus Basisprozessen hervorgingen, werden zu anerkannten Akteuren im Sinne Romeros.

Meine Hoffnung: Über Romero wird viel gesagt, geschrieben und produziert, doch vieles scheint mir Windhauch im Vergleich zu einer Einsicht, die ich in den Basisgemeinden lernte: Das Feld für den Erweis der Heiligkeit Romeros liegt einzig im Aufbruch des einfachen Volkes – kein wissenschaftlicher Wunder-Nachweis, keine Doktrin, keine Theologie vermögen dies zu leisten. Die Definition und Vermittlung von Inhalten ist das eine, etwas anderes aber die gelebte Praxis. Dazu müssen die Zentren (von Bildung, Religion, Institution …) verlassen und die Bewegung hin zu den unterstrukturierten Gruppen, Behausungen und Fragmenten an den Peripherien gewagt werden. Praktische Theologie im Sinne Romeros wird so zum Resonanzkörper erlebter Realitäten an den Rändern, schreibt keine Inhalte nieder, sondern bewirkt Aufbruch, Ermutigung, sperrige Nähe und mutiges Aushalten.

Freundschaft in Nähe zum Volk

Abschliessend noch ein letzter Gedanke: Der berühmte Befreiungstheologe, Autor und Bildungsexperte Miguel Cavada, ein totaler „Eintaucher" in die peripheren Realitäten El Salvadors, prägte den Satz „¡Nunca se separen del pueblo! – Trennt euch nie vom Volk!" Die einzige Richtlinie für sinnvolle Arbeit ist die gelebte Nähe zum Volk. Und Romero erwiderte auf zahlreiche Anklagen der politischen Aufwieglerei stets, er sei „simplemente el pastor, el hermano, el amigo de este pueblo" (einfach der Pastor, der Bruder, der Freund dieses Volkes).

Meine Hoffnung: Dass Volksnähe und Freundschaft in einem enttäuschten Volk, das auch seiner politischen Hoffnungen beraubt wurde, einen Aufbruch in Richtung des grossen Wunders Romeros wecken werden.

Zum Verfasser: Andreas Hugentobler-Alvarez, Theologe. Er begleitet als Fachperson das Basisgemeinde-Netz „Mons. Romero" im Departement La Libertad / El Salvador. Mehr zu seinem Einsatz – im Internet unter: www.ecosdelpulgarcito.wordpress.com

Die liturgische Feier der Seligsprechung Oscar Romeros am 23. Mai 2015 in San Salvador vermittelte das Bild einer hierarchischen Kirche von oben, die im Wesentlichen aus Klerikern besteht. Die Armen rückten nicht in das Blickfeld der Öffentlichkeit, dafür aber Vertreter des Militärs und der Macht an der Seite von Kardinal Angelo Amato (Fotos: Presidencia El Salvador; commons.wikimedia.org).

2.

CIR-Bulletin *presente*

Stimmen aus der Christlichen Initiative Romero
und ihren internationalen Partnerorganisationen[2]

El Salvador
HEILIGSPRECHUNG ROMEROS – STIMMEN UNSERER PARTNER*INNEN

Anfang März gab der Vatikan bekannt,
Oscar Arnulfo Romero heilig sprechen zu wollen.
*Voraussichtlich noch in diesem Jahr. Von unseren Partner*innen aus*
Romeros Heimatland El Salvador wurde die Verlautbarung mit großer
Freude aufgenommen. – Doch wir hören auch Mahnungen.

Unsere Partnerorganisationen in El Salvador folgen schon lange
Romeros Beispiel und stehen auf der Seite der Armen, wenn sie
immer wieder den Finger in die Wunde der Gesellschaft legen,
die auch heute noch von Ungerechtigkeit geprägt ist. Hier äu-
ßern sie sich zur bevorstehenden Heiligsprechung des Erzbischofs.

Das Team vom Menschenrechtsbüro
„Tutela Legal Dra. María Julia Hernandez":

„Die Heiligsprechung von Monseñor Oscar Arnulfo Romero ist
eine Anerkennung für die Menschlichkeit und die Kirche, die
von der Ermordung unseres ‚Santo de América' stark beeinträch-

---

[2] Quelle (nachfolgende Darbietung jedoch mit leicht abweichender Anordnung):
El Salvador. Heiligsprechung Romeros – Stimmen unserer Partner*innen. In:
presente. Bulletin der Christlichen Initiative Romero Nr. 2/2018, S. 18-20. [Abruf
der Digitalen Version möglich über: www.ci-romero.de]

tigt wurden. Das Volk nennt Romero hier so, da wir ihn schon lange als Santo, also als Heiligen und Propheten, sehen.

Die Heiligsprechung würdigt Romero auch als Person in seinem Kampf für Gerechtigkeit. Er engagierte sich an der Seite von vielen Betroffenen, die ebenfalls schwere Menschrechtsverletzungen erlitten. Diese Anerkennung seines Engagements gibt uns Hoffnung in der Menschenrechtsarbeit, die besonders dann schwierig ist, wenn die Erinnerungsarbeit und das Einfordern von Gerechtigkeit für den Staat unbequem werden. Die offizielle Anerkennung Romeros Märtyrer-Todes gibt den jüngeren Generationen in El Salvador und andernorts wieder Kraft, die Schaffung des Reich Gottes sowie die Suche nach Frieden und wahrhaftiger Versöhnung voranzutreiben.

Die Worte Romeros überschreiten geographische, kulturelle und religiöse Grenzen. Sie werden zum Symbol für Gerechtigkeit, Erlösung, Frieden und Hoffnung und dienen der Verteidigung der Benachteiligten in der Gesellschaft sowie dem Schutz des Glaubens."

Armando Marquez,
Koordinator der Projektabteilung
von FUNDAHMER:

„Es ist wichtig, jetzt nicht in unserer Freude über die Heiligsprechung zu verharren. Es ist wichtiger, die Botschaften Romeros zu kennen, sie zu vertiefen und ihnen zu folgen. Dies umfasst auch Romeros Christologie, seine Pastoralarbeit, seine prophetische Botschaft sowie das Konzept der armen Kirche für die Armen, wie sie auch Papst Franziskus fordert.

Die Heiligsprechung birgt das Risiko, Romero aus seinem historischen Kontext zu entreißen, ihn in den Himmel zu heben und zu einem Wunderheiligen zu machen, von dem wir ausschließlich spirituellen Trost erwarten. Romeros prophetische Kraft liegt allerdings in der Anklage von Ungerechtigkeiten sowie in der Verteidigung der Wahrheit.

Romero ist nicht etwa in seinem Bett an Altersschwäche oder, wie einige Gläubige meinen, an einer göttlichen Erkrankung verstorben. Romero wurde aus Hass ermordet. Aus Hass auf einen Glauben, der sich der Verteidigung der Menschenrechte verpflichtet und Gerechtigkeit einfordert."

Christentum von unten: FUNDAHMER ist die Vereinigung der Basisgemeinden El Salvadors. Gemeinsam halten sie das Andenken an Erzbischof Romero lebendig. Seine Botschaften bieten auch heute, 38 Jahre nach seiner Ermordung am Altar, Motivation und Orientierung. Dies drückt sich im Selbstverständnis der Basisgemeinden aus, eine Kirche der Armen zu sein. Eine Kirche, die aktiv für Gerechtigkeit eintritt und eine andere Nutzung und Verteilung der Ressourcen fordert. Gleichzeitig entwickelt FUNDAHMER Projekte einer solidarischen Ökonomie, welche dem Menschen dient und mit der Natur im Einklang steht.

Das Team des „Centro Bartolomé de las Casas (CBC)

„Viele Jahre lang konnte Monseñor Romero nicht als Heiliger benannt werden – aufgrund des vehementen Widerstands einflussreicher Gruppen, die gegenüber der katholischen Kirche den unbegründeten Verdacht aufrechterhielten, Romero sei ein Kommunist. Der brasilianische Erzbischof Dom Hélder Camara kritisiert dies mit folgenden Worten stark: ‚Wenn ich einer hungernden Person Essen gebe, gelte ich als heilig. Wenn ich allerdings frage, warum diese Person hungert, werde ich für einen Kommunisten gehalten.‘

Angesichts der Heiligsprechung befürchten wir, dass der spirituellste und zugleich politischste Aspekt Romeros an Bedeutung verliert: das Anprangern von Machtstrukturen, die die Armen ausschließen. Wir müssen also wachsam bleiben. Denn das eigentliche Ziel, das Romero an den Altären vorbrachte, war nicht die Heiligsprechung. Sondern der Kampf für Gerechtigkeit und die Solidarität mit den Armen.

Die Heiligsprechung Romeros bedeutet auch das Anprangern der Ursachen, aus denen diese schreckliche Tat hervorging. Sowie die Verurteilung derjenigen, die den Mord begangen, toleriert und in den wohlhabenden Gegenden der Hauptstadt mit Partys gefeiert haben.

Viele von denen, die nun besonders bemüht sind, die Heiligsprechung zu begrüßen, sind die gleichen, die zuvor die Botschaft Romeros ignorierten und verneinten.

Wir wollen, dass Romero weiterhin einfach ‚Monseñor' genannt wird. Dass er weiterhin der Bruder bleibt, der Straflosigkeit anprangert, der seine Gemeinden besucht, mit ihnen isst, mit ihnen leidet und sich mit ihnen freut. Er soll nicht zum Heiligen Oscar Romero werden, der schweigsam am Altar verweilt, nur für seine offizielle Biographie bekannt. Er soll ein ‚Monseñor' bleiben, dessen Worte und Engagement uns immer wieder begleiten. Das gilt nicht nur in El Salvador, sondern auch an all den Orten in der Welt, an denen es Menschen gibt, die sich, von Barmherzigkeit geleitet, mit Herzblut für Gerechtigkeit stark machen."

Maik Pflaum,
El Salvador-Referent der CIR

Am 24. März 2018 jährte sich die Ermordung des Erzbischofs Oscar Romero zum 38. Mal. Als Christliche Initiative Romero begrüßen wir, dass es mit Romero einen Heiligen geben wird, der Vorbild für Nächstenliebe und Solidarität ist. – Maik Pflaum, El Salvador-Referent der CIR, teilt die dennoch beobachtete Sorge vieler Menschen in El Salvador:

„Die Heiligsprechung darf nicht dazu führen, dass Romeros kämpferische und radikale Sichtweisen aus dem Blick geraten und sein Einsatz für Gerechtigkeit zu etwas Übermenschlichem stilisiert wird! Denn das Gegenteil ist der Fall: Romero zeigt uns, dass jeder Mensch, bei aller Angst und allen Zweifeln, Ungerechtigkeit beim Namen nennen und sich mit Betroffenen solidarisieren kann."

VII.

Literaturverzeichnis

(mit Kurztiteln)

Bei Beiträgen, die auch im Internet abgerufen werden können, ist den vorangestellten Kurztiteln ein Sternchen* beigegeben.

ACK 2008 = Arbeitsgemeinschaft Christlicher Kirchen in Deutschland (Hg.): In Gottes Hand. Gemeinsam beten für die Welt – Gebete aus der weltweiten Ökumene. Frankfurt: Verlag Otto Lembeck 2008.

ADVENIAT 2012* = Bischöfliche Aktion Adveniat (Hg.) / Stefanie Hoppe (verantwortlich): Oscar Arnulfo Romero. Unterrichtsmaterial zum Film „,Romero' von John Duigan, 1989" (Neubearb. Auflage). Essen 2012. http://www.adveniat.de/fileadmin/user_upload/Bilder_Content/Schulm aterial/PDF/OscarRomero_040113.pdf [Zuletzt abgerufen am 12.02.2016]

ADVENIAT 2015* = Bischöfliche Aktion Adveniat (Hg.): Blickpunkt Lateinamerika. Sonderausgabe 2015: Oscar Romero - Zeuge und Märtyrer. Redaktion: Nicola van Bonn (verantw.), Carolin Kronenburg. Essen 2015. https://www.adveniat.de/fileadmin/user_upload/Blickpunkt_La teinamerika/sonderheft_oscar_romero_2015/files/assets/common/down loads/publication.pdf [Zuletzt abgerufen am 12.08.2018]

ADVENIAT-AKTIONEN 2016* = Zitate von Oscar Romero. http://www.adve niat.de/aktionen-kampagnen/oscar-arnulfo-romero/zitate.html [Abgerufen am 12.02.2016.]

ADVENIAT-PERSÖNLICHKEITEN 2018* = Zitate von Oscar Romero. https:// www.adveniat.de/informieren/persoenlichkeiten/oscar-romero/zitate/ [Zuletzt abgerufen am 12.08.2018]

APARECIDA 2007* = Sekretariat der Deutschen Bischofskonferenz (Hg.): Aparecida 2007. Schlussdokument der 5. Generalversammlung des Episkopats von Lateinamerika und der Karibik. 13.–31. Mai 2007. (= Stimmen der Weltkirche Nr. 41). Bonn 2007. https://weltkirche.katholisch. de/Portals/0/Dokumente/DBK_Aparecida_2007.pdf [Zuletzt abgerufen am 12.08.2018.]

ARNTZ 2015* = Arntz, Norbert: Endlich „Santo súbito!" Romero als Kronzeuge für die „Kirche der Armen" anerkannt. ITP, Münster-Kleve, 4. Februar 2015. https://www.muenster.de/~angergun/arntz-romero.pdf [Zuletzt abgerufen am 07.08.2018]

BENEDIKT XVI. 2008* = Benedikt XVI.: Ansprache an die Teilnehmer der 35. Generalkongregation der Gesellschaft Jesu. Donnerstag, 21. Februar 2008. http://w2.vatican.va/content/benedict-xvi/de/speeches/2008/februa ry/documents/hf_ben-xvi_spe_20080221_gesuiti.html

BROCKMAN 1990 = Brockman, James R.: Oscar Romero, Anwalt der Armen. Eine Biografie. Aus dem Amerikanischen von Maria-Antonia Fonseca-Visscher van Gaasbeek. Freiburg/Schweiz: Paulusverlag 1990. [Folgeauflage hiervon: BROCKMAN 2015.]

BROCKMAN 2015 = Brockman, James R.: Oscar Romero, Anwalt der Armen. Eine Biografie. Aus dem Amerikanischen von Maria-Antonia Fonseca-Visscher van Gaasbeek. Kevelaer: Verlagsgemeinschaft topus plus 2015. [Deutsche Erstausgabe: BROCKMAN 1990]

BÜRGER 2009 = Bürger, Peter: Die fromme Revolte. Katholiken brechen auf. Oberursel: Publik-Forum 2009.

BÜRGER 2018 = Bürger, Peter (Hg.): Sauerländische Lebenszeugen. (= Friedensarbeiter, Antifaschisten und Märtyrer des kurkölnischen Sauerlandes. Zweiter Band.) Norderstedt: BoD 2018.

BÜRGER / GÖHRIG / WEISNER 2011* = Bürger, Peter / Göhrig, Bernd Hans / Weisner, Christian: San Romero de America und die Heiligsprechung der Armen. Ein Aufruf zum 1. Mai soll die Kirchen der Reichen zur Umkehr hinführen: basiskirchlich von unten, ökumenisch und international vernetzt. In: telepolis, 27.04.2011. https://www.heise.de/tp/feat ures/San-Romero-de-America-und-die-Heiligsprechung-der-Armen-338 9504.html

CIR 2015* = Christliche Initiative Romero: RomeroZeitung. Sonderausgabe „Zur Seligsprechung von Oscar A. Romero". Mai 2015. Als Internet-Ressource: http://www.ci-romero.de/fileadmin/download/presse/Pr essemappe_Seligsprechung_Romeros/RZ_RomeroZeitung2015.pdf

CIR-STIMMEN 2018* = El Salvador. Heiligsprechung Romeros – Stimmen unserer Partner*innen. In: presente. Bulletin der Christlichen Initiative Romero Nr. 2/2018, S. 18-20. [Abruf der Digitalen Version möglich über: www.ci-romero.de]

DOMRADIO 2017* = Papst ändert Regeln für Selig- und Heiligsprechungen: „Hingabe des Lebens". In: Domradio (online), 11.07.2017. https://

www.domradio.de/themen/papst-franziskus/2017-07-11/papst-aendert-regeln-fuer-selig-und-heiligsprechungen

EVANGELII NUNTIANDI 1975* = Evangelii Nuntiandi – Über die Evangelisierung in der Welt von heute. Apostolisches Schreiben von Papst Paul VI. Gegeben zu Rom am 8. Dezember 1975. http://w2.vatican.va/content/paul-vi/de/apost_exhortations/documents/hf_p-vi_exh_19751208_evangelii-nuntiandi.html

FELDMANN 1985 = Feldmann, Christian: Träume beginnen zu leben. Große Christen unseres Jahrhunderts. Vierte Auflage. Freiburg / Basel / Wien: Herder 1985.

FLORIN/GEIßLER 2011 = „Johannes Paul II. hat die Armen verraten". Unterzeichner Heiner Geißler unterstützt den Appell. Rom erkläre die Falschen zum Vorbild, sagt er (Interview mit Christiane Florin). In: Christ & Welt, Nr. 18 vom 28.04.2011, S. 4. [Christ & Welt, Extraseiten der ZEIT für Glaube, Geist, Gesellschaft www.zeit.de/christundwelt]

GERECHTER FRIEDE 2000 = Sekretariat der Deutschen Bischofskonferenz (Hg.): Gerechter Friede. Hirtenschreiben der deutschen Bischöfe vom 27. September 2000. Vierte Auflage. Bonn 2013. (DBK-Reihe „Die deutschen Bischöfe" Nr. 66) https://www.dbk-shop.de/de/Deutsche-Bischofskonferenz/Die-deutschen-Bischoefe/Hirtenschreiben-und-Erklaerungen/Gerechter-Friede-.html [Zuletzt abgerufen am 12.08.2018]

GOLDSTEIN 1984 = Goldstein, Horst (Hg.): Tage zwischen Tod und Auferstehung. Geistliches Jahrbuch aus Lateinamerika. Düsseldorf: Patmos 1984.

HAGEDORN 2006* = Hagedorn, Klaus (Hg.): Oscar Romero. Eingebunden: Zwischen Tod und Leben. Oldenburg: BIS-Verlag der Carl von Ossietzky Universität 2006. [Als Internet-Ressource: http://oops.uni-oldenburg.de/531/1/hagosc06.pdf]

HALBFAS 1997 = Halbfas, Hubertus: Religionsunterricht in Sekundarschulen. Lehrerhandbuch 10. Düsseldorf: Patmos 1997. [S. 235-258: „Oscar Arnulfo Romero"].

HEILIGENLEXIKON.DE* = Ökumenisches Heiligenlexikon. http://www.heiligenlexikon.de

HUGENTOBLER 2018* = Hugentobler, Andreas: Romero, die gelebte Nähe zu den Menschen. In: pfarrblatt – Internetportal der römisch-katholischen Kirche im Kanton Bern, 30. Mai 2018. https://www.kathbern.ch/pfarrblatt-angelus/pfarrblatt-bern/news-artikel/news/romero-die-gelebte-naehe-zu-den-menschen/detail/News/

KATHOLISCHES FILMWERK 2016* = Katholisches Filmwerk (Hg.): Óscar Romero. Arbeitshilfe [zum Adveniat-Film]. Bearbeitet von Peter Bürger. Frankfurt 2016. http://www.materialserver.filmwerk.de/arbeitshilfen/ Oscar_ Romero_A4.pdf

KATHPRESS 2011 = Ökumenische Initiative sieht Heiligsprechung Romeros „von unten". Zahlreiche Unterzeichner der Erklärung auch aus Österreich – Kritik an Seligsprechung Johannes Pauls II. In: kathpress info (Österreich) Nr.467 Freitag, 29. April 2011, S. 3-4.

KLEEMANN 2004* = Kleemann, Georg M.: Zeugen, Opfer – und Verbrecher? Zum Martyriumsverständnis in der Theologie der Befreiung. Münster 2004. [Als Internet-Ressource: https://www.uni-muenster.de/ imperia/md/content/fb2/d-praktischetheologie/missionswissenschaft/ar bei ten/lwerb01ivv7pdfservice37_1_.pdf]

LEUGERS 1996 = Antonia Leugers, Gegen eine Mauer bischöflichen Schweigens. Der Ausschuß für Ordensangelegenheiten und seine Widerstandskonzeption 1941 bis 1945, Frankfurt am Main: Knecht 1996.

LUMEN GENTIUM 1964* = Dogmatische Konstitution „Lumen gentium" über die Kirche. Rom, 21. November 1964. http://www.vatican.va/ar chive/hist_councils/ii_vatican_council/documents/vat-ii_const_19641121 _lumen-gentium_ge.html

MAIER 2001 = Maier, Martin: Oscar Romero. Meister der Spiritualität. Freiburg i.Br.: Herder 2001.

MAIER 2005* = Maier, Martin: Erzbischof Oscar Romeros Kirchenkonflikte. In: Stimmen der Zeit Nr. 3/2005, S. 198-210. [Zugänglich auch über Internet im Sammelband: HAGEDORN 2006*]

MAIER 2010a = Maier, Martin: Oscar Romero. Kämpfer für Glaube und Gerechtigkeit. Überarbeitete und erweiterte Neuausgabe. Freiburg i.Br.: Herder 2010.

MAIER 2010b* = Maier, Martin: Selig sein und seligsprechen. In: Stimmen der Zeit 3/2010, S. 145-146. [Als Internet-Ressource: http://www.stim men-der-zeit.de/zeitschrift/ausgabe/details?k_beitrag=2295283&k_prod ukt=2294614]

MAIER 2015a = Maier, Martin: Oscar Romero. Prophet einer Kirche der Armen. Freiburg i.Br.: Herder 2015.

MAIER 2015b = Maier, Martin: Sterben für Glaube und Gerechtigkeit. Das Märtyrermotiv in der Theologie der Befreiung. In: Tück, Jan-Heiner (Hg.): Sterben für Gott – Töten für Gott? Religion, Martyrium und Gewalt. Freiburg i.Br.: Herder 2015, S. 237-251.

MAIER/NICOLAISEN 2004 = Maier, Hans/Nicolaisen, Carsten (Hg.): Martyrium im 20. Jahrhundert. (Edition Mooshausen). Annweiler: Plöger [2004].

MEDELLIN 1968* = Generalversammlung des Lateinamerikanischen Episkopates: „Die Kirche in der gegenwärtigen Umwandlung Lateinamerikas im Lichte des Konzils". Botschaft an die Völker Lateinamerikas. Medellin 1968. [Deutsche Übersetzung nach: STIMMEN DER WELTKIRCHE 1981.] Digitalisiert 2009 durch Klemens Reidlinger; zuletzt abgerufen am 12.08.2018: http://www.iupax.at/fileadmin/documents/pdf_soziallehre/ 1968-celam-medellin-die-kirche-in-der-gegenwaertigen-umwandlung-la teinamerikas-im-lichte-des-konzils.pdf

MEIßNER 2004 = Meißner, Diethelm: Die „Kirche der Armen" in El Salvador. Eine kirchliche Bewegung zwischen Volks- und Befreiungsorganisationen und der verfassten Kirche. Neuendettelsau: Erlanger Verlag für Mission und Ökumene 2004.

MODEHN 2015* = Modehn, Christian: Oscar Romero der Märytrer der Befreiung. Ein Freund des Opus Dei? In: Religionsphilosophischer Salon Berlin – Online, 22.05.2015. http://www.fruehere.religionsphilosophi scher-salon.de/keys/oscar-romero-ein-freund-des-opus-dei

MOLL 2010 = Zeugen für Christus. Das deutsche Martyrologium des 20. Jahrhunderts. Hg. von Helmut Moll im Auftrag der Deutschen Bischofskonferenz. [Zwei Bände, zuerst 1999.] Fünfte, erweiterte und aktualisierte Auflage. Paderborn-München-Wien-Zürich: Schöningh 2010.

MOLL 2017* = Moll, Helmut: Gehalt und Gestalt des christlichen Martyriums im 20./21. Jahrhundert. Eine historisch-theologische Erörterung. Vortrag auf dem Jahrestreffen des ‚Schülerkreises Joseph Ratzingers' in Rom vom 31.08. bis 03.09.2017. http://ratzinger-papst-benedikt-stif tung.de/downloads/Rom%202017%20-%20Vortrag%20von%20Prael at%20Moll.pdf [Zuletzt abgerufen am 11.12.2017]

MÜLLER 2011* = Müller, Gerhard Ludwig (Bischof Regensburg): Romero ja, Geißler nein. Befreiungstheologie. Hat Johannes Paul II. einem Anwalt der Armen die nötige Hilfe versagt, wie Heiner Geißler in Christ & Welt behauptet? Bischof Müller widerspricht dem CDU-Politiker und Jesuitenschüler. In: Christ & Welt, Nr. 20 vom 12.05.2011, S. 2. [https:// issuu.com/christundwelt/docs/c_w_zeit_20-2011] [Textdokumentation ebenfalls auf einer einschlägigen Internetseite: http://www.kath.net/ news/31396]

NERSINGER 2015 = Nersinger, Ulrich: Attentat auf den Glauben. Das Martyrium des Óscar A. Romero. Aachen: Bernardus 2015. [Zu Romero: S. 65-116.]

OPUS DEI 2013* = Oscar Romero und der heilige Josefmaria. Fakten und Zeugnisse. In: Opus Dei Deutschland – Online, 04.06.2013. https:// opus dei.org/de-de/article/oscar-romero-und-der-heilige-josefmaria/ [Zuletzt abgerufen am 07.08.2018.]

OPUS DEI 2015* = Der Prälat des Opus Dei: „Oscar Romero wird ein sehr beliebter Heiliger sein". In: Opus Dei Deutschland – Online, 05.02.2015. https://opusdei.org/de-de/article/der-pralat-des-opus-dei-oscar-romero-wird-ein-sehr-beliebter-heiliger-sein/ [Zuletzt abgerufen am 07.08.2018.]

PAX CHRISTI 2017 = Bürger, Peter / pax christi – Deutsche Sektion e.V. (Hg.): „Es droht eine schwarze Wolke". Katholische Kirche und Zweiter Weltkrieg. Bremen: Donat 2017.

POPULORUM PROGRESSIO 1967* = Populorum Progressio – Über die Entwicklung der Völker. Enzyklika des heiligen Vaters Papst Paul VI. Gegeben zu Rom bei St. Peter am Osterfest, dem 26. März 1967. – Deutschsprachige Fassung auf der Vatikan-Internetseite: http://w2.vatican.va/co ntent/paul-vi/de/encyclicals/documents/hf_p-vi_enc_26031967_populor um.html

PRANGE 2011 = Prange, Astrid: Das ganze Land hörte ihm zu. Wie aus dem konservativen Bischof [Óscar Romero] ein Verfechter der Befreiungstheologie wurde. In: Christ & Welt, Nr. 18 vom 28.04.2011, S. 4. [Christ & Welt, Extraseiten der ZEIT für Glaube, Geist, Gesellschaft www.zeit.de/christundwelt]

PUEBLA 1979* = Lateinamerikanische Bischofskonferenz: „Die Evangelisierung Lateinamerikas in Gegenwart und Zukunft". Dokument der III. Generalkonferenz des lateinamerikanischen Episkopats in Puebla, 13. Februar 1979. Deutsche Übersetzung der durch den hl. Vater am 23.3.1979 approbierten Fassung. [Deutsche Übersetzung nach: Stimmen der Weltkirche 1981.] Digitalisiert 2009 durch Klemens Reidlinger; zuletzt abgerufen am 12.08.2018: https://mexikath.files.wordpress.com/ 2017/01/1979-celam-puebla-die-evangelisierung-lateinamerikas-in-gegen wart-und-zukunft.pdf

ROMERO 1982 = Oscar A. Romero. Für die Armen ermordet. Wie der Erzbischof von San Salvador das Evangelium verkündet hat. Mit einem Vorwort von Emil L. Stehle. Freiburg: Herder 1982. [Enthält die neun letzten Predigten Romeros]

ROMERO 1983 = Oscar A. Romero: In meiner Bedrängnis. Tagebuch eines Märtyrerbischofs 1978-1980. Hrsg. von Emil L. Stehle. Aus dem Spanischen übersetzt von Jürgen Kuhlmann. Freiburg: Herder 1993.

ROMERO 1986 = *Oscar A. Romero. Blutzeuge für das Volk Gottes.* Übersetzungen von Brigitte Becker. Mit einem Vorwort von Norbert Greinacher. Olten und Freiburg: Walter-Verlag 1986. [Enthält von Romero: Hirtenbriefe, Ansprachen, Brief an Jimmy Carter, Interview-Zeugnis]

ROMERO 1992 = *Oscar Arnulfo Romero:* Die notwendige Revolution. Mit einem Porträt Erzbischof Romeros von Jon Sobrino. Textauswahl & Redaktion: Johannes Meier. Zweite, unveränderte Auflage. Mainz: Matthias-Grünewald-Verlag 1992. [Übersetzungen von Elisabeth Exeler und Eduardo Pagán; enthält Auszüge aus dem 4. Hirtenbrief und fünf Predigten Romeros].

ROMERO 2015 = *Óscar A. Romero:* Nicht schweigen. Vom Handlanger der Macht zum Anwalt der Armen. Texte in deutscher Erstausgabe. Herausgegeben von Jesús Delgado. Stuttgart: camino 2015. [Auszüge aus persönlichen Briefen Romeros.]

SCHOCKENHOFF 2015 = Schockenhoff, Eberhard: Entschiedenheit und Widerstand. Das Lebenszeugnis der Märtyrer. Freiburg: Herder 2015.

SCHOENBORN 1996 = Schoenborn, Paul Gerhard: Alphabete der Nachfolge. Märtyrer des politischen Christus. Wuppertal: Peter Hammer 1996.

SEIBEL 2011* = Seibel, Johannes: Geißler greift Johannes Paul II. an. In: Die Tagespost - Online, 29.04.2011. http://www.die-tagespost.de/Geis sler-greift-Johannes-Paul-II-an;art456,124123 [Abgerufen am 05.05.2011]

SEITERICH 2011 = Seiterich, Thomas: Heiliger Romero statt seliger Wojtyla. Eine Initiative stößt auf große Resonanz: Der ökumenische Aufruf, des Märtyrerbischofs aus El Salvador zu gedenken. In: Publik-Forum Nr. 9 vom 6. Mai 2011.

SILBER 2015 = Silber, Stefan: Zur Seligsprechung von Oscar A. Romero. In: Plattform Theologie der Befreiung (9. Jahrgang) Rundbrief 26 / Juni 2015, S. 2.

SOBRINO 2007 = Sobrino, Jon: Der Preis der Gerechtigkeit. Briefe an einen ermordeten Freund. Aus dem spanischen Original ‚Cartas a Ellacuría' übersetzt von Gerhart Eskuche. Würzburg: Echter 2007.

SPIEGEL 2011* = Kritik an Papst-Seligsprechung: Diktatoren stützen, die Armen verraten. Ist Johannes Paul II. seinen Glaubensbrüdern in Lateinamerika in den Rücken gefallen? Kurz vor der Seligsprechung des 2005 gestorbenen Papstes übt ein ökumenisches Bündnis starke Kritik am ehemaligen Kirchenoberhaupt. In: Spiegel-Online, 27.04.2011. http://www.spiegel.de/kultur/gesellschaft/kritik-an-papst-seligsprechung-dik tatoren-stuetzen-die-armen-verraten-a-759341.html

STEFFENSKY 2011* = Steffensky, Fulbert: Papst-Seligsprechung: Konkurrierende Heilige. Was wir von toten Päpsten lernen können. In: Die Zeit Nr. 19 vom 05.05.2011. https://www.zeit.de/2011/19/papst-seligsprechung

STIMMEN DER WELTKIRCHE 1981 = Sekretariat der Deutschen Bischofskonferenz (Hg): Die Kirche Lateinamerikas. Dokumente der II. und III. Generalversammlung des Lateinamerikanisches Episkopates in Medellin und Puebla, 6. September 1968 / 13. Februar 1979. (= Stimmen der Weltkirche Nr. 8). Bonn 1981.

TAGESSCHAU 2011* = Kritik an der Seligsprechung [von Johannes Paul II]. „Er hat die Armen verraten". In: Tagesschau-Online, 30.04.2011 (um 13:55 Uhr): http://www.tagesschau.de/inland/aufrufromero100.html [Abgerufen & abgespeichert am 02.05.2011].

THIELMANN 2011 = Thielmann, Wolfgang: Santo subito! Óscar Romero. Prominente Politiker und Theologen fordern die Heiligsprechung des lateinamerikanischen Erzbischofs. Christ & Welt veröffentlicht exklusiv ihren Appell zur Rehabilitierung der Befreiungstheologie. In: Christ & Welt, Nr. 18 vom 28.04.2011, S. 4. [Christ & Welt, Extraseiten der ZEIT für Glaube, Geist, Gesellschaft www.zeit.de/christundwelt]

VIGIL 1999 = López Vigil, María: Óscar Romero: ein Porträt aus tausend Bildern. Übersetzt aus dem Spanischen von Michael Lauble. Luzern: Edition Exodus 1999. [Beeindruckende, z.T. sehr persönliche Mitteilungen von Zeitzeugen – auch zu „menschlichen Schwächen".]

WECKEL 1998* = Weckel, Ludger: Um des Lebens willen. Zu einer Theologie des Martyriums aus befreiungstheologischer Sicht. Mainz: Grünewald 1998. http://docplayer.org/78522711-Zu-einer-theologie-des-martyriums-aus-befreiungstheologischer-sicht.html

WEISS/CUÉLLAR 2015* = Weiss, Sandra (Interview): „Romero war der erste Apostel der Menschenrechte". Am Sonntag wird der Bischof seliggesprochen. Roberto Cuéllar, damals Student und heute Anwalt, über Religion und Politik in El Salvador. In: Der Standard-Online, 21.05.2015. https://derstandard.at/2000016126573/Bilanz-35-Jahre-nach-der-Ermordung-von-Bischof-Romero

John Dear

Ein Mensch des Friedens
und der Gewaltfreiheit werden

Ausgewählte Aufsätze und Reden

Übersetzt von Ingrid von Heiseler,
ausgewählt und herausgeben von Thomas Nauerth,
mit einem Vorwort von Peter Bürger

edition pace 1

168 Seiten; farbige Abbildungen; Taschenbuch; Preis 6,99 €
Norderstedt: BoD 2018 – ISBN: 978-3-7460-8898-3

Der katholische Priester John Dear ist einer der populärsten Botschafter
des gewaltfreien Weges in den USA. Als Autor und Friedensarbeiter wirbt
er in der Begegnung mit vielen Menschen für ein entschiedenes Christsein:

"In diesen dunklen Zeiten ist unsere Aufgabe einfach: die Wahrheit sagen,
gegen Krieg und Ungerechtigkeit Widerstand leisten, Gewaltfreiheit üben,
den Armen beistehen, alle Menschen lieben, beten und die Vision einer
neuen Welt ohne Krieg, Armut und Atomwaffen aufrechterhalten. Wir sind
berufen, dem gewaltfreien Jesus auf der Straße des Friedens zu folgen."

Aufgrund seines zivilen Ungehorsams wider das Imperium todbringender
Mächte wurde John Dear mehr als 75 Mal inhaftiert;
seine längste Haftstrafe belief sich auf acht Monate Gefängnis.
Von seinen über 30 Buchveröffentlichungen liegen Übersetzungen
in zehn Sprachen vor.

Mit dem vorliegenden Sammelband erschließen
Thomas Nauerth (Herausgeber) und Ingrid von Heiseler (Übersetzerin)
erstmals eine repräsentative Textauswahl für das
deutschsprachige Lesepublikum.

edition pace

Die *edition pace,*
initiiert von Thomas Nauerth und Peter Bürger,
erschließt Quellentexte, Inspirationen & Forschungsbeiträge
zu folgenden Themenschwerpunkten:

Kultur der Gewaltfreiheit und des Friedens;
Persönlichkeiten, Spiritualität und Praxis
des gewaltfreien Widerstands;
Friedenstheologie, Kritik der Kriegsreligion;
Kirchliche Friedenslehren und Geschichte des
religiös motivierten Pazifismus;
Ökumenische und interreligiöse Lernprozesse
in der Bewegung für Gerechtigkeit, Frieden und
Bewahrung der Schöpfung.